ANNO ELFGEN

Die Mejora

NEUE KÖLNER RECHTSWISSENSCHAFTLICHE ABHANDLUNGEN

HERAUSGEGEBEN VON
DER RECHTSWISSENSCHAFTLICHEN FAKULTÄT
DER UNIVERSITÄT ZU KÖLN

HEFT 21

Berlin 1962

WALTER DE GRUYTER & CO.

vormals G. J. Göschen'sche Verlagshandlung · J. Guttentag, Verlagsbuchhandlung
Georg Reimer · Karl J. Trübner · Veit & Comp.

DIE MEJORA

Geschichte und Dogmatik im spanischen und südamerikanischen Recht

Von

Dr. Anno Elfgen

Köln

Berlin 1962

WALTER DE GRUYTER & CO.

vormals G. J. Göschen'sche Verlagshandlung · J. Guttentag, Verlagsbuchhandlung
Georg Reimer · Karl J. Trübner · Veit & Comp.

Archiv-Nr. 27 08 62 / 4
Satz und Druck: Berliner Buchdruckerei Union GmbH., Berlin SW 61

INHALTSVERZEICHNIS

ANLAGEN

LITERATURVERZEICHNIS

Abelink Manasevich — La sucesión legal; Estudio critico de la Jurisprudencia des Código; civil; Santiago de Chile, 1959

Alpañez, Enrique — La delegación de la facultad de mejorar; RGLJ, t. 194, 1953, S. 273

Alzamora, Ramón — Historia del Derecho peruano; Lima, 1945

Americo Castro — La realidad histórica de España; Mexiko, 1954

Beyerle, Franz — Die Frühgeschichte der westgotischen Gesetzgebung; ZRG, Germ. Abt., 67, 1950, S. 1

Borell y Soler, Antonio — Derecho civil español, Bd. V Barcelona, 1954

Bruck, Eberhard — Kirchenväter und soziales Erbrecht; Berlin, Göttingen, 1956

Brun, André — La quotité disponible et l'institution des mejoras dans les legislations espagnoles et hispano-americaines, Paris, 1931

Brunner, Heinrich — Beiträge zur Geschichte des germanischen Warterechts; Festausgabe der Berliner Juristenfakultät für H. Dernburg, Berlin, 1900

Castán Tobeñas, José — Derecho civil español común y foral; Bd. VI, 6. ed. Madrid, 1944

derselbe — Derecho civil (Notarias) Madrid, 1951

derselbe — El derecho de representación y mecanismos jurídicos afines en la sucesión testamentaria; RGLJ, t. 172, 1949, S. 137

derselbe — La concepción estructural de la herencia; Madrid, 1959

Castro y Bravo, Federico — Derecho civil de España; Parte general I, Madrid, 1955

Charrin, A. — La interpretación del artículo 811 del C. c.; RGLJ, t. 133, 1918, S. 412

Clemente de Diego, Felipe — Instituciones de Derecho civil español, t. III; Madrid, 1959

derselbe — Dictámenes jurídicos, t. III sucesiones; Barcelona, 1958

Conrad, Hermann — Deutsche Rechtsgeschichte, Band I, Karlsruhe, 1954

De Buen — Anotaciones a Colin y Capitant, curso elemental de Derecho civil, trad. española, VIII, Madrid, 1928

Echecopar Garcia, Luis — Derecho de Sucesiones, examen del libro tercero del Código civil peruano de 1936; Lima, 1946

Espín Cánovas, Diego — Manual de Derecho civil español, Vol. V, Sucesiones; Madrid, 1957

Espinar Lafuente, Francisco	La herencia legal y el testamento; Barcelona, 1956
Falcón, Modesto	Exposición doctrinal de Dercho civil español común y foral; 5. edición, Barcelona, 1897
Ferid, M.	Die Pflichtteilszuwendung, insbesondere auch beim Güterstand der Zugewinngemeinschaft; NJW, 1960, S. 121
Ficker, Julius	Untersuchung zur Erbenfolge der ostgermanischen Rechte, IV, V, Innsbruck, 1891—1904
Fuenmayor, Amadeo de	La mejora en el sistema sucesorio español; Seperata do Boletin da Faculdade de Direito, Vol. XXII, Coimbra, 1946
derselbe	La mejora de labrar y poseer; ADC, t. 1, 1948, S. 878
derselbe	Dictamen sobre: Mejora ordenada por el reservista del artículo 811 del C. c.; RDP,1946, S. 345
Ganivet, Angel	Idearium español; Colección Austral, 5. edición, 1957
Gans, Eduard	Erbrecht in weltgeschichtlicher Entwicklung, Bd. III, Tübingen, 1829
Garcia Gallo, Alfonso	Historia del Derecho español, tomo I, z. ed., Madrid, 1941
Garcia Goyena	Concordancias, motivos y comentarios del Código civil español; tomo II, Madrid, 1852
Garcia Granero, J.	Estudio dogmático sobre la mejora y tercio de la mejora; RDP, 1949, S. 805
Gonzalez, Jeronimo	Las conferencias del Doctor Ferrara. El sistema de la legítima y de la mejora en el Derecho español; RCDI, 1929, S. 53
Gonzalez Palomino, J.	El acrecimiento en la mejora; AMN, t. 2, 1946, S. 503
Gutierrez Fernandez, Benito	Códigos y estudios fundamentales sobre el Derecho civil español; Madrid, 1862—1874
Hamilton, Carlos	Manual de Historia del Derecho; Santiago de Chile, 1948
Hartwig	Studien zur spanischen Rechtsgeschichte; Zeitschrift für vergleichende Rechtswissenschaft Band 41, 1925, S. 240
Hernandez Gonzalez	La cuota viudal y su regla fija; RGLJ, t. 180, 1946, S. 390, 546
Heymann, Ernst	Über Personalitäts- und Territorialitätsprinzip in der westgotischen Epoche; ZRG, Germ. Abt. 63, 1943, S. 361
Hinojosa	Das germanische Element im spanischen Recht; Zeitschrift für Rechtsgeschichte, Bd. 44, 282
Jordano, Juan Bautista	Dictamen sobre mejora condicionada; ADC, t. 6, 1953, S. 906
Kipp-Coing	Lehrbuch des Bürgerlichen Rechts, V. Band, Erbrecht, 11. Bearbeitung, Tübingen, 1960

Kipp, Theodor	Derecho de sucesiones; Traducción de la octava edición alemana. Estudios de comparación y adaptación a la legislación y jurisprudencia española por Ramón M. Roca Sastre, Voll. II, Barcelona, 1951
Lacoste, Jorge de	La mejora; Madrid, 1913
Lafuente Modesto	Historia general de España, desde los tiempos más remotos hasta nuestros días, tomo II, Madrid, 1850
Lardizabal y Uribe, Manuel	Discurso sobre la legislación de los visigodos y formación del Libro de los Jueces; Zu Beginn der Ausgabe des Fuero Juzgo in latein und spanisch der Real Academia Española, Madrid, 1815
Lezon, Manuel	Intelligencia y alcance del art. 827 del C. c, RCDI, 1929, S. 102
derselbe	Está sujeta a las limitaciones preestablicidas en el art. 823 la facultad de mejorar que atribuye al conyuge viudo el art. 972 del C. c; RDP, 1919, S. 228
Loraque y Ibanez, Odon	Espíritu de la Jurisprudencia del Tribunal Supremo sobre herencias (años 1901—36), Corduba, 1945
Machado, José	Comentario al Código civil, Tomo I; Guanabacoa (Cuba), 1950
Manresa y Navarro, José	Comentarios al Código civil español, Tomo VI. 7. ed, Madrid 1951; Tomo VII, 7. ed. Madrid, 1956
Marichalar y Manrique, Amalio	Historia de la legislación y recitationes del Dercho civil de España, Madrid, 1861—1872
Martinez Escobar, Manuel	Sucesión testada y intestada; La Habana, 1947
Martinez Marina, Francisco	Ensayo histórico crítico sobre la legislación y principales cuerpos legales de los Reinos de León y Castilla, especialmente sobre el Código de las Siete Partidas; 2. ed., Madrid, 1845
Melicher, Theophil	Der Kampf zwischen Gesetzes- und Gewohnheitsrecht im Westgotenreiche, Weimar, 1930
Menéndez Pidal, Ramón	Historia de España, tomo III España visigoda; Madrid, 1940
Menéndez Pelayo, Marcelino	Historia de España, 7. ed. Madrid, 1958
Meza Barros, Ramón	Manual de la sucesión por causa de muerte y donaciones entre vivos; Santiago de Chile, 1953
Mezquita del Cacho, José	La cuota viudal tras su reforma Editorial Reus, Madrid, 1959
Moore, David	Historia de la America Latina; Buenos Aires, 1945
Morell y Terry	Estudios sobre el Código civil Madrid, 1894
Nin y Silva, Celedonio	Código civil de la República Oriental de Uruguay, anotado y concordado; Montevideo, 1951
Nuñez, Estuardo	La influencia alemana en el Derecho peruano; Lima, 1937

Nuñez Lagos	El Derecho sucesorio ante la tradición española y el Código civil; Ed. Reus, Madrid, 1951
Ortega Torres, Jorge	Código civil con notas, concordancias etcétera; 4. edición, Bogota, 1957
Ots Capdequi, José Maria	Manual de Historia del Derecho español en las Indias; Buenos Aires, 1945
Otto y Crespo	Cuantía de la legítima en Aragón; RGLJ, t. 29; S. 281
Pascual y Gonzalez, Luis	Derecho civil de Mallorca; Mallorca, 1951
Pikalo, Alfred	Anerbenrecht und Verfassungsrecht; NJW 1959, S. 1609
Rauchhaupt, Friedrich	Geschichte der spanischen Gesetzesquellen von den Anfängen bis zur Gegenwart; Heidelberg, 1923
Redacción	Consulta: Los derechos de representación y de acrecer y la herencia forzosa; RGLJ, 1927, 151
dasselbe	Consulta: Inviolabilidad de la legítima; RGLJ, 1927, S. 121
dasselbe	Consulta: La mejora de bienes reservables puede otorgarse en favor de cualquiera de los hijos o descendientes, RT, 1922, S. 297
Roca Sastre, Ramón	Estudios de Derecho Privado, II Sucesiones, Madrid, 1948
derselbe	Derecho hipotecario, tomo II, 5. ed., Barcelona, 1954
derselbe	La neceside de diferenciar lo rural y lo urbano en el Derecho sucesorio; AMN, I, S. 1945
Romero Vietez, Manuel	La mejora, Edición RDP, Madrid, 1936
Rossmann, Lothar	Zum spanischen Erbrecht, katalanisches Foralrecht; Zeitschr. f. ausländisches und internat. Privatrecht, Berlin 1942, 13. Jahrg. 1940/41, S. 646
Sanchez Roca, Mariano	Leyes civiles de Cuba y su Jurisprudencia, tomo I; La Habana, 1951
Sanchez Román, Felipe	Estudios de Derecho civil, tomo VI, Vol 2, Madrid 1910
Sandoval Saavedra, Hugo	Código civil boliviano, tomo I, La Paz, 1955
Seco Caro, Enrique	Partición y mejora encomendadas al cónyuge viudo; Barcelona, 1960
Schaevola, Mucius	Código civil, comentado y concordado extensamente, tomo XIV, Madrid, 1898
Schlegelberger, Franz	Rechtsvergleichendes Handwörterbuch für das Zivil- und Handelsrecht des In- und Auslandes, Erster Band, Länderberichte, Berlin 1929
Schroeder von Künssberg	Lehrbuch der deutschen Rechtsgeschichte; Berlin-Leipzig, 1932
Schultze, Alfred	Augustin und der Seelteil des germanischen Erbrechts; Leipzig, 1928

Sohm, Rudolf	Institutionen, Geschichte und System des römischen Privatrechts, bearbeitet von Ludwig Mitteis, 17. Aufl., Berlin, 1949
Ureña y Smenjaud, Rafael	Historia de la literatura jurídica española; 2. ed. Tomo II: La legislación gótico-hispana, Madrid, 1906
derselbe	La influencia semita en el Derecho medioeval de España; RGLJ, t. XCII, 1898, S. 297
Uriarte, José	Inteligencia y alcance del artículo 827 del C. c; RCDI, 1929, S. 321
Vallet y Goytisolo, Juan	Apuntes de Derecho sucesorio; Madrid, 1955
derselbe	La mejora tácita; RCDI, 1950, S. 808
Valverde	Tratado de Derecho civil español; Valladolid, 1823
Villares Pico, M	Cuestiones sobre la mejora; RCDI, 1927, S. 881
Weiß, Egon	Institutionen des römischen Privatrechts; Stuttgart, 1949
Wohlhaupter, Eugen	Germanenrechte, Band XII, Altspanisch-gotisches Recht; Weimar, 1936
Zeumer, Karl	Geschichte der Westgotischen Gesetzgebung; Neues Archiv für ältere deutsche Geschichtskunde, Band 23 (1897) S. 419—516; 24, S. 39—122 und 571—630; 26 (1900) S. 91—149

Gesetzes- und Entscheidungssammlungen

Código civil español	Edición Gongora, 22. edición Madrid, 1956
Código civil de la República del Ecuador	Quito 1950
Fuero Juzgo en latin y castellano	por la Real Academia Española, Madrid, 1929
Leges Visigothorum	Monumenta Germaniae historica ab anno Christi quingentesimo usque ad annum milesinum et quingentesimum. — Legum sectio I: tomus I; Edit K. Zeumer; Hanoverae et Lipsiae 1902
Leyes de Puerto Rico anotadas	Titulo 31, Código civil; Edición especial; Orford, N. H, 1956
Los códigos españoles	concordados y anotados, Madrid, Imp de la Publicidad, 1847—1851
Lex romana visigothorum	G. Haenel, Leipzig, 1848
Makarov	Die Quellen des Internationalen Privatrechts; 2. Auflage, Band I., Gesetzestexte, Berlin, Tübingen, 1953
Jurisprudencia civil	Sammlung der Entscheidungen des Tribunal Supremo, Madrid

ABKÜRZUNGSVERZEICHNIS

ADC	Anuario de Derecho civil
a. M	andere Meinung
ant.	antiqua, bezeichnet ein von König Leowigild erlassenes Gesetz
AMN	Anales de la academia matritense del Notariado
art.	artículo, Artikel
Bd.	Band
B. O	Boletin Oficial del Estado
CC	Código Civil
d. A	dieser Arbeit
ff.	und folgende
Ges.	Gesetz
G. J.	Gaceta Judical de Bolivia
i. S	im Sinne
J	Jahr
Jrh.	Jahrhundert
LV	Lex Visigothorum
M	Mejora
m. a. W	mit anderen Worten
NJW	Neue Juristische Wochenschrift
p.	página (Seite)
RDCI	Revista crítica de Derecho inmobiliario
RDP	Revista de Derecho privado
RGLJ	Revista general de Legislación y Jurisprudencia
RT	Revista de los Tribunales
S	Seite
t.	tomo (Band)
TS	Tribunal Supremo
Vgl.	vergleiche
z. B	zum Beispiel
ZRG	Zeitschrift der Savigny — Stiftung für Rechtsgeschichte

EINLEITUNG

Für die Vermögensnachfolge von Todes wegen gibt es im wesentlichen drei Grundlösungen: a) die absolute Testierfreiheit, — das Ideal individualistischer Zeiten wie der Aufklärung, b) die Familienerbfolge mit den nächsten Verwandten als Alleinberechtigten, — Ausfluß natürlicher und germanischer Rechtsanschauung, c) das Heimfallsrecht des Staates, d. h. der Staat allein übernimmt das Vermögen, — Konsequenz einer Philosophie, die für Privateigentum und Individualrechte keinen Raum hat.

Diese reinen Urformen der Erbfolge verzeichnet die Rechtsgeschichte nur selten. Dem Wandel der sozialpolitischen Funktion des Eigentums und der Bewertung der persönlichen Freiheit vermag besser ein Mischsystem zu entsprechen, in dem ein Pflichtteilsrecht der Verwandten die Testierfreiheit einschränkt. Heute ist die Berechtigung eines Pflichtteils weitgehend anerkannt, so daß sich die Diskussion im allgemeinen um seine Höhe bewegt. Dabei wird das Gebot der Gleichbehandlung der Kinder für die Bindung eines möglichst großen Teils des Nachlasses angeführt. Ein großer Freiteil könnte den Erblasser verleiten, einer gerechten, gleichmäßigen Verteilung auszuweichen, indem er ein Kind bevorzugt oder gar fremde Personen seinen Nachkommen vorzieht.

Ist die pflichtteilsmäßige Gleichbehandlung aber wirklich ein Gebot absoluter Gerechtigkeit, oder sollte nicht eine tatsächliche Verschiedenheit eine rechtliche Gleichstellung ausschließen? Einen Abkömmling kann eine Krankheit daran hindern, seinen Lebensunterhalt zu verdienen, während einer Tochter schon die spanische Auffassung von der Stellung der Frau den Zugang zu vielen ertragreichen Berufen versperrt. Dennoch kann ihre „gut" verheiratete Schwester wirtschaftlichen Sorgen ebenso entwöhnt sein, wie eine andere, die als Nonne materiellem Segen entsagt hat. Ist es nicht billig, wenn der Erblasser diese tatsächlichen Ungleichheiten ausgleicht, ohne darüber Fremde zu begünstigen?

Im spanischen Rechtskreis gibt es ein solches Mittel für die individuelle Regulierung der Beteiligung am Nachlaß des Aszendenten, — es ist die urspanische Mejora. Sie stellt eine Erbschaftsquote dar, über die der Erblasser nur zugunsten seiner legitimen Abkömmlinge frei verfügen kann und die somit die Prinzipien und Vorteile des Testaterbrechts mit denen des Familienerbrechts vereint.

Die Kollision germanischen und römischen Rechts hat diese Einrichtung hervorgebracht. Die nie abgerissene Auseinandersetzung beider Rechtssysteme reicht bis in das geltende Recht und mit dem Vorherrschen einer Richtung im Verlauf der Rechtsgeschichte wandelte sich jeweils die Mejora. Daneben haben politische Umwälzungen, wie der Einfall der Mauren und der Abfall der spanischen Kolonien, einen nachhaltigen Einfluß auf ihre Entwicklung ausgeübt. Eine Studie über den geltenden Rechtszustand kann deshalb ihre Entstehung nicht außer acht lassen. Sie ist verwoben mit der allgemeinen Rechtsgeschichte und der politischen Geschichte Spaniens und der Länder, die ihre Schöpfung rezipiert haben. Geschichtlich wird sich auch eine Feststellung erklären lassen, die für den ausländischen Studenten des spanischen Erbrechts verblüffend ist. Die Mejora, von vielen südamerikanischen Staaten übernommen, von spanischen Rechtsgelehrten gepriesen und im Código Civil mit einem eigenen Abschnitt bedacht, ist in mehreren spanischen Provinzen nicht bekannt. Im Erbrecht steht die Rechtseinheit nämlich immer noch aus. Dennoch finden sich in dem bunten Gemisch regionaler Sonderrechte Vorschriften, die denen über die Mejora sehr ähneln. Deshalb gehört auch das sog. Foralrecht mit zum Gegenstand dieser Arbeit.

Der Umstand, daß sie kein Ableger des Code Napoléon ist, sondern eine einzigartige Schöpfung der Halbinsel, hat der Mejora in der Rechtslehre zu einer außergewöhnlichen Verehrung verholfen[1]). Als Kristallisation spanischer juristischer Genialität bezeichnet sie der nüchterne Garcia Granero[2]), und vor portugiesischen Studenten preist sie Fuenmayor als „Stolz meines Vaterlandes und Ruhm seiner Geschichte, — eine weise Konstruktion, geschaffen für die mühevollen Aufgaben der Jahrhunderte“[3]). Hernandez kann sich keinen Juristen vorstellen, der sie nicht liebt wegen ihrer spanischen Herkunft und nicht lobt wegen der familiären Probleme, die sie zu lösen vermag[4]).

Läßt man den romanischen Überschwang beiseite, so bleibt doch festzuhalten, daß die Mejora seit 13 Jahrhunderten fast ununterbrochen in Spanien besteht und in Südamerika dem Einbruch ausländischen Rechtes widersteht. Das dürfte eher für sie sprechen als die geringe Zahl von Urteilen, die sich mit ihr befassen. Hieran erkennt man vielmehr den ausgeprägten spanischen Familiensinn, der sich gegen Anfechtungen letztwilliger Verfügungen sträubt. Tatsächlich ist die Mejora nämlich kein wohldurchdachtes, exakt nor-

---

[1]) 250 Artikel des CC sind wörtlich und die dreifache Zahl sinngemäß aus dem Code Napoléon übernommen worden.

[2]) vgl. Garcia Granero, S. 826.

[3]) vgl. Fuenmayor, S. 2.

[4]) vgl. Hermandez Gonzalez, S. 437.

miertes Gebilde. Die gesetzestechnische Verwirklichung ihrer ratio — die Zweckbindung der Testierfreiheit — ist leider so, daß der Verfasser sie mit Jeronimo Gonzalez als eine der kompliziertesten Einrichtungen des kastillanischen Rechtes bezeichnen möchte[5]). Der Umfang dieser Arbeit ergibt sich aus dem Bemühen, sie aus der geschichtlichen Formation und ihrer gegenwärtigen Anwendung heraus dogmatisch verständlich zu machen.

[5]) vgl. Jeronimo Gonzalez, S. 68.

Erster Teil

DIE GESCHICHTLICHE ENTWICKLUNG DER MEJORA BIS ZUM CÓDIGO CIVIL VON 1889

1. Kapitel

Der Rechtszustand auf der iberischen Halbinsel unter römischer und germanischer Herrschaft

Im Jahre 218 v. Chr. landen die Römer zum ersten Mal auf der spanischen Halbinsel. Sie benötigen zwei Jahrhunderte, um ihre militärische Vorherrschaft zu sichern, und weitere zwei Jahrhunderte, um überall das einheimische Recht durch das ihrige zu ersetzen[6]). Dennoch gilt von diesem Augenblick an Römisches Recht nicht in voller Reinheit. Vielmehr entsteht durch die unrichtige Übertragung von Rom und die falsche Auslegung in der Provinz ein sog. Vulgarrecht. Dies ändert aber im wesentlichen nichts an der Weitergeltung der herrschenden Erbrechtsgrundsätze, vor allem der Testierfreiheit.

Daher kann der Hispanaromane a) seine Familie von der Erbschaft ausschließen, indem er zu Lebzeiten sein Vermögen veräußert oder ohne Angabe von Gründen einzelne Verwandte enterbt, b) die gesetzliche Erbquote einzelner Familienmitglieder durch Zuwendung unter Lebenden oder durch unterschiedliche Erbeinsetzung ändern, c) Verwandte wie Fremde nach Belieben bedenken und d) seine Erben uneingeschränkt mit Vermächtnissen beschweren[7]). Dagegen darf er einen nahen Verwandten nicht völlig übergehen. Ein männlicher Abkömmling ersten Grades, der nichts erhalten soll, muß jedenfalls namentlich genannt werden, während für Töchter und Enkel eine allgemeine Enterbungsformel genügt.

Dieses sogenannte formelle Noterbrecht der sui weicht am Ausgang der römischen Republik einem materiellen Pflichtteilsrecht, dessen Grundlage die „lex falcidia" ist. Der Testator kann nun nicht mehr als $^3/_4$ der Erbschaft für Vermächtnisse verwenden und muß mindestens $^1/_4$ — die genannte Quarta Falcidia — einem Erben vor-

---

[6]) Die Ausbreitung römischen Rechtes verläuft parallel zur Verleihung der römischen Bürgerrechte an die Städte. Diese Entwicklung findet im Jahre 212 unter Kaiser Caracalla ihren Abschluß, vgl. Garcia Gallo, S. 79.

[7]) vgl. Espinar, S. 16.

behalten. Aus dieser Regelung entwickelt das Centumviralgericht die „querela inofficiosi testamenti“ genannte Anfechtungsklage. Sie steht den übergangenen nächsten Verwandten zu, die der Testator in einem pflichtwidrigen Testament übergangen hat. Es kann als von einem „Wahnsinnigen“ errichtet umgeworfen werden[8]). Die Juristen lassen die Klage aber nicht zu, wenn der Erblasser dem Berechtigten mindestens 1/4 des gesetzlichen Erbteils hinterlassen hat. Nach der Kaiserrechtsprechung, die dem Institut festere Formen verleiht, können die Deszendenten verlangen, daß ihnen ohne jede Belastung wenigstens 1/4 ihres Intestaterbteils auf irgendeinem Wege hinterlassen wird, sofern sie sich nicht durch eigenes Verschulden davon ausschließen[9]). Die Verletzung des Pflichtrechtsteils durch Schenkungen oder Dos-Bestellungen können sie durch die „querela inofficiosae donationis“ rückgängig machen. Die Erhöhung des Pflichtteils und die Einführung von enumerierten Erbausschließungsgründen durch Justinian erreicht die Hispanoromanen dagegen erst im 13. Jahrhundert.

Ungeachtet der Ausbildung des Noterbrechts wird die Testierfreiheit als solche aber nicht in Frage gestellt[10]). Der Erblasser kann grundsätzlich frei über sein Vermögen verfügen, nur muß er seine nächsten Verwandten mit einer gewissen Quote bedenken.

Durch den Zug der Hunnen waren große Massen der im Norden und Osten Europas und Asiens ansässigen Völkerschaften gegen Süden in Bewegung geraten. So fallen nach den Suaven, Alanen und Vandalen die Westgoten im Jahre 416 in Nordspanien ein, nachdem sie schon seit Jahren ein Wanderleben geführt und sich mehr und mehr von ihrem Herkunftsland entfernt hatten. Der Zerfall des römischen Weltreichs erleichtert ihnen die Unterwerfung der römischen Oberschicht und der unlängst eingedrungenen germanischen Fremdvölker. Zu dieser Zeit entbehren die Westgoten noch jeden geschriebenen Rechtes und auch das von ihnen praktizierte Gewohnheitsrecht muß derart lückenhaft gewesen sein, daß es sich mit dem hochentwickelten Provinzialrecht der Römer nicht vergleichen läßt. Wohl aber wird es dem Recht der ebenfalls noch auf primitiver Kulturstufe stehenden keltisch-iberischen Urbevölkerung gleichwertig und vielleicht sogar wesensverwandt gewesen sein[11]). Das primitive germanische Recht ist ein Volksrecht. Das Volk kommt in der Versammlung zusammen und gibt sich das Recht, das seinen Bedürfnissen am besten entspricht. Aus diesen Übereinkünften er-

---

8) vgl. Sohm-Mitteis, S. 608.

9) vgl. Kipp-Coing, S. 35.

10) vgl. Weiß, S. 564.

11) Nur so dürfte zu erklären sein, daß sich mehrere Einrichtungen der letzteren unter der Herrschaft der Goten und z. Tl. bis in die Gegenwart erhalten konnten, vgl. Rauchhaupt, S. 20 und auch S. 25 d. A.

wächst ihr Gewohnheitsrecht mit den folgenden charakteristischen erbrechtlichen Maximen: „Erben werden erzeugt und nicht geschrieben", „nur Gott kann Erben machen", „das Gut rinnt wie das Blut".

In diesem System vorherbestimmter Erbfolge ist es zudem üblich, daß das älteste männliche Mitglied der Familiengemeinschaft die Familienhabe übernimmt. Da es zur Zeit der Sippenverbände kein Individualeigentum, sondern nur ein Miteigentum aller Familienmitglieder gibt, kennt dieses primitive Recht keine eigentliche Erbfolge, sondern eher eine Art Anwachsung unter den Mitgliedern der Gemeinschaft[12]). Erst indem sich der Vater zum Rechtsträger des Eigentums herausbildet, entsteht in dem Warterecht das eigentliche Erbrecht. Es ist eine Art Anwartschaft, die in erster Linie die Deszendenten an dem größten Teil des Vermögens des Vaters haben. Das Warterecht ist keine reine Einrichtung mortis causa; denn es wirkt sich schon zu Lebzeiten des Erblassers dadurch aus, daß er für Verfügungen unter Lebenden die formelle Zustimmung seiner Erben benötigt[13]. Wo aber ein Abkömmling den Erblasser daran hindern kann, über sein Vermögen zu verfügen, und wo praktisch das gesamte Vermögen den Erben erhalten werden muß, ist kein Raum und kein Bedürfnis für ein Testament[14]). Das ursprüngliche westgotische Recht ist somit ein Instestaterbrecht.

Die Gegenüberstellung zeigt, daß sich im 5. Jahrhundert in Spanien zwei völlig entgegengesetzte Erbrechtssysteme gegenüberstehen. Einerseits für die Hispanoromanen ein Recht, das die absolute Testierfreiheit gestattet. Denn die außergewöhnliche Verpflichtung, bestimmte Verwandte in einem gewissen Maße zu bedenken, ist eine relative Schranke, die den Grundsatz der Testierfreiheit nicht in einem Wesen antastet. Andererseits ist für die Westgoten der gesamte Nachlaß grundsätzlich unverfügbar, weil ihre Familienordnung den Lauf der Habe vorherbestimmt. Ihr System der Zwangserbfolge mildert kein Testament im materiellen Sinn des Wortes.

Da die Germanen daran gewöhnt waren, daß jeder Stamm nach seinem eigenen Recht lebt, ist es nicht nur Ausdruck politischer Klugheit, daß die Goten das im Lande vorgefundene Recht zunächst unverändert lassen. Der Rechtszustand ist daher vorerst mehrschichtig: für die ansässige Bevölkerung gilt das römische Provinzialrecht und für die eingewanderten Goten ihr Gewohnheitsrecht. Im

---

12) vgl. Schröder von Künssberg, S. 77.

13) vgl. Brunner, S. 244.

14) Es ist nicht ausgeschlossen, daß die Westgoten, als sie nach Spanien eindrangen, schon ein Testament im formellen Sinne kannten. Die darin getroffenen Anordnungen regelten aber nicht die Verteilung des Vermögens, sondern betrafen Vorkehrungen für das Begräbnis und das Seelenheil des Erblassers; vgl. Espinar, S. 61 mit weiteren Hinweisen.

täglichen Rechtsverkehr herrscht deshalb der Grundsatz, daß das Personalstatut des einzelnen Rechtssubjektes dafür maßgebend ist, welches Recht für ihn gelten soll[15]). Trotz ihrer Unvereinbarkeit können die beiden Erbrechte daher kraft des Systems des Personalstatuts für lange Zeit nebeneinander fortbetehen.

2. Kapitel

Das Gesetzeswerk des Westgotenkönigs Kindaswint

1. *Die Mejora erscheint in der Lex Visigothorum (Dum Inlicita) im Jahre 643/644*

Der Westgote Kindaswint muß ein rauher Bursche gewesen sein. Unter König Chibla war er als Kriegsführer ob seiner Tapferkeit berühmt. Als sein Herr starb, wäre es Sache der Adligen gewesen, einen neuen König zu wählen. Stattdessen heben die Bischöfe einen Sohn des Chibla, den jungen, schwächlichen Tulga, auf den Thron. Die Befürchtung hinsichtlich der Begründung einer Erbmonarchie wird laut und in richtiger Einschätzung der Unzufriedenheit des Adels wählt der 80-jährige Kindaswint ein originelles Verfahren, um sich selbst die Herrschaft zu sichern. Er fällt über den jungen Tulga her, schneidet ihm eine Tonsur und schickt ihn ins Kloster[16]. Dem weitgehenden Verlust der Autorität der westgotischen Könige im eigenen Lande gebietet er brutal Einhalt: 200 Adlige und 500 Freie werden hingerichtet, und ihre Frauen und ihr Vermögen unter die Getreuen des Königs verteilt[17]).

Kindaswint verdiente nicht diese Hervorhebung, wenn er nicht in den kurzen Jahren seiner Regierungszeit auch als Gesetzgeber hervorgetreten wäre.

Unter seinen Vorgängern hatte die Zahl der Geetze einen unübersehbaren Umfang angenommen und zu großer Unsicherheit geführt. Deshalb faßt er den ehrgeizigen Plan, seinen Untertanen ein neues Gesetzbuch zu geben. Er selbst hat die Verwirklichung dieses Projektes nicht mehr erlebt, aber seinem Sohn annähernd 100 Gesetze als Vorbereitung der neuen Kodifizierung hinterlassen und schon in Kraft gesetzt. Unsere besondere Aufmerksamkeit verdient das Gesetz, das zur Geburtsstätte der Einrichtung geworden ist, die sich bis heute im spanischen Rechtskreis erhalten hat, — der Mejora.

---

15) vgl. Rauchhaupt, S. 22.

16 vgl. Lafuente, S. 418.

17) Nach einigen Regierungsjahren muß er wohl vergessen haben, welche Umstände seine Machtergreifung begünstigt haben; denn im Jahre 649 überläßt er seinem Sohn Rekeswint den Thron, wenn auch vielleicht nicht mit der Absicht, eine Erbmonarchie einzuführen, vgl. Menendez Pidal, S. 119.

„Wenn wir feststellen, daß sich Dinge ereignen, die nicht stattfinden sollten, dann ist es unsere Pflicht, diesem Zustand für immer ein Ende zu setzen. In der Tat, viele Leute leben auf eine ungeziemende Weise; um ihre wollüstigen Absichten und anderen niederen Instinkte zu befriedigen, verfügen sie manchmal über ihr Vermögen zugunsten fremder Personen und berauben so ohne jeden Grund ihre Kinder und Abkömmlinge. Ohne daß sie ihnen eine schwere Verfehlung vorzuwerfen hätten, entziehen sie ihnen alle Mittel, mit denen diese der Gemeinschaft nützlich sein könnten, während sie doch gerade ihre Kinder mit dem bedenken sollten, was doch nichts weiter ist, als das Produkt ihrer persönlichen Arbeit und der Anstrengungen ihrer Eltern. Mehr als in jedem anderen Fall ist es daher wichtig, daß das allgemeine Interesse sich hier nicht zurückgesetzt sieht, noch die natürliche Liebespflicht außer acht gelassen wird, die die Eltern gegenüber ihren Kindern und Abkömmlingen haben.

In Änderung der Vorschriften des Gesetzes, wonach der Vater oder die Mutter, der Großvater oder die Großmutter die Fähigkeit besaßen, ihr Vermögen an Fremde zu überlassen, sowie die Frau die Freiheit, nach Belieben über ihre Mitgift zu verfügen, veröffentlichen wir daher diese weisen Maßnahmen, die in Zukunft von allen zu beachten sind und kraft deren verhindert werden soll, daß die Kinder und Abkömmlinge durch eine ungerechte Entscheidung bei einer Erbschaft jener völlig vergessen werden können, ohne daß hierdurch der Vater oder die Mutter oder die Großeltern ihrer Fähigkeit, über ihr Vermögen zu verfügen, vollständig beraubt werden sollen.

Will der Vater oder die Mutter, der Großvater oder die Großmutter nunmehr eines ihrer Kinder oder Abkömmlinge m e j o r i e r e n, so müssen sie sich den folgenden Regeln unterwerfen: den mejorierten Söhnen oder Töchtern, Enkeln oder Enkelinnen können sie nicht mehr als den zehnten Teil ihres Vermögens vergeben; auch können sie darüber nicht zugunsten fremder Personen verfügen, es sei denn, sie haben keine Kinder oder legitimen Abkömmlinge. Wollen sie aber eine Liberalität vornehmen, sei es zugunsten der Kirche, sei es zugunsten ihrer Freigelassenen oder beliebiger anderer Personen, dann können sie trotz der Kinder und legitimen Abkömmlinge bis zu $^1/_5$ ihres Vermögens verfügen.

In jedem Fall ist es den Eltern verboten, ihre Kinder oder Abkömmlinge wegen einer leichten Verfehlung zu enterben[18]).“

Nach einer weitschweifigen, für die westgotischen Gesetze typischen, moralisierenden und schwülstigen Einleitung[19]) erfahren wir

---

[18]) Lex Vis, Liber IV, tit V, 1, 1 ed. Zeumer, Urtext vgl. Anhang.

[19]) Da mit den Maßstäben seiner Zeit gemessen, beurteilt Montesquieu sie ungerecht hart: „Les lois des Wisigoths, celles de ... Chindasuinde ... sont puériles, gauches, idiotes; elles n'atteignent point le but, pleines de rhétorique et vides de sens, frivoles dans le fond et gigantesques dans le style.“ Vgl. De l'Esprit des lois, Buch 28 Kap. 1.

hier einige wichtige Einzelheiten: ein System völliger Verfügungsfreiheit muß skandalösen Mißbräuchen Vorschub geleistet haben. Damit Abkömmlinge fortan in gebührendem Maß berücksichtigt werden, scheint Kindaswint das Steuer herumzureißen und das betreffende Recht in ein Zwangserbrecht zu verwandeln. Dieses nach seinen lateinischen Anfangsworten „Dum Inlicita" genannte Gesetz, das der König in den Jahren 643/644 veröffentlicht haben dürfte[20], wirft eine Reihe von Fragen auf. Welches ist jenes merkwürdige außer Kraft gesetzte Gesetz, das eine so ausgedehnte Verfügungsfreiheit erlaubt? Haben wir nicht gesehen, daß die Goten gewohnt waren, alles ihren Abkömmlingen zu hinterlassen, ohne daß es einer formellen Verfügung bedurfte? Oder sollte ihr Recht unterdessen eine so radikale Form erlebt haben, daß es sich dem der Hispanoromanen angeglichen hätte? Oder ist dieses Gesetz nur für die romanisierte Bevölkerung bestimmt, wenngleich Kindaswint ausdrücklich anordnet, daß alle seine Maßnahmen zu respektieren haben? Handelt es sich hier vielleicht um einen Versuch, den Rechtsdualismus dadurch zu beseitigen, daß der hispanoromane Teil der Bevölkerung jetzt dem germanischen Warterecht unterstellt wird? Wenn man die Testierfreiheit beseitigen will, weshalb wird dann die Mejora geschaffen, die den Erblasser doch auch gestattet, verhältnismäßig frei über sein Vermögen zu verfügen?

Um zu verstehen, welche Funktion die Mejora hat und aus welchem Grund sie gerade in diesem rechtsgeschichtlichen Augenblick auftritt, müssen wir zurückgehen zu dem Zeitpunkt, in dem sich die Westgoten ihre ersten geschriebenen Gesetze geben und anfangen, sich mit dem in Spanien vorgefundenen Recht auseinanderzusetzen.

2. *Der Konflikt zwischen der römischen Testierfreiheit und der Gebundenheit des germanischen Rechtes*

Solange das Westgotenvolk auf der Wanderung in sich abgeschlossen in persönlichen Verbänden unter seinen Heerführern lebte, die zugleich Richter waren, mochte im allgemeinen das alte nationale Gewohnheitsrecht ausreichen. Mit der Reichsgründung wurden die Goten seßhaft und zwar nicht in geschlossenen Kolonien, sondern verstreut unter der römischen Bevölkerung. Durch die Landteilung, bei der jeder Gote mit seiner Familie einen Teil des Landes eines Provinzialen zur Bebauung erhielt, kamen sie mit ihr in engste Berührung. Daß hierbei sehr häufig Rechtsstreitigkeiten zwischen Goten und Römern entstanden, war unausbleiblich.

Theoderich I. (419—451) und Theoderich II. (452—466) dürften die ersten gotischen Könige sein, die vereinzelt Gesetze mit dem Ziel

[20]) vgl. Lacoste, S. 57 ff.

erlassen, die durch das Zusammenleben mit den Römern auftauchenden Probleme zu lösen[21]). Der Schöpfer des ersten vollständigen westgotischen Gesetzbuches aber ist König Eurich (466—485). Bei Streitigkeiten über die Landnahme hatte sich bereits die große Überlegenheit des geschriebenen römischen Rechts offenbart. Das altgotische Recht kannte sicher kein Privateigentum an Grund und Boden, und so war es nur natürlich, daß die Goten von den Römern mit dem Land zugleich die Grundsätze über das Grundeigentum übernehmen[22]). Daher findet Eurich schon eine Reihe von römischen Einrichtungen unter seinen Stammesgenossen in Übung, als er mit der Verfassung eines Codex beginnt. An seiner Wahl der Rechtsquellen erkennt man, daß er die Bewegung gutgeheißen hat. Neben gotischem, kanonischem wird römisches Recht bedenkenlos übernommen, sofern es sich als brauchbar erweist. Vor allem kann er nicht umhin, sich der Mittel der römischen Gesetzgebung zu bedienen: Sprache, Technik, Form und Jurisprudenz jener Zeit. Der Umstand, daß am römischen Recht ausgebildete Juristen im Auftrage des Königs das Gesetzbuch in der römischen Rechtssprache verfassen, konnte schließlich nicht ohne tiefgehenden Einfluß auf dessen Inhalt bleiben. Ist das gotische Recht bereits vor der Aufzeichnung nicht wenig romantisiert, so muß es durch die Art der Kodifizierung noch mehr von seiner nationalen Grundlage entfernt worden sein[23]).

Eurich hat so den Goten ein geschriebenes romanisiertes Recht gegeben, das sie im Verkehr mit den Römern, aber auch unter sich in den Verhältnissen eines neuen höheren Kulturlebens benötigen. Die vermutlich in der Einleitung enthaltene Bestimmung über die Rechtssubjekte ist uns nicht überliefert; aber vieles spricht dafür, daß das Gesetzbuch vorerst nur in den gemischten Prozessen für Römer und Goten gilt. Im übrigen bleibt für die Römer untereinander ihr Recht weiter in Geltung[24]). Der etwa im Jahre 475 entstandene Codex Eurici enthält 336 Kapitel, von denen 6 dem Erbrecht gewidmet sind. Leider sind sie uns nur in Fragmen-

---

21) vgl. Garcia Gallo, S. 345; Beyerle, S. 1 ff.

22) Es ist denkbar, daß die Überlegenheit der römischen Kultur die Goten bereits vor der Reichsgründung zur Annahme anderer Einrichtungen genötigt hat, die ihrem nationalen Recht fremd waren, wie z. B. das zinsbare Darlehen, das Testament, Verwandtschaft und Schwägerschaft als Ehehindernisse, vor allem aber den mannigfachen Gebrauch der Schrifturkunden. Vgl. Zeumer, Bd. 23, S. 470.

23) Die Romanisierung des Rechts hat die Kodifikation hervorgerufen und diese hat die Romanisierung des Rechts gefördert und für lange Zeit festgelegt; vgl. Zeumer, a. a. O.

24) vgl. Conrad, S. 80; a. M. Garcia Gallo, S. 350. Zu dem umstrittenen Zeitpunkt der Verwirklichung des Territorialstatuts vgl. Heymann, S. 361 ff.

ten bekannt. Deshalb wissen wir nicht, in welchem Umfang die Goten letztwillige Anordnungen treffen konnten. Zeumer und Brunner sind der Auffassung, daß schon unter Eurich an keinem Teil des Vermögens des Erblassers mehr ein Warterecht der Kinder bestand[25]). Sie stützen sich auf ein Gesetz aus Kap. 319. Danach kann die Witwe, die einen ehrenhaften Lebenswandel geführt hat, über die Gegenstände, die sie von ihrem Mann geschenkt erhalten hat, frei verfügen. Etwa ein Jahrhundert später findet sich das gleiche Gesetz mit der Einschränkung „si filios non habuerit"[26]). Da also jetzt die freie Verfügungsmacht der Witwe an das Nichtvorhandensein von Abkömmlingen geknüpft ist, hat man geschlossen, daß es vorher eine vollkommene Testierfreiheit gegeben haben muß. Die genannten Autoren halten daher die von Kindaswint erwähnte „lex abrogata", die die volle Vergabungsfreiheit erlaubte, für ein verlorengegangenes Gesetz des Eurich.

Lacoste hat in einer gründlichen Untersuchung die entgegengesetzte These vertreten[27]). Er kommt zu dem Ergebnis, daß Eurich letztwillige Verfügungen zwar schon zuließ, den nächsten Verwandten aber noch ein Warterecht über den größten Teil des Vermögens zustand, so daß die „lex abrogata" niemals aus dem Codex des Eurik stammen kann.

Hierfür spricht folgendes: a) es widerspricht rechtsgeschichtlicher Erfahrung, daß ein einziges Gesetz plötzlich einen Zustand herstellt, der einer jahrhundertelangen Übung völlig entgegengesetzt ist. Überall hat sich die Testierfreiheit erst allmählich als Folge des individuellen Eigentumsbegriffs entwickelt, nicht aber durch einen mutationsartigen Sprung; b) das im Kap. 319 enthaltene Gesetz ist einer Norm untergeordnet, die das Warterecht der Kinder statuiert. Das Gesetz über die Witwe soll nur die Art und Weise des Rückfalls der Gegenstände im Falle des unehrenhaften Lebenswandels regeln, indem es bestimmt, daß die legitimen Erben des Schenkers berufen sein sollen. Der in der späteren Gesetzessammlung vorgefundene Zusatz „si filios non habuerit" ist nichts weiter als eine Verdeutlichung dessen, was implicite bereits vor Eurich galt, d. h. die Testierfreiheit gibt es nur mangels legitimer Nachkommen; c) zur Zeit des Eurich war das Testament zwar bekannt, aber dies ist nicht gleichzusetzen mit einer absoluten Testierfreiheit; d) andere germanische Gesetzeswerke, die durch den Codex des Eurich direkt beeinflußt worden sind, kennen ebenfalls ein Warterecht[28]); e) schließlich

---

25) vgl. Zeumer, Bd. 26, S. 142; Brunner, S. 54—55, deren Meinung von Gans, S. 295 übernommen wird.

26) Let Vis, Liber V, tit 2.

27) vgl. Lacoste, S. 16 ff.

28) so das Recht der Burgunder aus der Zeit von 475—516 und die lex bajuvarum aus den Jahren 511—550.

konnte Kindaswint kein Gesetz mehr aufheben, das jedenfalls die Nachfolger des Eurich schon beseitigt hatten. Denn sie lebten nach dem Warterecht und nur mit dem von ihnen überlieferten Recht brauchte sich Kindaswint zu befassen.

Nachdem Eurich seinem Volk ein geschlossenes Gesetzeswerk gegeben hat, das die Hispanaromanen nicht berührt, wird sein Sohn Alarich II. dadurch bekannt, daß er — ein germanischer König — eine umfassende Kodifikation römischen Rechts anfertigen läßt.

Die Trennung von Rom und eine zeitweilige Störung der Rechtsprechung durch die Auseinandersetzung mit den Goten hatte unter den Römern zu einer unerträglichen Verfälschung der Rechtsquellen geführt. Alarich II. veröffentlicht deshalb 506 eine bereinigte und konzentrierte, durch die Mitarbeit von Bischöfen etwas systematisierte Sammlung aller vorhandenen römischen Rechtsquellen[29]). Diese sog. „Lex romana visigothorum" oder „Breviarium Alarici" bekräftigt vorerst den Rechtsdualismus und bleibt für die Hispanoromanen 1½ Jahrhunderte in Geltung, bis es nach Kindaswint zur Rechtseinheit kommt. Das Erbrecht fußt auf den Grundsatz der Testierfreiheit. Denkt man noch an die Leichtigkeit der Enterbung, den Einfluß der Kirche zugunsten letztwilliger Verfügungen und die oft an juristische Anarchie grenzende Autonomie unter den Römern, dann hat man die Vorstellung von dem Ausmaß ihrer tatsächlichen letztwilligen Verfügungsfreiheit. Mißbräuche waren unausbleiblich, und da die nachfolgenden Gesetzeswerke, wie wir noch sehen werden, das Warterecht der Goten nicht ändern, können wir schon jetzt feststellen, daß Kindaswint mit der „Lex abrogata" den Grundsatz der Testierfreiheit aus dem Breviarium des Alarich gemeint hat.

3. *Die Überwindung des Rechtsdualismus*

Für die Nachfolger des Alarich muß es ein Ärgernis gewesen sein, daß ein großer Teil der Untertanen nicht nach materiellem westgotischen Zivilrecht lebt.. Das Bestreben, die Rechtseinheit zu verwirklichen, wird nun immer deutlicher. Allerdings kann kein König schon jetzt wagen, mit einem Federstrich das römische Recht außer Kraft zu setzen und allen Bewohnern der Halbinsel das gotische vorzuschreiben. Unruhen wären die Folgen und im übrigen wäre es angesichts des weitgehenden Festhaltens am Gewohnheitsrecht praktisch aussichtslos gewesen, von den Hispanoromanen die Beachtung eines ihnen entgegengesetzten Rechtssystems zu erwarten. Die Generalisierung gotischen Rechts vollzieht sich daher allmählich und

---

[29]) Den Hauptteil bildet der Codex Theodosianus in abgekürzter Form. Darauf folgen Stücke aus dem ius: die abgekürzten Institutionen des Gajus, ein Auszug aus den Sententiae des Paulus und Stücke aus dem Codex Gregorianus, vgl. Sohm, S. 132.

methodisch, indem die gotischen Könige, immer wenn sie über vereinzelte Rechtsfragen neue Gesetze erlassen, diese auf alle Untertanen ausdehnen[30]). Hierdurch wird das Rechtsleben der Hispanoromanen allmählich germanisiert. Andererseits romanisierte der Einfluß römischen Rechtsdenkens die Goten mehr und mehr.

Eine weitere Annäherung beider Rechtssysteme bedeutet die Revision des Codex Eurici durch König Leowigild (568—686). Hatten sich die nationalen Gegensätze im Lauf der Zeit schon infolge der staatlichen Gemeinschaft und einer allmählichen Angleichung beider Kulturen abgeschliffen, so geht Leowigild noch einen weiteren Schritt, indem er in dem Gesetz „solicita cura“[31]) das tatsächlich wohl oft durchbrochene, rechtlich bis dahin aber noch bestehende Verbot der Mischehe zwischen Goten und Römern aufhebt[32]). Er ist der erste westgotische König, der römische Insignien trägt und auf einem Thron Platz nimmt. Diese Nachahmung römischer Imperatorenherrlichkeit wirft ein bezeichnendes Licht auf sein Bemühen, auf allen Gebieten die Unterschiede zwischen Goten und Römern auszugleichen.

Viele der von ihm erlassenen Gesetze[33]) lassen als Vorbild das Breviarium des Alarich erkennen[34]). Eine unscheinbare aber doch sehr bedeutungsvolle Änderung war die Einführung der sog. Seelquote in dem Gesetz „si mulier marito“[35]):

„Hat eine Frau von ihrem Mann außer dem Wittum (extra dotem) zu irgendeiner Zeit etwas geschenkt erhalten, Sachen, die der Mann durch Schenkung oder sonstigen Erwerb an sich gebracht hat, oder die ihm gebühren, und sind Kinder aus dieser Ehe hervorgegangen, so besitzt die Frau dies ungestört bis an ihr Lebensende und hat Macht, über $^1/_5$ dieses Gutes, wie es ihr beliebt, zu verfügen.“

---

30) Ein Beispiel für diese Entwicklung ist das Prozeßkostengesetz, das König Teudis im Jahre 546 erläßt, um den Bedrückungen durch die übermäßig hohen Prozeßkosten Einhalt zu bieten. Dieses Gesetz ist für alle Bewohner des Reiches erlassen. Um aber diese Absicht zu verwirklichen, muß es in die Gesetzessammlung der Römer mit aufgenommen werden, da ja formell noch beide Gesetzesquellen getrennt sind. Vgl. Zeumer, Bd. 23, S. 475.

31) ant III, 1, 1 zit. bei Zeumer, Bd. 23, S. 477.

32) König Teudis hatte vorher seine Tochter mit einem Römer verheiratet.

33) Sie sind daran zu erkennen, daß sie später die Vorsilbe „ant“ tragen.

34) So finden wir in der ant IV, 2, 1 die erbrechtliche Gleichstellung von Töchtern und Söhnen, und wahrscheinlich hat Leowigild auch die römischen Verwandtschaftstafeln in sein Gesetzbuch übernommen.

35) Let Vis, ant V, 2, 4, zit. bei Bruck, S. 150.

Galt noch unter Eurich ein System vollkommenen Warterechts — das Testament war ein religiöses Geschäft —, so ändert sich nun die Funktion des Testaments durch die Schaffung eines echten Freiteils, der allerdings regelmäßig zugunsten der Kirche ausgenutzt wird.

Wie die germanische Invasion eine Gefahr für den Fortbestand des römischen Testaments war[36]), so bedeutet jetzt die Einführung des Testamentes im materiellen Sinne des Wortes eine Erschütterung der Grundlage des Erbrechts der Goten, nämlich der Nichtverfügbarkeit von Todes wegen. Mit der Gestaltung der freien Verfügung über $^1/_5$ des Vermögens auch bei Vorhandensein von Kindern entsteht erst der germanische Pflichtteil im eigentlichen Sinne des Wortes. War der römische Pflichtteil entstanden, um die absolute Testierfreiheit einzuschränken, so das germanische System der Reserve als eine Lockerung der absoluten Nichtverfügbarkeit, — nicht um die Testierfreiheit einzuschränken, sondern im Gegenteil, um sie zu ermöglichen. Die gegenseitige Durchdringung germanischer mit römischen Elementen wird auf dem Gebiet der Reserve am stärksten erkennbar. So wird der Mechanismus des römischen Pflichtteilrechts mit seinen Listen der Berechtigten, die Gewährleistung der Unantastbarkeit des Pflichtteils, seine Unverzichtbarkeit, die Anrechnung der Schenkungen und die Unwirksamkeit von Verfügungen bei Übergehung von Pflichtteilsberechtigten übernommen. Von der germanischen Reserve bleibt nur die Höhe[37]). Entscheidend ist, daß mit der Zulassung einer gewissen Verfügungsfreiheit von Todes wegen ein grundsätzliches Anerkenntnis eines fundamentalen Rechtes auf Testierfreiheit verbunden ist[38]).

Nachdem Leowigild noch einen seiner Söhne hatte umbringen lassen, weil er nicht die Kommunion aus den Händen eines arianischen Priesters empfangen wollte, bekennt sich sein Sohn Rekkared ungehindert zum katholischen Glauben und bekräftigt im Jahre 589 als König seinen Übertritt öffentlich vor dem 3. Konzil von Toledo. Die gesamte Rechtsgeschichte wird durch diesen Akt berührt; denn die religiöse und die rassische Einheit — seit kurzem durch die Gestattung der Mischehe begründet — sind die Wegbereiter der bevorstehenden Rechtseinheit.

---

36) In dieser Hinsicht hat das kanonische Recht wohl eine bedeutende vermittelnde Rolle gespielt. Es ist vielleicht nur dem Einfluß der Kirche zu verdanken, daß das Testament überleben konnte; denn die Vermächtnisse „pro peccatis nostris", „pro redemptione animarum" waren dem Untergang geweiht, wenn sich das germanische System in seiner Reinheit erhalten hätte; vgl. Roca Sastre, Estudios, S. 130.

37) vgl. Roca Sastre, Estudios, S. 135.

38) vgl. Jeronimo Gonzales, S. 68.

4. *Die Mejora als Abfindung der Hispanoromanen*

Nach römischem Vorbild sehen sich die Gotenkönige als die Quelle jeden Rechts an. Die Anwendung von Gewohnheitsrecht und freiem richterlichen Ermessen in den gesetzlich nicht geregelten Fällen ist ausgeschlossen. Der König muß bei den vielen Gesetzeslücken des kasuistischen Rechts angerufen werden und nach seinem Gutdünken werden die Entscheidungen in das Gesetzbuch aufgenommen. Auf diese Weise war es bis zur Regierung des Kindaswint wieder zu umfangreichen Ergänzungen des Codex Revisus des Leowigild gekommen. Das öffentliche Recht, insbesondere die Judengesetze, hatten zudem an Bedeutung gewonnen und bildeten über dem Zivilrecht schon ein neues gemeinsames Reichsrecht für alle Untertanen. Als Kindaswint durch seinen Gewaltakt zur Herrschaft gelangt, findet er noch zwei Zivilrechte, den Codex Revisus und das Breviarium Alarici in Kraft. Sein Gotenstolz und die Zweckmäßigkeit verlangen nach einem einheitlichen Reichsrecht. Dies soll natürlich das gotische sein, wenngleich es inzwischen so stark romanisiert ist, daß das Werk nur eine Synthese beider Rechtsquellen sein kann.

Alle Gesetze des Kindaswint erklären sich aus dem Bestreben, die beiden Rechte zu verschmelzen. Seine Methode ist, Bestimmungen, die bisher nur für die Römer gelten, auf die Germanen auszudehnen, oder nationalgotische Institute in gemeinsames Erbrecht umzugestalten[39]). So trifft er z. B. eine Regelung „de postumis", also über die Nachgeborenen[40]). Sie sollen mit den Frühgeborenen erben, und falls der Vater mangels anderer Kinder sein Gut vergabt hat, $^{3}/_{4}$ des Wertes für sich nehmen, während $^{1}/_{4}$ den Beschenkten verbleibt. Vorbild für diese Regelung waren die Grundsätze des römischen Rechts über das „testamentum agnatione postumi ruptum".

Das wichtigste Gesetz ist hier aber ohne Zweifel die bereits zitierte „Dum Inlicita". Kindaswint schafft damit ein System völliger Testierfreiheit ab, dehnt die Zwangserbfolge auf die Hispanoromanen aus und führt die Mejora als juristische Einrichtung eklektischen Charakters ein, die sowohl Grundsätze der testamentarischen wie der gesetzlichen Erbfolge in sich vereint. Wahrscheinlich hat der König aus Anlaß eines aufsehenerregenden Skandals das römische Gesetz über die Testierfreiheit herausgegriffen, um die Materie neu zu ordnen und gleichzeitig die Erbrechtseinheit zu verwirklichen. Da die Goten zu dieser Zeit noch nach dem Warterecht

---

[39]) Der starke röm. Einfluß zeigt sich in der Ordnung der Gerichtsverfassung, vgl. z. B. LV II, 4, 4 über die Aussage von Knechten im Kriminalprozeß. Ln LV III, 4, 13 behandelt er in Anlehnung an Justinians Novelle 117 die Pflicht zur Anklage einer Ehebrecherin.

[40]) in LV, 2, 19.

des Codex Revisus leben, ist die „lex abrogata“ als das im Codex Alarici verankerte Prinzip der Testierfreiheit[41]).

Der rechtsgeschichtliche Rückblick sollte den Prozeß der rechtlichen Annäherung aufzeigen, der das Terrain für die einschneidende Reform des Kindaswint vorbereitet hat. Die Bedeutung der „Dum Inlicita“ wird jetzt klar. Sie ist der Ort, wo die beiden erbrechtlichen Systeme vorerst ihren letzten Kampf ausgetragen haben, der mit dem grundsätzlichen Sieg des germanischen Prinzips gendet hat.

Die Politik der Verallgemeinerung gotischen Rechtes hätte aber scheitern können, wenn der König die Hispanoromanen durch einen zu radikalen Bruch herausgefordert hätte. Politische Taktik gebot ihm, die Reform so zu gestalten, daß der Eindruck eines totalen Wechsels, wie ihn die Einführung eines völlig entgegengesetzten Erbrechts erzeugen mußte, vermieden wurde. Kindaswint mußte deshalb einen Kompromiß eingehen, um das westgotische Recht von einem personalen, in ein territoriales verwandeln zu können[42]) So konzediert er dem Erblasser neben dem Seelteil eine neue Quote, über die er testamentarisch verfügen darf. Damit der Erblasser diese Freiheit nicht wieder mißbraucht, bestimmt er, daß über diesen Teil des Vermögens zugunsten einzelner Kinder oder Enkel verfügt werden darf. Dieser Kompromiß ist die Mejora, eine Synthese von zwei entgegengesetzten Erbrechtssystemen. Die Reform bringt den Hispanoromanen eine empfindliche Einschränkung ihrer gewohnten Autonomie, weshalb sie mit dem tatsächlich unbedeutenden Geschenk der Mejora abgefunden werden sollen.

5. *Charakterisierung der ursprünglichen Mejora*

In der „Dum inlicita“ entspricht die Mejora dem 10. Teil des Vermögens nach Abzug des Seelteils, also nicht des gesamten Vermögens[43]). Dieser Bruchteil erklärt sich daraus, daß die Einrichtung des Seelteils ja bereits vor der Mejora bestand. Den überlieferten Rechtszustand ändert Kindaswint nur insofern, als er den Eltern gestattet, bis zu einem 10. Teil ihres restlichen, der Reserve unter-

---

41) vgl. Schultze, S. 11; Bruck, S. 152; Lacoste, S. 52.

42) Sehr zu Hilfe kam ihm auch eine Wiederbelebung des Urrechts der Kelten durch den Kontakt mit dem gotischen Recht. Sie wirkte einer zu starken Assimilierung des römischen Rechts entgegen und gab dem Gesetzgeber einen Rückhalt für die Ausdehnung des gotischen Rechts auf alle Untertanen. Vgl. Ureña, S. 40 zu den Übereinstimmungen des gotischen mit dem keltischen Recht (z. B. Mitgift, eheliches Güterrecht, Familienrat) und dessen Fortbestand trotz jahrhundertelanger römischer Vorherrschaft.

43) so entspricht es dem Wortlaut und so auch Romero Vietez in seiner Studie, S. 49.

worfenen Vermögens ungleiche Zuwendungen zugunsten ihrer Nachkommen vorzunehmen. Die Seelquote läßt er dagegen unberührt, so daß sie sich wie immer zuerst über die Gesamtheit des Nachlaß errechnet[44]. Die Mejora bildet also $^1/_{10}$ von $^4/_5$ der Reserve.

Da das Fünftel nicht ausschließlich frommen Zwecken vorbehalten ist, sondern auch Fremden zugewendet werden kann, steht es dem Erblasser frei, auch seine eigenen Abkömmlinge damit zu bedenken. Ein Kind kann deshalb neben seinem Anteil an der Reserve die Mejora + Freiteil empfangen[45]. Diese Feststellung ist deshalb wichtig, weil einige Jahrhunderte später die Häufung beider Quoten untersagt wird.

Als Bedachte nennt das Gesetz die Kinder und Enkel. Es wird zwar nichts gesagt, ob es legitime Abkömmlinge sein müssen, doch aus einem anderen Gesetz können wir entnehmen, daß nur legitime Nachkommen erbberechtigt sind[46]. Im Gegensatz zu anderen Gesetzeswerken germanischen Ursprungs ist zu dieser Zeit der erbrechtliche Unterschied zwischen Söhnen und Töchtern bereits aufgehoben und in der „Dum Inlicita" werden beide gleichgestellt: „Ut super decimam partem rerum suarum melioratis filiis aut filiabus, vel nepotibus adque neptis". Umstritten ist, ob die Erwähnung der Enkel darauf hinweist, daß der Erblasser unter Übergehung eines direkten Erben einen Abkömmling 2. Grades bevorzugen kann. Nach dem Codex Eurici konnten entferntere Verwandte nur in Vertretung vorverstorbener erben, d. h. es galt der Grundsatz der Erbfolge nach Stämmen. Die Mejorierung eines Enkels zu Lebzeiten seines Vaters hätte sicher eine gewisse Einschränkung dieses Grundsatzes bedeutet. Aus der Formulierung „Söhne und Töchter oder Enkel und Enkelinnen" hat man folgern wollen, daß nur die nächsten Verwandten absteigender Linie mejorierbar sind[47]. Dem kann nicht zugestimmt werden. Aus der Einleitung der „Dum Inlicita" wissen wir, daß durch das Gesetz dem Mißbrauch, Kinder und Abkömmlinge zu übergehen, Einhalt geboten werden sollte. Dazu mußte die Testierfreiheit nicht abgeschafft, sondern nur personell beschränkt werden. Konnte der Erblasser dazu angehalten werden, sein Vermögen den Abkömmlingen zuzuwenden, dann war der rechtspolitische Zweck der Reform erreicht. Die Lösung ist die Mejora, die lediglich die Zuwendungen an

---

44) vgl. Lacoste, S. 63; Espinar, S. 60.

45) Demgegenüber ist Romero Vietez der Ansicht, daß die Mejora nie eine individualisierte Portion innerhalb der Erbschaft gewesen ist, sondern das Höchstmaß ungleichmäßiger Zuwendung unter Abkömmlingen umschrieb, vgl. S. 27 ff.; 49, 68—79. Danach hätte also eine Akkumulation beider Einheiten nicht stattfinden können.

46) vgl. Ges. „quia mulieris" und Lacoste, S. 66.

47) vgl. Lacoste, S. 68.

Fremde unterbinden soll, aber keine Verneinung der Testierfreiheit ist. Deshalb überzeugt das Argument des Erbfalls nach Stämmen hier nicht; denn die Mejora ist eine gewillkürte, testamentarische Zuwendung, während das sog. Eintrittsrecht gerade für die Intestaterbfolge charakteristisch ist[48]).

Nicht alle Gegenstände des Erblassers bilden die Erbmasse, auf die sich die Mejora bezieht. Für die verheiratete Frau gibt es vielmehr zwei Massen. Die eine wird gebildet aus ihrem Wittum und die andere aus dem übrigen Vermögen. In der genannten "quia mulieres" ordnet Kindaswint nämlich an, daß den Kindern an dem Wittum eine Reserve in Höhe von $^3/_4$ ihres Wertes zusteht und die Frau über das restliche $^1/_4$ frei verfügen kann.

Die geringe Höhe der Mejoraquote dürfte beweisen, daß Kindaswint ihre Schaffung vornehmlich als eine allgemeine, rechtspolitische Maßnahme ansieht und weniger als bewußten Anfang einer Differenzierung des Erbrechts, etwa mit dem Ziel, seine gotischen Stammesgenossen für den Gedanken der Testierfreiheit zu gewinnen. Die Auswüchse bei den Hispanoromanen müssen ihn so erschreckt haben, daß er ihnen kaum zutraut, dieses Instrument gerecht handhaben zu können. Immerhin verliert das Warterecht durch die Mejora etwas von seiner Starrheit. Die Einladung an den Erblasser, bei der Verteilung seines Vermögens künftig entscheidend mitzuwirken, ist ein Dammbruch in dem System der Zwangserbfolge Es kann nicht ausbleiben, daß die Freude der Goten an diesem Recht mit den Ansprüchen der Hispanoromanen eine Strömung bildet, die der Reserve weitere Teile abfordert.

3. Kapitel

Die erste Reform der Mejora

Schon unter Kindaswint war das Programm einer einheitlichen Gesetzgebung für das ganze Land aufgestellt worden. Aber erst sein Sohn Rekeswint verwirklicht diesen Plan im Jahre 654. Dadurch wird die durch langes Nebeneinanderleben geschaffene praktische Annäherung beider Volksgruppen rechtlich sanktioniert. Das bisher vom Gesichtspunkt des Personalstatuts beherrschte Recht wird zugunsten eines neuen Rechts, das dem Territorialstatut unterworfen ist, umgewandelt. Zu dieem Zweck hebt Rekeswint alles vorhergehende Recht auf, insbesondere das Breviarium des Alarich. Unter Androhung einer hohen Geldstrafe darf römisches Recht fortan nicht mehr angewendet werden. Das neue Gesetzbuch führt den Namen „liber judiciorum", d. h. es ist ein Gesetzbuch für die gericht-

---

[48]) vgl. Kipp, S. 18.

liche Praxis. Das 4. der 12 Bücher enthält das Erbrecht, dessen Gesetz „omnis ingenuus vir“ den Inhalt der „Dum Inlicita“ im wesentlichen wiedergibt[49]). Einige Zusätze betreffen weniger die Mejora, sondern präzisieren das Zwangserbrecht im allgemeinen. Da Kindaswint erst 1 Jahr tot ist und seine rauhe Herrschaft noch nachwirkt[50]) hat man vielleicht nicht gewagt, etwas an seinen erbrechtlichen Reformen zu ändern. Jedenfalls erhält sich die Mejora in dem liber judiciorum in der von ihm geschaffenen Form.

1. *Die Haltung des Ervigius und der Einfluß der Konzile*

Wegen der Ungenauigkeit einiger Gesetze und der Unentschlossenheit der Gerichte ist der liber judiciorum kaum angewendet worden. Um diesen Mißstand zu beseitigen, beauftragt Ervigius im Jahre 681 das 12. Konzil von Toledo mit einer neuen Redaktion des Gesetzbuches[51]). Eine große Zahl von Gesetzen läßt er umgestalten. Wo es ihm zweckmäßig erscheint, läßt er Änderungen vornehmen und Zusätze einfügen. Zuweilen bezwecken sie nur die Verdeutlichung bekannter Stellen, öfter aber handelt es sich dabei um eine eingreifende Änderung des Rechts.

Während das frühe westgotische Recht noch ein reines Fallrecht ist, weist der liber in der Fassung des Ervigius schon eine gewisse Systematik und einen Ansatz zu allgemeinen Rechtsprinzipien auf[52]). Es ist heute schwer, mit Bestimmtheit den Initiator dieser oder jener Gesetzesänderung zu benennen; doch dürfte die Vermutung berechtigt sein, daß sich in der Neufassung erbrechtlicher Vorschriften der steigende Einfluß des auf dem Konzil vertretenen Klerus widerspiegelt.

Obwohl ursprünglich eine rein kirchliche Einrichtung, befassen sich die Konzilien seit dem 4. Konzil von 633 auch mit zivilrechtlichen Angelegenheiten. Ihre Mitglieder beherrschen die Rechtswissenschaft und die lateinische Sprache, weshalb sie für die Gesetzgebung wie niemand anders berufen sind. Durch die Teilnahme des Königs und der weltlichen Großen gewinnen so die katholischen

---

[49]) vgl. LV, lib 4, tit 2, 1. Bezeichnend ist, daß der liber erst veröffentlicht wird, nachdem er die Zustimmung der Bischöfe des 8. Konzils von Toledo erhalten hat.

[50]) Es bestand Anlaß, die Beleidigung des verstorbenen Königs mit der gleichen Strafe wie die des herrschenden Königs zu belangen, vgl. Zeumer, Bd. 23, S. 492.

[51]) vgl. Garcia Gallo, S. 354.

[52]) Dies ist nicht zuletzt auf San Isidoro, den einzigen bedeutenden Juristen der westgotischen Epoche zurückzuführen, der von 570 bis 636 wirkte. Er ist ein universaler Geist, Kenner des kanonischen und justinianischen Rechts, dessen „Etimologia“ den Versuch einer systematischen Darstellung des Rechts seiner Zeit darstellt, vgl. Garcio Gallo, S. 360.

Reichskonzilien, besonders nach dem Übertritt des Rekkared zum katholischen Glauben, eine andere Bedeutung, sie werden zu Reichstagen[53]). Allerdings beschränkt sich die königliche Intervention auf die Einberufung und die Mitteilung des „tomus regius", der dem Konzil einige Punkte zum Studium unterbreitet. Laien nehmen nur solange teil, als weltliche Dinge behandelt werden. Die Beschlüsse des Konzils werden durch den König bestätigt und ihre Nichtbefolgung mit empfindlichen Strafen bedroht[54]).

2. *Die Quote wird auf 1/3 erhöht und ihre Beschwerung gestattet*

Die auffallendste Reform der Mejora besteht in der Erhöhung der Quote von 1/10 auf 1/3. Wo früher die Dum Inlicita bestimmte, „ut super decimam partem" liest man jetzt „ut super tertiam partem"[55]). Diese Änderung deutet an, daß die Auseinandersetzung zwischen römischer Verfügungsfreiheit und germanischer Gebundenheit noch nicht abgeschlossen ist, und die stark am römischen Recht orientierten Mitglieder des Konzils werden die Sprecher derjenigen sein, die den Verlust der gewohnten Testierfreiheit nicht als etwas Unabwendbares hinnehmen wollen. Ervigius mag auch erkannt haben, daß die Aufweichung des Warterechts durch ein gewisses Maß von Verfügungsfreiheit kein Übel zu sein braucht, wenn nur die Gewähr besteht, daß die nächsten Verwandten keinen unbilligen Nachteil erleiden. Die Befugnis, nunmehr 1/3 von 4/5 der Reserve unter die Abkömmlinge zu verteilen, gestattet dem Erblasser, zwischen seinen Kindern bestehende Ungleichheiten zu beheben. Dadurch vermag er eine gerechtere Nachfolge herbeizuführen als mit den unabänderlichen Reservequoten. Für den Erblasser selbst entfaltet die Erhöhung der Mejora die angenehme Nebenwirkung, die elterliche Autorität zu stützen und die häusliche Disziplin auch dann noch zu erhalten, wenn sich bei den Kindern Emanzipationsgelüste einstellen. War es früher jedenfalls für westgotische Kinder selbstverständlich, einen großen Teil des Vermögens zu erhalten, so gilt das jetzt nur noch in Höhe der Reserve im engeren Sinne des Wortes, während nur das besonders gehorsame Kind Aussicht auf eine Mejora hat. [56]).

---

[53]) vgl. Hamilton, S. 258.

[54]) vgl. Zeumer, Bd. 23, S. 501.

[55]) vgl. Zeumer, Bd. 26, S. 134.

[56]) Dieser Gedanke hat im Langobardenrecht einen Widerhall gefunden, wo Liutprand im J. 729 anordnet: „ein Vater, der einen gehorsameren und dienstbereiteren Sohn hat, kann zu seinen Gunsten die Gleichheit brechen, die sonst unter den Kindern herrscht." Vgl. Romero Vietez, S. 49. Dieser Fall einer Mejora zugunsten eines Sohnes ist die einzig uns be-

In einer weiteren umständlichen Änderung gestattet Ervigius, das Mejoradrittel nicht nur zugunsten eines, sondern mehrerer Abkömmlinge zu verwenden. Im gleichen Zusammenhang deutet er an, daß die in diesem Sinne geschenkten Gegenstände beschwert werden können, wenngleich er nichts über die Art und Weise der Belastungen und ihrer Nutznießer sagt[57]).

Schließlich hat Ervigius noch eine Maßnahme getroffen, welche die Mejora indirekt sehr berührt. Zerfiel bisher nur das Vermögen einer verheirateten Frau in zwei Erbmassen, so wird jetzt auch beim Mannesvermögen eine Trennung zwischen einer neuen Kategorie von Gütern, den „propriis tantundem rebus" und dem übrigen Vermögen eingeführt. Die abgesonderten Gegenstände sind Schenkungen des Königs, die den Mann für seine geleisteten Kriegsdienste empfängt. Hierüber soll er völlig frei verfügen dürfen. Die Erhöhung der Mejora ist also rein formell; denn der absolute Wert der Quote ist nicht entsprechend angestiegen, weil die Masse kleiner ist, deren Ausschnitt die Mejora bildet. Die Absonderungen der Königsgüter mit der Erlaubnis, über sie frei zugunsten beliebiger Personen zu verfügen, ist wahrscheinlich das Werk der auf dem Konzil vertretenen Bischöfe.

Die Ausdehnung des Warterechts auf die Hispanoromanen muß die Kirche stark betroffen haben, denn ihr materielles Wohl hängt eng mit dem Grad der Testierfreiheit zusammen. Vorher haben die umfangreichen Schenkungen an die Kirche die Abkömmlinge sicher stärker berührt als die Zuwendungen an Konkubinen, die sie so erbosten. Die Bischöfe des 12. Konzils von Toledo haben als geschickte Kenner römischer Gesetzestechnik auf elegante Weise eine Rückbildung der Rechtsentwicklung eingeleitet. Nach außen scheint sich für die Abkömmlinge im wesentlichen nichts geändert zu haben. Denn weiter haben sie in ihrer Gesamtheit Anspruch auf $^4/_5$ der Erbmasse. Die Erhöhung der Quote auf $^1/_3$ ist ein kleines Geschenk für die gehorsamen Kinder. Daran liegt der Kirche aber nur insoweit, als es die Idee der Testierfreiheit etwas volkstümlicher macht. Wichtiger ist es für sie, den Bereich der absoluten Vergabungsfreiheit zu vergrößern, um dadurch den Brauch der frommen Schenkungen wieder zu beleben.

Eine Wiedergeburt römischen Rechtes deutet sich an, — eine Entwicklung, die dadurch begünstigt wird, daß vor allem römisches Recht zu Studienzwecken benutzt wird und manche Richter es unerlaubterweise dem liber judiciorum vorziehen. Vielleicht wäre es unter der Herrschaft eines schwachen Königs zu einer gesetzlichen

---

kannt gewordene Nachahmung der Mejora im Mittelalter außerhalb Spaniens.

57) vgl. Lacoste, S. 82.

Anpassung an diese Strömung gekommen, wenn nicht der Einfall der Mauren der Rechtsgeschichte im Jahre 711 eine neue Wendung gegeben hätte.

4. Kapitel

Die Herrschaft der Mauren. Die Lex Visigothorum und mit ihr die Mejora bleiben bestehen.

Innerhalb ganz weniger Jahre gelingt es den Arabern, fast die ganze Halbinsel zu unterwerfen. Nur einen Teil der hohen Gebirgskette Asturiens und Galiciens vermögen sie nicht zu bezwingen. Spanien wird Kolonie des nordafrikanischen Reichs der Kalifen. Mit seiner Spaltung gerät die Halbinsel zunächst in Abhängigkeit der Dynastie der Omajjaden, die 716 ihren Sitz von Damaskus nach Corduba verlegt und 929 unter Abdar-Rahman III. als Kalifat von Corduba ihren Höhepunkt erreicht. Es zerfällt im Jahre 1031 und löst sich in verschiedene kleine Königreiche auf, die in Sevilla, Toledo, Zaragossa, Lerida, Huesca, Valencia ihren Sitz haben. Alle diese mehr oder weniger kleinen Herrscher unterscheiden sich durch ihre Titel, ihre Treue oder Feindschaft zu Damaskus, den Umfang ihres Gebietes, doch alle kennen nur ein Gesetz, den Koran. Er ist das Recht einer bestimmten Rasse und einer bestimmten Glaubensgemeinschaft, woraus sich erklärt, daß die Araber der unterworfenen Bevölkerung nicht ihr Recht aufzwingen. Vielmehr wiederholt sich der gleiche Dualismus, wie ihn die Goten einführten, als sie etwa 300 Jahre vorher das Land unterwarfen. Auf allen Gebieten zeigen die Araber eine erstaunliche Toleranz gegenüber den Gebräuchen, Gesetzen und der Religion der Besiegten. Außer den Streitigkeiten zwischen einem Muselmanen und einem Ungläubigen, die nach dem Recht des ersten entschieden werden, „weil das Statut des Ungläubigen nicht dem Muselmanen entgegengesetzt werden kann"[58]), werden die zwischen Spaniern nach deren Recht entschieden.

die Fortgeltung des liber judiciorum in dieser Zeit läßt sich dadurch nachweisen, daß die Mejora in den neuen Gesetzessammlungen des 11. und 12. Jahrhunderts wieder erscheint. Daraus darf man schließen, daß sie auch in der vorangegangenen Zeit praktiziert worden ist, denn die neuen Gesetze sind meist nicht mehr als eine Sammlung des vorhandenen Rechts.

Im übrigen sind uns auch einige Dokumente bekannt, in denen auf den liber als Rechtsgrundlage verwieden wird. Im Jahre 801 bestimmt das Konzil von Oviedo z. B., daß die Diakone, die die Klöster inspizieren und ihre Mission schlecht erfüllen, 60 Stockschläge er-

[58]) vgl. Ureña Smenjaud, La influencia semita, S. 277.

halten und ihre Würde „gemäß der kanonischen Regel und dem Buch der Goten“ verlieren sollen[59]). Aus Anlaß eines Streites über ein Testament fällt der Rat von Leon im Jahre 952 eine Entscheidung, wobei er sich ausdrücklich auf eine Norm des Leges Visigothorum beruft[60]) und im Jahre 1020 bestätigt Alfons V. auf dem Konzil von Leon die westgotischen Gesetze. „Dieser König — schreibt ein Chronist — umgab Leon mit guten Wällen und bestätigte die gotischen Gesetze“[61]). Als Alfons VI. von Asturien im Jahre 1101 Toledo zurückerobert, verkündet er den liber als geltendes Recht[62]).

Während der Herrschaft der Araber erhält sich somit die Mejora, — als Gewohnheitsrecht insbesondere im Süden des Landes, wo sie sich am längsten halten können; im Norden, der ihnen schon wieder entrissen worden ist, kraft der Gewährung eines Rechtes, das dem liber judiciorum im wesentlichen entspricht.

Diese Feststellung kann allerdings nur mit Vorbehalt getroffen werden; denn die Reconquista — so wird in Spanien die Epoche der Wiedereroberung genannt — ist rechtsgeschichtlich die Zeit einer einzigartigen Rechtszersplitterung, in der das Erbrecht von Ort zu Ort die verschiedensten Formen aufweist.

5. Kapitel

Die sogenannten Fueros

1. *Zeitpunkt und Ursache ihrer Entstehung*

Unter Führung des Hochadels vereinigen sich die Nachkommen der Goten und Römer von den Bergen Asturiens aus, um gemeinsam den Feind zu bekämpfen. In dieser Zeit der Reconquista steht das Kriegsführen an erster Stelle. Für die Gesetzgebung bleibt keine Zeit, und man möchte sich auch nicht von dem liber trennen, der die Erinnerung an das verlorene Land wachhält. In den ersten Jahren der Wiedereroberung gibt es daher nur ein gemeinsames Recht[63]). Diese durch die äußeren Umstände bedingte Einheit weicht jedoch in der Praxis bald einer außerordentlichen rechtlichen Vielfältigkeit. Mit dem erfolgreichen Fortgang des Kampfes beschritten die spanischen Staaten eine neue Entwicklung, für die die Erfahrung der Gotenzeit nicht mehr ausreicht. Um die Leistung der ihm dienenden

---

59) vgl. Marichalar, Historia, Bd. II, S. 130.

60) vgl. Sanchez Roman, Bd. I, S. 202.

61) ders., S. 203.

62) In Katalonien wird zwar 1068 ein neuer Código veröffentlicht. Er soll aber in erster Linie bestehende Gesetzeslücken schließen und nicht den liber außer Kraft setzt, vgl. Lardizabal, S. 16.

63) vgl. Alzamora, S. 36.

Städte und Adligen zu belohnen und sie auch für die Zukunft zu gewinnen, muß ihnen der König Privilegien über Privilegien geben. Dadurch vergrößert der Adel seinen Einfluß derart, daß daneben die Bedeutung der Krone vielfach in den Schatten gestellt wird. Die Städte werden umworben, da sie eine bedeutende Kraftquelle im Kampf gegen die Araber bedeuten. Sie stellen nicht nur gute Soldaten, sondern liefern nach errungenem Sieg auch das unentbehrliche Menschenmaterial für die Wiederbesiedlung des eroberten und entblößten Landes. Endlich bilden sie für den König das zuverlässige Gegengewicht, um die durch ständige Interessenspolitik des Adels belastete Waage des Allgemeinwohls und des Staatsinteresses im Gleichgewicht zu halten[64]).

Mit dem Erstarken der Städte erhebt sich naturgemäß der Wunsch nach weitergehenden Rechten und nach Selbstverwaltung. Die Krone entspricht diesen Bitten und bewilligt verdienten oder mächtigen Städten Fueros, die ihnen die möglichst unmittelbare Unterordnung unter die Krone und ihre Rechte gegenüber König und Adel sicherstellen.

Hinter dem Titel „Fuero" verbergen sich die verschiedensten Rechtsquellen. Die örtlichen Fueros sind knappe, später recht ausführlich aufgezeichnete Sammlungen des Gewohnheitsrechts, das in einem Dorf oder einer Stadt gilt. Waren sie im 1. Jhdt. der Reconquista meist vom König, von Geistlichen oder weltlichen Herren des Ortes bestätigt und als Privileg verliehen worden, so finden sich später auch Fueros, die einfach vom Stadtrat verkündet werden[65]). Eine merkwürdige Form spanischer Rechtsweisung sind die in den Rechtsquellen oft eingestreuten Richtersprüche und Rechtsweistümer, die uns gerade die praktische Anwendung des Rechts erkennen lassen. Daneben stehen Kolonisationsprivilegien, königliche Gesetze, Gottes- und Landfriedenseinungen und Beschlüsse der Ständeversammlungen (Cortes).

Die unendliche Fülle der Rechtsquellen erklärt sich daraus, daß im Verlauf der Reconquista eine ganze Reihe von selbständigen Staaten mit jeweils eigenständiger Rechtskultur entsteht. Selbst da, wo kleinere Staaten, wie z. B. Aragonien, Katalonien, Mallorka und

---

[64]) vgl. Rauchhaupt, S. 74. Tatsächlich verbesserten die Privilegien nicht die Lebensbedingungen des durch Adel und Klerus unterdrückten Volkes. Es bildete weiterhin eine rechtlose Klasse, war dem Tribut unterworfen und hatte keine anderen Ziele, als durch eigene Mittel unter Führung ihres Señors verteidigt zu werden; vgl. Alzamora, S. 40.

[65]) wie z. B. der Fuero von Madrid.

„Aus diesem Grunde ordnen wir an, daß kein Vater und keine Mutter, seien sie gesund oder krank, die Macht haben, einem ihrer Kinder mehr als einem anderen zu geben, denn alle erhalten ihren gleichen Teil[69])."

Valencia zu einem umfassenden Gebilde, nämlich zur Krone von Aragonien zusammengeschlossen sind, behaupten sie durchaus ihre alte Rechtskultur[66]).

2. *Die Rechtszersplitterung führt zur vereinzelten Abwandlung und Abschaffung der Mejora*

Allen Fueros ist gemeinsam, daß sie für ein räumlich begrenztes Verleihungsgebiet Spezialrecht sind und den Rang einer ersten Rechtsquelle haben, das gemeinsame Recht also nur subsidären Wert hat. Sie haben sowohl öffentliches wie privates Recht zum Gegenstand, und es ist ein interessantes Phänomen, daß in dem vielgestaltigen Rechtspartikularismus dieses Jahrhunderts reinstes gotisches Gewohnheitsrecht offen zutage tritt[67]). Das ist auch ein Grund für das Wiederaufleben germanischen Warterechts und für die Verdrängung der Mejora in zahlreichen Fueros.

In dieser Hinsicht noch etwas behutsam ist die Sprache des Fuero de Alcala de Henares von 1114, wonach kein Abkömmling zu Lasten eines anderen bevorzugt werden darf[68]). Viel deutlicher ist schon der Fuero de Cuenca im Jahre 1190:

Um die Gleichstellung zu gewährleisten, sind nach diesem Fuero die Geschenke zum Ausgleich zu bringen, die ein Kind aus Anlaß seiner Heirat empfangen hat. Sie dürfen nicht einmal veräußert werden, weil sie noch der Erbmasse zugerechnet werden.

Ähnlich ablehnend gegenüber der Mejora sind die Fueros von Zamora, von Plazencia und der von Sepulveda aus dem Jahre 1076[70]). Eine gewisse Lockerung des Verfügungsverbotes findet sich in dem Ordenamiento de las Cortes de Najera, wonach die Eltern, „nachdem sie von einer Krankheit befallen, auch nicht in der Stunde ihres Todes einem Kind mehr als einem anderen geben können, mit Ausnahme eines Fünftels, das sie zugunsten ihrer Seele vergeben können"[71]). Eine andere Variante enthält der Fuero de Caceres von 1229 und der Fuero de Fuentes von 1278, denen stark der Fuero Viejo de Castilla von 1264 ähnelt: „Stirbt ein Ritter und hinterläßt Söhne und Töchter und besitzt Waffen und Pferd und andere Tiere, dann kann er keinem seiner Söhne irgendeine Mejora hinterlassen, es sei denn zugunsten des ältesten Sohnes, dem er sein Pferd und seine Waffen geben kann, damit er dem Herrn diene, so wie es der Vater getan hat[72])."

---

66) vgl. Wohlhaupter, XVI.
67) vgl. Melicher, S. 8.
68) vgl. Gutierrez, Bd. III, S. 487.
69) zitiert bei Martinez Marina, S. 293.
70) vgl. Lacoste, S. 98.
71) zitiert bei Martinez Marina, S. 293.

Diese Bevorzugung eines Kindes ist ein rein militärisch motiviertes feudalistisches Privileg.

Für die vereinzelte Abschaffung der Mejora zur Zeit der Reconquista lassen sich drei Gründe anführen:

a) Der König braucht in dieser Kriegszeit einen kampffähigen Adel. Damit den Kriegsgeschäften zu keiner Zeit die materiell fundierte Führung fehlt, muß die Gewähr bestehen, daß im Todesfall eines Heerführers gleich ein ebenbürtiger Nachfolger vorhanden ist. Dem genügt die Mejora nicht, denn fällt sie einer Tochter oder einem kriegsuntauglichen Sohn zu, dann werden in diesem Maße die Reserven des Kriegers geschwächt. Das Erstgeburtsrecht unter Bevorzugung der männlichen Abkömmlinge ist dagegen für die militärischen Belange eine geeignete Ergänzung. Man könnte fast sagen, daß es eine den Erfordernissen der Zeit entsprechende Fassung der ursprünglich zweckfreien Mejora ist.

b) Die harte Notwendigkeit der Reconquista erfordert ein lebendiges Volksrecht. Dieses braucht nicht neu geschaffen zu werden; denn das gotische Gewohnheitsrecht hat den Sturm der arbischen Eroberung überdauert und muß nur den Besonderheiten der Zeit und des Raumes angepaßt werden[73]). Zudem begünstigt die allgemeine politische Desorientierung und das Fehlen einer zentralen Gesetzgebungseinrichtung die Wiedergeburt solcher alten germanischen Rechtsgewohnheiten, die sich in ähnlichen Zeiten des Bekriegens, Eroberns und Umherwanderns bereits bewährt hatten.

c) In der Ablehnung einer ungleichmäßigen Behandlung von Abkömmlingen trifft sich das germanische mit dem arabischen Rechtsdenken. Wenn auch die Araber nicht danach trachten, den Besiegten ihr Recht aufzudrängen, mittelbar wirken sie doch auf ihre Umgebung. Für die Christen ist nämlich eine eigene Rechtsentwicklung abgeschnitten und neue Gegebenheiten müssen daher mit den überlegenen Rechtsgrundsätzen der Sieger geregelt werden[74]). Auf diese Weise werden einige städtische Fueros angeregt, die Vorschriften des liber judiciorum über die Mejoras außer Kraft zu setzen. Wenn sie sie zuließen, dann nur mit der freiwilligen Zustimmung der Kinder. So bestimmt z. B. der Fuero de Fuentes:

> „Vater oder Mutter, ob gesund oder krank, können keinem Kind mehr als einem anderen geben, wenn es den anderen nicht gefällt[75])."

---

[72]) idem, S. 295.

[73]) vgl. Wohlhaupter, S. XIV; Sanchez Roman, Bd. I, S. 233.

[74]) Ureña y Smenjaud in „La influencia semita", S. 276 ff.

[75]) idem, S. 301. Der arabische Grundsatz, daß eine kranke, oder in Lebensgefahr befindliche Person, wenn überhaupt, dann nur mit Zustimmung der Zwangserben verfügen kann, findet sich in vielen Fueros.

3. *Der Fuero Juzgo bestätigt die Mejora im 13. Jahrhundert*

Auch die Zeit vom 13. bis 16. Jhdt. kennzeichnet eine Unzahl von Fueros, die sich an vielen Orten den Vorrang vor dem liber judiciorum erstritten haben. Gründet sich die Mejora in den ersten Jahrhunderten der Reconquista auf die grundsätzliche Fortgeltung des liber, so erhält sie sich in diesem Zeitabschnitt durch die Bestätigung in einigen wichtigen Fueros. Dies gilt für den Fuero de las Leyes für den Fuero de Soria, wie für den Fuero de Burgos mit seiner recht niedrigen Mejoraportion von 5 Gulden[76]).

Nachdem Fernando III. Corduba den Mauren entrissen hatte, gewährt er der befreiten Stadt am 4. April 1241 als Sonderrecht den liber judiciorum in einer spanischen Fassung. Die unter dem Namen Fuero Juzgo bekannt gewordene Übersetzung spielt für die Herstellung der Rechtseinheit eine wichtige Rolle, weshalb sie eine kurze Besprechung verdient. Die Übersetzung des lateinischen Textes ist deshalb bemerkenswert, weil sie nicht wörtlich erfolgt ist. Dort wo Ervigius die Verwendung des Seelteils zugunsten der Kirche anheimstellt, wird nun ergänzt: „und anderer Orte", womit die inzwischen aufgekommenen Klöster gemeint sind.

Es wird erläutert, daß die von der Erbmasse zu trennenden Königsgegenstände auch die Geschenke des Señors, also des Feudalherrn, umfassen. Die Freigelassenen werden nicht mehr als mögliche Empfänger des Freiteils erwähnt, weil es die Sklaverei nicht mehr gibt. So ist das Werk also keine wörtliche Übertragung des liber, sondern eine Neufassung unter Einarbeitung der herrschenden Rechtsübung und neuer soziologischer Gegebenheiten. Erkennt man aber überall das Bestreben nach einer zeitgemäßen Gesetzesaufzeichnung, dann deutet die Erwähnung der Mejora an, daß sie sich im Bewußtsein des Volkes erhalten hat. Wäre das nicht der Fall gewesen, dann hätten sie die Verfasser des Fuero Juzgo einfach ausgelassen. Stattdessen ist sie genau der reformierten Fassung des Ervigius nachgezeichnet[77]).

4. *Der Fuero Real, die Siete Partidas und der Versuch Alfons des Weisen, die Rechtseinheit wiederherzustellen*

Eine unerträgliche Zersplitterung und Lückenhaftigkeit der Gesetze war die Kehrseite des Foralsystems. Schon Fernando et Santo (1217—52) faßte angesichts dieses Zustands den Entschluß zur Rechtsvereinheitlichung. Er starb vor der Verwirklichung seines Planes, und so ruhte auf seinem Sohn Alfons (1252—1284) die Aufgabe, ein einheitliches Gesetzbuch herauszugeben. Innerhalb von

---

[76]) vgl. Martinez Marina, S. 293.

[77]) vgl. Lacoste, S. 122.

10 Jahren gab Alfons der Weise zwei große und miteinander unvereinbare Kodifikationen heraus[78]).

Unter dem Namen Fuero Real wird im Jahre 1254 ein neuer Código veröffentlicht, der im wesentlichen dem Fuero Juzgo entspricht. Der große Literatenkönig[79]) besitzt aber nicht die Autorität, um diesem Werk zur ausschließlichen Geltung zu verhelfen. Er wendet deshalb folgende Methode an, um der Rechtseinheit wenigstens näherzukommen: Immer, wenn sich eine Ortschaft mit der Bitte um Sonderrecht an die Krone wendet und sich über die Undurchsichtigkeit des bestehenden Rechts beklagt, verleiht er den Fuero Real, der im übrigen den Fuero Juzgo in den vielen Orten, wo dieser noch gilt, ersetzt[80]). So gelangt der Fuero Real auf dem Umweg zahlreicher Sonderverleihungen faktisch zur Stellung einer Art Reichsrechts.

Gegenüber dem Fuero Juzgo weist die Mejora hier nur die Besonderheit auf, daß der Bedachte nicht noch zusätzlich den Freiteil erhalten darf. Im übrigen wird zum ersten Mal die Stellvertretung der Testamentserrichtung erlaubt. Personen im Vollbesitz ihrer geistigen Kräfte können vom 14. Lebensjahr ab testieren. Sind keine Abkömmlinge vorhanden, dann fällt das Erbgut nach dem sog. Tronkalitätsprinzip an die Eltern oder Geschwister des Erblassers. Neu ist das Amt des Testamentsvollstreckers[81]).

Als Alfons die endlich 1257 erfolgte Wahl zum deutschen Kaiser bevorstand[82]), mag er eingesehen haben, daß die Vereinigung mehrerer Reiche in einer Hand gesicherte und klare Zustände in jedem derselben erfordere. Es wird deshalb kein Zufall gewesen sein, daß er schon im Jahre 1256 an die Abfassung der von ganz neuen Gesichtspunkten ausgehenden und der Kurie entgegenkommenden Siete Partidas herantrat, einem Werk reinster römischer Prägung, das auf dem Codex Justiniani fußt.

Das Pflichtteilsrecht hat hier einen radikalen Wandel erfahren. Anstelle der $^4/_5$, die im Fuero Juzgo die Reserve der Nachkommen ausmachte, tritt nun ein Pflichtteil, der je nach Zahl der Kinder der Hälfte oder $^1/_3$ des Vermögens entspricht. Die Mejora verschwindet[83]). Römisch-rechtliche Auffassungen treten in den Vordergrund: Die Unerläßlichkeit der Erbeinsetzung, die Unvereinbarkeit von

---

78) vgl. Rauchhaupt, S. 101.

79) Seine politische Leistung wird von den Historikern weit geringer beurteilt als seine Rolle als Förderer von Wissenschaft und Sprache, vgl. Americo Castro, S. 451 ff.

80) vgl. Marichalar y Manrique, Bd. III, S. 13.

81) vgl. Rauchhaupt, S. 101.

82) Auf Grund des Umstandes, daß seine Mutter Beatrix von Schwaben war.

83) vgl. Sanchez Roman, Bd. I, S. 308.

gleichzeitiger gesetzlicher und gewillkürter Erbfolge und die Pflicht der Erbantretung. Die Testamentsformen werden mechanisch und kritiklos dem römischen Recht nachgeahmt, während das bisher gestattete kommissarische Testament unerwähnt bleibt.

Merkwüridgerweise hat Alfonso dieses Werk nie veröffentlicht. Genaue Gründe dafür sind uns nicht bekannt. Er mag eingesehen haben, daß dieses volksfremde Recht beim Volk wie bei den vielen Schichten, denen der Verlust der in einzelnen Fueros niedergelegten Privilegien drohte, auf passiven Widerstand stoßen würde. So ist sein Erfolg vorerst rein akademischer Natur. Die Partidas behaupten ihren Platz als gelehrtes Recht, das an den Universitäten gelehrt und von den Richtern zur Auslegung der heimischen Foralrechte herangezogen wird. Erst im 14. Jhdt. gelangen sie zu einer verspäteten Anwendung.

5. *Nachfolgende Gesetzeswerke des 14. Jhdts. erwähnen die Mejora*

Im 14. Jhdt. künden zwei Gesetze von der Existenz der Mejora. Die Leyes de Estilo, veröffentlicht etwa 1310, ersetzen nicht das vorangehende Recht, sondern enthalten ausschließlich Auslegungsvorschriften. Sie erwähnen die Mejora zuerst in Ges 200, wonach eine testamentarische Anordnung gültig bleibt, auch wenn der z. Zt. des Erbfalls geltende Fuero die Mejora nicht vorsieht. Diese Bestimmung zeugt von dem Interesse dieses Jahrhunderts an der Mejora; denn normalerweise hätte sich die Gültigkeit eines Testaments nach dem Recht des Erbfalls beurteilen müssen. Ges 213 stellt klar, daß der Erblasser als Mejora eine bestimmte Sache bezeichnen kann. Obwohl schon der Fuero Juzgo diese Möglichkeit empfiehlt, müssen in der Praxis Zweifel entstanden sein, die dieses Gesetz nun beseitigen will. Ges 214 bestätigt noch einmal, daß ein mejorierter Abkömmling nicht noch zusätzlich das Fünftel empfangen kann, das jetzt nur als Seelteil bezeichnet wird. Es scheint, als habe sich die Kirche hier eine Art Pflichtteil gesichert; denn kein Wort deutet an, daß über dieses Fünftel zugunsten von Fremden oder Verwandten verfügt werden darf. Schließlich wird ein alter Zweifel beseitigt, ob nämlich für die Berechnung der Mejora der Seelteil mitgerechnet oder vorher ausgeklammert wird, m. a. W. ob sie $^1/_3$ der Gesamtheit oder nur $^4/_5$ des Nachlasses bildet. Die Leyes bestätigen die letztgenannte und gewohnte Rechnungsweise.

Im Jahre 1348 veröffentlicht Alfons XI. das Ordenamiento Real de Alcalá. Nach langer Zeit wird damit wieder ein Werk bekannt, das für ganz Kastilien Geltung hat, sich aber inhaltlich darauf beschränkt, Gesetzeslücken zu füllen und einige Probleme zu lösen, die sich bei der Anwendung des Fuero Real vor den Gerichten ergeben haben. Es beseitigt deshalb auch nicht die Rechtsmehrheit, bringt aber in das Vielerlei von Gesetzen und Fueros eine gewisse Ordnung, indem er eine Rangfolge der bestehenden Rechtsquellen anordnet. Die lokalen Fueros sollen ebenso in Kraft bleiben wie der Fuero Real. Streitigkeiten, die sich weder durch sie noch das Ordenamiento lösen lassen, sollen durch die Siete Partidas entschieden werden. Auf diese Weise kommt das Werk fast ein Jahrhundert nach seiner Veröffentlichung als subsidiäres Reichsrecht zur Geltung.

In dem Ordenamiento wird die Mejora nicht ausdrücklich erwähnt, aber durch die Bestätigung des Fuero Real wird ihr Fortbestand stillschweigend bekräftigt. Da verschiedene Reichsversammlungen bis in die Mitte des 15. Jahrhunderts ihrerseits die Geltung des Ordenamientos hervorheben[84]), besteht kein Anlaß, für das 14. und 15. Jahrhundert die Zulässigkeit ungleichmäßiger Zuwendungen an Nachkommen in Frage zu stellen.

6. Kapitel

Die Mejora vom 16. bis 19. Jahrhundert

1. *Die Leyes de Toro und die Formel der „Mejora del tercio y quinto"*

Das Jahr 1505 bezeichnet einen wichtigen Zeitpunkt in der spanischen Rechtsgeschichte. In diesem Jahr treten während der kurzen Regierung von Johanna der Wahnsinnigen die Cortes in der Stadt Toro zusammen. Sie verabschieden die sog. Leyes de Toro, die trotz ihren geringen Umfangs — sie umfassen nur 83 Gesetze — eine bedeutende Rolle in der geschichtlichen Bildung der juristischen Institutionen spielen. Über ihren Zweck hinaus, einige Zweifel bezüglich der Auslegung des geltenden Rechtes zu beseitigen, haben sie zu einer außerordentlichen Stärkung des bestehenden Reichsrechts geführt. Sie verbieten die Anwendung von Gewohnheitsrecht gegen das Recht des Königs und verweisen die Bücher der „Weisen Alten" auf den Rang von Erläuterungswerken ohne Gesetzeskraft[85]). Da sie den Fuero Real und die subsidiär geltenden Partidas nicht außer Kraft setzen, fördern sie die Verschmelzung der scheinbar unvereinbaren germanischen und römischen Rechtsgrundsätze.

Der Abschnitt über die Mejoras zeichnet sich nicht durch wissenschaftliche Gründlichkeit aus. Hier wird keine systematische Darstellung einer neuen Lehre entwickelt. Denn die Absicht des Gesetz-

---

[84]) So die Cortes von Valladolid 1351, die Cortes von Burgos 1379, die von Valladolid 1385, die von Segovia 1437 und die Cortes von Corduba im Jahre 1455.

[85]) vgl. Castro, S. 160.

gebers beschränkt sich darauf, die Fragen zu beantworten, die die Juristen aufgeworfen hatten. Zu diesem Zweck erlassen die Cortes eine Reihe von Vorschriften, die mehr oder weniger zusammenhängend in ihrer Ausführlichkeit ein beredtes Zeugnis von der Vitalität der Mejora ablegen. Bei einigen der 12 Gesetze, die sich mit ihr beschäftigen, sind dem Gesetzgeber aber erhebliche terminologische Fehler unterlaufen. Davon abgesehen ist der Abschnitt so erschöpfend, daß er auch in den folgenden Jahrhunderten unverändert übernommen wird[86]). Auch der heute geltende Código hat sich mit Ausnahme einiger dogmatischer Berichtigungen an dieses Vorbild angelehnt. Aus diesem Grund können wir uns an dieser Stelle mit dem Wortlaut der Normen begnügen und eine eingehende Untersuchung dem zweiten Teil dieser Arbeit vorbehalten. Wir haben uns lediglich den Gesetzen zuzuwenden, deren unglückliche Redaktion die Annahme einer Neuerung nahelegen könnte.

Das erste Gesetz über die Mejora befaßt sich mit dem Grundsatz der Widerrufbarkeit, seinen drei Ausnahmen und den Formen einer Mejora-Anordnung.

Ges 17: „Vater oder Mutter, die eines ihrer Kinder oder legitimen Nachkommen über $^1/_3$ ihrer Güter in einem Testament, einer anderen letztwilligen Verfügung oder durch Vertrag unter Lebenden mejorieren, können die genannte Mejora bis zur Stunde ihres Todes nach Belieben widerrufen, gleichgültig ob sich das Kind in der Gewalt des Mejoranten befindet oder nicht. Wir ordnen aber an, daß ohne einen entsprechenden Vorbehalt und ohne daß ein Grund vorliegt, der gemäß den Gesetzen unseres Reiches zum Widerruf von vollzogenen Schenkungen berechtigt, das genannte Mejora-Drittel nicht widerrufen werden kann. Das gilt auch bei einem Vertrag unter Lebenden mit Übergabe der entsprechenden Sachen — oder Übergabe der Urkunde vor dem Notar — an den Mejorierten, oder bei einem onerosen, mit einem Dritten abgeschlossenen Vertrag, oder bei einem solchen aus Anlaß der Heirat oder ähnlichem Grund[87])."

Im Ges. 18 wird klargestellt, daß der Erblasser auch Abkömmlinge weiteren Grades mejorieren kann, selbst wenn Personen, die die Verwandtschaft vermitteln, noch leben. Dies dürfte keine Neuerung sein, sondern eine Verdeutlichung dessen, was bereits seit dem liber judiciorum gegolten hat[88]). Ges 19 sagt dem Erblasser, daß er den

[86]) Der Erfolg des Gesetzbuchs ist nicht zuletzt ein Verdienst der Buchdruckerkunst, die zum erstenmal in den Dienst der Gesetzgebung gestellt wird.

[87]) Urtext in „Los Códigos españoles concordados y anotados".

[88]) Lacoste meint, diese Fähigkeit habe sich allmählich aus der Erlaubnis des Ervigius entwickelt, die Mejora zu beschweren. Konnte dadurch ein entfernter Abkömmling über eine Auflage begünstigt werden, so war es ein logischer Schritt zur direkten Bevorzugung dieser Personen, vgl. S. 156 ff.

Gegenstand der Mejora spezifizieren kann und seine Befugnis zu mejorieren, streng persönlich ist:

„Vater und Mutter und die Großeltern können zu Lebzeiten oder kurz vor ihrem Tod eine bestimmte Sache oder einen Teil ihres Vermögens als Mejora des Drittels oder des Fünftels zugunsten des Sohnes, der Kinder oder Enkel bezeichnen, sofern nur das genannte Drittel nicht den Betrag übersteigt, der einem Drittel des Gesamtvermögens im Zeitpunkt des Todes entspricht. Wir ordnen aber an, daß der Testator diese Fähigkeit der Bezeichnung des Drittels und Fünftels nicht übertragen kann."

In diesem Gesetz taucht nun eine merkwürdige Formel auf, nämlich die der „Mejora del tercio y quinto". Bisher umfaßte die Mejora $^1/_3$ von $^4/_5$ des Nachlasses, während $^1/_5$ dem Seel- oder Freiteil vorbehalten war. Wie wir gesehen haben, konnte seit einiger Zeit einem bereits mejorierten Abkömmling der Freiteil nicht zusätzlich zugewendet werden. Dies war unbillig; denn weshalb soll ein naher Verwandter nicht erhalten dürfen, was der Kirche oder einem Fremden zufallen kann? Offensichtlich wollen die Verfasser der Leyes de Toro diesen Irrtum berichtigen. Um anzudeuten, daß ein Abkömmling fortan mit beiden Quoten bedacht werden kann, bedienen sie sich der genannten Formel, die zwar recht anschaulich, begrifflich aber falsch ist. Das Fünftel ist nämlich niemals Mejora, denn es kann beliebigen Personen zufallen und heißt deshalb Freiteil, während es für die Mejora charakteristisch ist, daß sie lediglich bestimmten Verwandten absteigender Linie vorbehalten ist. Daß mit dieser Formel keine wesentsmäßige Änderung der Mejora verbunden ist, erkennt man z. B. an Ges 20 und 23, wo der Gesetzgeber zutreffend nur von der Mejora del tercio spricht.

Die erwähnte mißliche Formel läßt immerhin die Vermutung zu, daß die Mejora zu dieser Zeit so bekannt ist, daß selbst jene falsche Ausdrucksweise keine Verwirrung anstiften kann. Ges 20 regelt die Art der Befriedigung:

„Die Kinder und Enkel des Testators können nicht sagen, daß der Wert des Mejora-Drittels oder des Mejora-Fünftels, den der Testator einem der Kinder, Enkel, oder bezüglich des Fünftels irgendeiner anderen Person zugewendet hat, in Geld beglichen wird. Vielmehr müssen die Erben die vom Testator bezeichneten Gegenstände übergeben oder, wenn dieser keine bezeichnet hat, dann Erbschaftsgegenstände. Das gilt nur dann nicht, wenn der Nachlaß unteilbar ist. Für diesen Fall ordnen wir an, daß die Erben des Testators den Mejorierten den Wert des genannten Drittels oder Fünftels in Geld begleichen können."

An diesem Gesetz wird deutlich, daß der Gesetzgeber zwischen beiden Quoten begrifflich trennt und das Fünftel weiterhin als Freiteil behandelt.

Ges 21 eröffnet die Möglichkeit, zwischen der Mejora und dem übrigen Erbteil zu optieren.

„Wir bestimmen, daß der Sohn oder ein anderer legitimer Abkömmling die Erbschaft seiner Eltern oder Großeltern ausschlagen und die genannte Mejora annehmen kann, sofern nur zuerst die Schulden des Vorverstorbenen bezahlt werden. Die Schulden, die im Zeitpunkt der Erbteilung auftauchen, sind im Verhältnis der besagten Mejora zu begleichen. Die nachträglich bekannt werdenden Schulden müssen die Mejorierten im Verhältnis ihrer Mejora befriedigen, als wären sie bezüglich des Mejora-Drittels oder Fünftels Erben. Das gilt sowohl für die Mejora einer bestimmten Sache wie für die über einen Teil des Vermögens."

Im Ges 22 wird die Neuerung eingeführt, daß der Testator, der keine Mejora-Anordnung vorerst treffen will, schon vorzeitig das Versprechen hierzu abgeben kann.

„Hat der Vater oder die Mutter oder irgendein Aszendent in einem notariellen Vertrag versprochen, ein Kind oder Abkömmling nicht zu mejorieren, dann können sie die Mejora des Drittels oder Fünftels nicht anordnen. Tun sie es dennoch, so gilt die Anordnung nicht. Gleichfalls bestimmen wir, daß der Vater oder die Mutter oder ein Aszendent, die versprochen haben, eines ihrer Kinder aus Anlaß der Heirat oder eines anderen onerosen Grundes zu mejorieren, verpflichtet sind, ihr Versprechen zu erfüllen. Tun sie dies nicht, so gelten die Mejora oder die Mejoras als mit dem Erbfall vorgenommen."

Ges 23 setzt als Zeitpunkt der Bewertung der Mejoragegenstände den des Erbfalls fest. Gemäß Ges 24 behalten die Mejoras ihre Gültigkeit, auch wenn das Testament wegen Enterbung oder Übergehung entfällt. Die Ges 25 und 26 behandeln die nicht ausdrücklichen Mejoras:

„Hat der Vater oder die Mutter in einem Testament oder irgendeiner anderen letztwilligen Verfügung oder durch einen Vertrag unter Lebenden zugunsten der Kinder und Abkömmlinge eine Schenkung vorgenommen, so verstehen sich diese als Mejoras des Drittels und Fünftels, auch wenn davon nichts gesagt worden ist. Daher kann dieser oder ein anderer Abkömmlung nicht über den Wert des Drittels oder Fünftels mejoriert werden. Ist die Mejora höher bemessen, so ordnen wir an, daß sie bis zur Höhe des Drittels und Fünftels und des Pflichtteils, den die Abkömmlinge bezüglich des Vermögens ihres Vaters, der Mutter und Großeltern haben, gelten soll — aber nicht darüber hinaus."

Dieses Gesetz bestätigt noch einmal die Möglichkeit der Akkumulation beider Quoten. Nicht alle Schenkungen verwandeln sich aber automatisch in Mejoras. Es gibt drei Ausnahmen, die im Ges 25 enthalten sind; Schenkungen, die aus Anlaß der Heirat gemacht werden, die ausgleichspflichtigen Schenkungen und die Mitgift bewirken keine Mejoras.

Ges 27 betrifft die Beschwerung der Mejora und ist deshalb von besonderem Interesse, weil es gestattet, in Ermangelung von anderen Abkömmlingen und Verwandten, auch auf Fremde den Vorteil einer Auflage auszudehnen. Da jedenfalls das Mejora-Drittel ausschließlich den legitimen Nachkommen zusteht, bedeutet die Einbeziehung von Fremden einen weiteren Verstoß gegen die Natur der Einrichtung[89]).

Schließlich beschneidet Ges 31 die in der Praxis wohl häufig vorkommenden Fälle der Übertragung der Testierfähigkeit.

„Da es viele Male vorkommt, daß einige, weil sie kein Testament machen können oder wollen, anderen die Befugnis dazu übertragen, und diese Beauftragten viele Betrügereien und Mißbräuche mit diesen Vollmachten begehen, indem sie über den Willen des Vollmachtgebers hinausgehen, bestimmen wir, um weitere Schäden zu vermeiden, daß der Beauftragte von jetzt an kraft seiner Bevollmächtigung keine Erben einsetzen und Mejora anordnen, noch irgendein Kind oder Abkömmling des Testators enterben, noch eine Ersatz- oder Nacherbeinsetzung vornehmen kann, und auch für die Kinder und Abkömmlinge keinen Vormund bestellen kann, es sei denn, der Vollmachtgeber habe ausdrücklich und namentlich denjenigen benannt, den der Bevollmächtigte zum Erben machen soll, und bezüglich der anderen Möglichkeiten habe er genau angegeben, wozu er die Vollmacht erteile. In diesem Fall kann der Bevollmächtigte nur das ausführen, wozu ihm speziell die Vollmacht erteilt worden ist. Darüber hinaus kann er keine Anordnung treffen."

Diese Vorschrift, die Ges 19 entspricht, gestattet zwar formell die Übertragung des Testierrechts, wird diese Übung aber stark eingedämmt haben; denn wer eine so detaillierte Vollmacht ausstellen muß, dürfte es vorziehen, sein Testament selbst zu errichten.

Die verhältnismäßig zahlreichen Vorschriften, die sich so ausführlich mit der Mejora befassen, lassen den Grad der Entwicklung erkennen, den sie seit der lakonischen Erwähnung in der Dum Inlicita des Königs Kindaswint erreicht hat. Sie ist damit in einer Weise ausgebildet und vervollkommt, daß ihre Regelung viele Jahrhunderte unverändert bleibt.

2. *Die Nueva Recopilación von 1567 und die Novisima Recopilación von 1805 übernehmen das alte Recht unverändert*

Da die Leyes de Toro nur geltendes Recht erläutern, trat mit ihrer Veröffentlichung das vorangehende nicht außer Kraft. Eine Unzahl von königlichen Gesetzen und Verordnungen besteht somit fort, und ihre Unübersichtlichkeit ist so groß, daß die Cortes von Valladolid Philipp II. 1523 um eine brauchbare Sammlung des bestehenden Rechts ersuchen. Unter dem Titel „Nueva Recopilación de las Layes de España" wird am 14. 4. 1567 die Samlung veröffentlicht, womit alles nicht darin enthaltene Recht ungültig wird. Das Datum bezeichnet einen weiteren Abschnitt in dem Abbau der

[89]) vgl. Lacoste, S. 284. Genau genommen gegen die Unverletzbarkeit des Pflichtteils; denn wenn nur ein Abkömmling da ist, verliert die Mejora ihren Sinn; vgl. S. 81 d. A.

Fueros. Mit Ausnahme von Aragonien, Navarra und Katalonien ist die Rechtseinheit wiederhergestellt und damit die allgemeine, einheitliche Anwendung der Mejora gegeben. Sie wird in diesem Gesetzeswerk weder formell noch materiell irgendwie geändert und hat sich in dieser Fassung viele Jahrhunderte in den spanischen Kolonien Südamerikas behauptet und existiert in nur leicht abgewandelter Form so noch heute in Bolivien.

Unter der Bezeichnung „Novisima Recopilación de las Leyes de España“ entstand im Jahre 1805 im Wege einer Modernisierung und Verbesserung des vorangehenden Werkes eine neue Sammlung. Der Gesetzgeber versagt sich die Veröffentlichung eines neuen Códigos, wenngleich am Anfang des 19. Jahrhunderts die Entwicklung in den benachbarten europäischen Staaten zur Nacheiferung reizte[90]). Auch hier wird die in den Leyes de Toro entwickelte Lehre über die Mejora übernommen. Erst durch den Entwurf zu einem neuen Gesetzbuch von 1851 wird sie nach vier Jahrhunderten unveränderter Geltung erheblich und bedenklich umgestaltet.

3. *Der mißlungene Entwurf eines Código Civil von 1851*

Zu Beginn des 19. Jahrhunderts befindet sich Spanien in einer bösen Lage; denn Fernando VII. hat sein Land verraten und es Napoleón in die Hände gespielt. Angesichts des Verfalls der Monarchie versammeln sich im Jahre 1812 in Cadiz liberaldenkende Nationalisten und verfassen hier die erste Konstitution. In ihr wird ein neuer Código und die Herstellung der Rechtseinheit gefordert (Art. 258). Die bürgerkriegsähnlichen Verhältnisse stehen aber einem solchen Vorhaben noch entgegen. Unterdessen ist die Zahl der geltenden Gesetze auf 13 627 angestiegen, und selbst der Monarch bedauert offiziell „den Mangel an Ordnung, Zusammenhang und Einheit der Rechtsmasse, was zu Ungewißheiten in wichtigen Rechtsgebieten führt“[91]). Im Jahre 1843 wird die Comisión General de Códigos geschaffen, die der Regierung 1851 das Projekt eines neuen Códigos vorlegt. Es soll die Fueros, das Gewohnheitsrecht und alles vorangehende geschriebene Recht ersetzen und die Zivilehe sowie einen modernen, liberalen Eigentumsbegriff einführen. Das Vorbild des Code Napoleón ist unverkennbar. Der bekannte Kommentator Garcia Goyena veranstaltet über jeden Artikel „eine Art legislatives Plebiszit, in dem die Stimme des französischen Rechts in Gesellschaft ihrer Kinder und Enkel entscheidet. Die spanischen Gesetze

---

[90]) Die Kritik gegen dieses Werk richtet sich besonders dagegen, daß das alte Recht nicht außer Kraft gesetzt wurde und deshalb die Unsicherheit nur vermehrt wurde, vgl. Castro, S. 205.

[91]) zitiert bei Castro, S. 207.

sind dabei nichts weiter als zustimmende Komparsen“[92]). Nur im Familien- und Erbrecht behält spanisches Rechtsdenken die Oberhand, wenngleich auch hier die Änderungen nicht gering sind. Das Projekt ist am Widerstand der Foralgebiete gescheitert. In seiner radikalen Abschaffung des Partikularrechts war es seiner Zeit voraus. Es ist nie zum offiziellen Gesetz erhoben worden, jedoch den Verfassern des geltenden Zivilrechts ausdrücklich als Vorlage benannt worden. Da es zudem teilweise in Südamerika rezipiert worden ist, müssen wir uns mit seinem oft unverständlichen Abschnitt über die Mejora befassen.

art 642: Der Pflichtteil der Kinder und Abkömmlinge entspricht $^4/_5$ des Vermögens. Er ist $^2/_3$, wenn nur ein einziges Kind oder Abkömmling vorhanden ist.

art 643: Der Pflichtteil duldet keine Beschwerung, Bedingung oder Substitution irgendwelcher Art.

art 652: Die Eltern oder Aszendenten können über das, was nicht gemäß Art. 642 rigoroser Pflichtteil der Kinder und Abkömmlinge ist, durch Verfügung unter Lebenden oder von Todes wegen zugunsten beliebiger — auch fremder — Personen verfügen.

art 654: Darüber hinaus können die Eltern und Aszendenten zugunsten irgendeines ihrer Kinder und Abkömmlinge bis zum doppelten oder zweifachen Teil dessen verfügen, was den ersteren als Pflichtteil zusteht. Diese doppelte Portion heißt Mejora.

art 655: Bei der „Mejora del duplo“ ist das in art 643 über den Pflichtteil im allgemeinen Gesagte zu beachten.

art 656: Wird das Fünftel zugunsten Fremder vorzugsweise vor der doppelten Portion befriedigt? Wenn der Majorant nicht das Gegenteil anordnet; er kann dies aber nicht, wenn er vorher unwiderruflich über das erste verfügt hat.

art 657: Eine Schenkung, ob einfach oder aus onerosem Anlaß, zugunsten von Kindern und Abkömmlingen, die Zwangserben sind, gilt nur dann als Mejora, wenn der Schenker formell seinen Willen zu mejorieren erklärt hat. Damit die Erklärung gültig ist, muß er im übrigen ausdrücken, ob die Mejora über den Teil erfolgt, der zugunsten Fremder verfügbar ist, oder über den Teil des Pflichtteils, der unter den Kindern verteilt wird, oder über beide.

art 658: Das Versprechen zu mejorieren, das aus einem onerosen Anlaß in notarieller Form in der oben genannten Weise getätigt und durch den Bedachten angenommen worden ist, entspricht einer Mejora. War das Versprechen darauf gerichtet, jemand nicht zu mejorieren und in einer notariellen Urkunde enthalten, so ist jede entgegenstehende Mejora nichtig.

art 659: Das testamentarisch Hinterlassene gilt als Mejora, auch wenn der Testator dies nicht ausdrücklich erklärt.

art 660: Hat der Mejorant nichts anderes erklärt, so wird die Mejora aus dem verbleibenden Teil des Fünftels befriedigt. Soweit dies

---

[92]) ders., S. 211.

nicht möglich ist, aus dem unter den Zwangserben zu verteilenden Teil.

art 661: Wer mejoriert, kann als Mejora eine bestimmte Sache bezeichnen, sofern ihr Wert nicht das gesetzliche Maß überschreitet. Er kann die Bezeichnung aber nicht einer anderen Person übertragen, auch nicht dem Mejorierten. Das in diesem Artikel Bestimmte gilt auch für die Mejora des Fünftels, die zugunsten eines Fremden angeordnet wird.

art 662: Die Fähigkeit zu mejorieren kann einem anderen nicht übertragen werden.

art 663: Ungeachtet des in den zwei vorangehenden Artikeln Bestimmten, kann in Eheverträgen gültig vereinbart werden, daß, wenn einer der Ehegatten ohne Hinterlassung eines Testaments verstirbt, der Witwer oder die Witwe, der (die) keine neue Ehe eingegangen ist, nach wohlverstandenem Ermessen das Vermögen des Verstorbenen verteilt und die gemeinsamen Kinder mejoriert. Davon unberührt bleiben deren Pflichtteile und die Mejoras, die der Vorverstorbene bereits angeordnet hat.

art 664: Ist die Mejora nicht durch eine bestimmte Sache näher bezeichnet worden, so wird sie durch Erbschaftsgegenstände befriedigt.

art 665: Das mejorierte eheliche Kind oder der Abkömmling kann auf die Erbschaft verzichten und die Mejora annehmen. Dies gilt aber nur für eine unter Lebenden angeordnete Mejora und nicht für eine testamentarische.

Die in diesem Abschnitt entwickelte Mejora ist ein so widersprüchliches Gebilde, daß es unerfindlich bleibt, wie sich der Gesetzgeber die Anwendung vorgestellt hat.

Wir können festhalten, daß grundsätzlich zwischen zwei Erbteilen — einem rigorosen Pflichtteil und dem Freiteil — unterschieden wird. Bedeutet die Qualifizierung des Pflichtteils als „rigoros", daß es unbedingt zu gleichen Teilen auf die Zwangserben zu verteilen ist, dann kann die Mejora nur zum Freiteil gehören. Ist sie aber mit diesem identisch, dann ist sie als eigenständige Einrichtung überflüssig; denn wenn der Testator diese Quote schon einem Fremden nach Belieben zuwenden kann, dann doch erst recht einem Abkömmling. Die Mejora war bisher eine gesonderte, nur bestimmten Personen vorbehaltene Erbschaftsquote jetzt ist sie die Portion, die ein Abkömmling über seinen Pflichtteil hinaus, und zwar höchstens bis zum Wert seines Pflichtteils erhalten kann.

Nun findet sich in art 657 eine Unterscheidung zwischen der Mejora des Freiteils und der des unter den Kindern verfügbaren Pflichtteils, und der letzte Begriff könnte sogar das Gegenstück zu der „legitima rigorosa" sein und an den klassischen Mejora-Begriff anknüpfen. Trotzdem ist diese an sich sinnvolle Unterscheidung praktisch bedeutungslos, weil der Gesetzgeber schlicht vergessen hat, eine wertmäßige Begrenzung der sog. „legitima disponible" festzusetzen[93]). Hätte er einen Bruchteil bezeichnet, dann wäre der art 660 verständlich, weil der Mejorant jetzt tatsächlich anordnen könnte, ob die Mejora aus dem Freiteil oder aus dem Erbteil zu befriedigen ist, der zur freien Verfügung zugunsten von Pflichtteilsberechtigten vorgesehen ist. Solange man aber nicht erfährt, was die „legitima disponible“ ist, bleibt die Unterscheidung sinnlos; denn gem. art 642 bilden 4/5 des Nachlasses den Pflichtteil, der seinem Wesen gemäß zu gleichen Teilen verteilt wird. So muß man annehmen, daß die Mejora immer auf den Freiteil entfällt, aber da dies gerade die Quote ist, mit der ein Erblasser Anordnungen zugunsten jedermann vornehmen kann, ist es widersinnig, gerade Zuwendungen zugunsten nächster Verwandter gem. art 654 wertmäßig zu beschränken.

Die ratio der Formel von der „Mejora del duplo“ könnte allenfalls sein, familiäre Zwistigkeiten dadurch zu unterbinden, daß ein Kind nie mehr als das Doppelte als ein anderes erhält. Hatte z. B. der Erblasser 5 Kinder und hinterläßt 100 Peseten, dann gebührt jedem als Pflichtteil 16 Peseten. Als Mejora kann dann der Erblasser nicht mehr als 16 P hinterlassen. Damit hätte sich aber die Mejora in eine Einrichtung verwandelt, durch die zu Lasten der Kinder der Freiteil beschränkt wird.

Die gleiche Wirrheit der Begriffe spricht aus art 655, einer Vorschrift, die wie viele andere dem traditionellen Recht entnommen ist, aber in Verbindung mit den geheimnisvollen Neuerungen ein absurdes Ergebnis zeitigt. Das Verbot der Beschwerung der Mejora hat immer dort einen Sinn gehabt, wo sie ein Erbteil war, der ausschließlich den Abkömmlingen vorbehalten war. Ein Fremder erlangte auf diese Weise nie einen mittelbaren Vorteil an dieser Quote. Da in dem Projekt nun die Mejora-Quote mit dem Freiteil zusammenfällt — und art 661 sogar ausdrücklich von dem Mejora-Fünftel zugunsten eines Fremden spricht — ist die Bestimmung hier überflüssig. Das Verbot der Beschwerung, art 655, führt sogar dazu, den Freiteil praktisch in einen Pflichtteil zu verwandeln.

Neben diesen oft unverständlichen Vorschriften enthält das Projekt noch einige vernünftige Neuerungen, die in das geltende Recht übernommen worden sind und dort besprochen werden. Im übrigen hat sich die Gesetzgebungskommission offensichtlich an der Novisima Recopilación orientiert, aber in Verkennung der wahren Bedeutung der Formel „Mejora del tercio y quinto“ die Mejora entstellt. Man hat nicht erkannt, daß sie nur die Aufhebung des Verbots der Akkumulation von Mejora- und Freiteilquote verdeutlichen sollte. Durch die wörtliche Auslegung des Begriffs „Mejora del

---

[93]) Unter Behebung dieses Fehlers ist das Projekt Vorbild für den Gesetzgeber Perus gewesen, und wir werden sehen, welche merkwürdigen Ergebnisse auch dort wieder zutage treten, vgl. S. 140 d. A.

quinto" ist die Mejora zu einem gewöhnlichen Vermächtnis abgewertet worden, das sowohl Fremden wie Abkömmlingen zufallen kann.

4. *Die Veröffentlichung des Código Civil von 1889*

Nachdem die Verfechter des Foralrechts das Projekt in den Cortes zu Fall gebracht hatten, beschränkte man die Mitwirkung des Parlements an der Abfassung des nächsten, überfälligen Entwurfs. Dies geschieht durch ein System von „Grundsätzen". Danach beschließt das Parlament lediglich einen Katalog von Grundlagen (bases) für den Entwurf. Nach seiner Fertigstellung haben die Abgeordneten nur festzustellen, ob sich die Gesetzgebungskommission an die Richtlinien gehalten hat. Da somit die Abstimmung über jeden einzelnen Artikel entfällt, verlagert sich jetzt der Streit auf die Formulieung der Bases. Unter Berufung auf rechtshistorische Argumente Savignys und Thibauts verneinen die Foralisten sogar den Wert einer Kodifizierung und erst in der 3. Ley de Bases vom 11. 5. 1888 können der Comisión Codificadora 27 allgemeine Richtlinien, Weisungen und Schranken zur Ausarbeitung eines Códigos vorgelegt werden. Hauptzweck der Kodifizierung soll es sein, „die Vorschriften unseres Rechts zu ordnen, zu klären und miteinander in Einklang zu bringen". Deshalb soll das Projekt von 1851 insoweit als Vorlage dienen, als es das überlieferte Rechtsdenken enthält, base 1[94]). Die einleitenden art 5 und 7 der Ley de bases enthalten die Konzessionen an die Foralisten und erklären, weshalb es auch heute noch kein einheitliches Zivilrecht in Spanien gibt. Detailliert sind die Anweisungen für das zukünftige Erbrecht[95]). Mit trefflicher, leider bald aufgegebener Klarheit formuliert Base 16 II, daß sich fortan der Nachlaß in 3 gleiche Teile gliedert, den Pflichtteil der Kinder, die Mejora und einen Freiteil.

Die gegen den französischen Einfluß gerichtete nationale Tendenz dieser Richtlinien begünstigt die Aufnahme von Einrichtungen, die dem Regionalrecht entstammen oder dank ihrer spanischen Herkunft den Nationalisten und Regionalisten in der Gesetzgebungskommis-

---

[94]) Abgeschreckt durch die massive Invasion französischen Rechts dürfen neue Einrichtungen, die von der einheimischen Tradition nicht sanktioniert sind, nur unter großen Vorbehalten rezipiert werden. Sie müssen eine wissenschaftliche Grundlage haben, in einem ausländischen Recht Anerkennung gefunden haben oder durch die eigene Rechtslehre allgemein befürwortet werden, Vgl. Base 1.

[95]) Aus dem französischen Recht soll das holographische Testament und die Einrichtung des Protutors übernommen werden; vgl. Bases 7 und 15.

sion zusagen. Da wohl keine Materie so urspanisch ist wie die Mejora, bedarf ihre Rezeption keines weiteren Berechtigungsnachweises. Sie erfährt unter diesen günstigen Umständen vielmehr eine bisher nicht erreichte Ausgestaltung. Nach einer neuen Überarbeitung des Entwurfs tritt ihre endgültige Fassung am 24. Juli 1889 mit der Veröffentlichung des Código Civil de España in Kraft.

Zweiter Teil

DIE MEJORA IN DER RECHTSTHEORIE NACH DEM GELTENDEN ZIVILGESETZBUCH VON 1889

1. Kapitel

Systematik des Código Civil

Das geltende Recht ist die Verwirklichung des Programms, das der Regierung für die Ausarbeitung eines CC vorgelegt worden war. Mit dessen Veröffentlichung hat sich der Zweck der Leyes de Bases erschöpft, so daß sie heute keine normative Kraft mehr haben. Nur als Auslegungshilfe können sie noch dienlich sein; denn sie spiegeln den Geist wider, der den Gesetzgeber geleitet hat. Daher können die bases den Weg für eine richtige Anwendung des Rechts im Streifall weisen[96]).

Nach einem allgemeinen Titel über die Anwendung der Gesetze unterteilt sich der CC in vier Bücher: 1. über die Personen, 2. über die Gegenstände, das Eigentum und seine Modifizierungen, 3. über die Verschiedenheiten des Eigentumserwerbs und 4. über die Schuldverhältnisse und Verträge. Auf diese vier Bücher folgen einige abschließende Vorschriften, in denen der Gesetzgeber u. a. ein Rezept für die Brauchbarkeit und Aktualität des CC aufzeichnet. Danach haben die Präsidenten des Tribunal Supremo und der Landgerichte am Ende eines Jahres dem Justizminister einen Bericht über aufgetretene Mängel und Zweifel zu unterbreiten. Dieser leitet die Feststellungen der Gesetzgebungskommision zu, die dann alle 10 Jahre unter Verarbeitung der neuen Erkenntnisse der Rechtswissenschaft des In- und Auslandes der Regierung einen Vorschlag für die Reform des CC unterbreitet. Diese Therapie ist bisher in nennenswertem Umfang nur einmal, nämlich durch Gesetz vom 24. April 1958, angewendet worden[97]).

Die folgende Untersuchung befaßt sich somit mit der Mejora, so wie sie im CC in der Fassung vom 24. 4. 1958 normiert ist.

Das Erbrecht wird als eine Form des Eigentumserwerbs angesehen und daher im 3. Buch behandelt, und zwar als 3. Titel nach 2 Titeln über Okkupation und Schenkungen. Um den Umfang der

---

96) Vgl. Castro, S. 218.

97) Vgl. Boletin Oficial vom 25. 4. 1958.

Mejora und ihren Zusammenhang mit anderen Einrichtungen des spanischen Erbrechts zu verdeutlichen, empfiehlt es sich, die Gliederung dieses Titels voranzustellen:

1. Allgemeine Vorschriften, art 657—661.

2. Testamentarische Erbfolge

   a) Testierfähigkeit, art 662—666.
   b) Über die Testamente im allgemeinen, art 667—675.
   c) Über die Formen des Testaments, art 676—736.
   d) Der Widerruf und die Unwirksamkeit der Testamente, art 737 bis 743.

3. Die Erbschaft

   a) Erbfähigkeit, art 744—762.
   b) Erbeinsetzung, art 763—773.
   c) Die Substitutionen, art 774—789.
   d) Bedingte oder befristete Erbeinsetzung, art 790—805.
   e) Über den Pflichtteil, art 806—822.
   f) Die Mejora, art 823—833.
   g) Die Rechte des überlebenden Ehegatten, art 834—839
   h) Die Rechte der illegitimen Kinder, art 840—847
   i) Die Enterbung, art 848—857.
   j) Vermächtnisse, art 858—891.
   k) Testamentsvollstrecker, art 892—911.

4. Die Intestaterbfolge

   a) Allgemeine Vorschriften, art 912—914.
   b) Die Verwandtschaft, art 915—923.
   c) Das Eintrittsrecht, art 924—929.
   d) Erbordnung gemäß der Verschiedenheit der Linien, art 930—958.

5. Der testamentarischen und gesetzlichen Erbfolge gemeinsame Vorschriften

   a) Vorsorge bei Schwangerschaft der Witwe, art 959—967.
   b) Der Reserve unterworfene Gegenstände, art 968—980.
   c) Das Anwachsungsrecht, art 981—987.
   d) Annahme und Ausschlagung der Erbschaft, art 988—1009.
   e) Inventarvorbehalt und Überlegungszeit, art 1010—1034.

6. Ausgleichung und Teilung

   a) Ausgleichung, art 1035—1060.
   b) Teilung, art 1051—1087.

Von 430 erbrechtlichen Normen befassen sich also nur 10 direkt mit der Mejora. Neben einer systematischen Darstellung dieser wenigen Artikel soll in dieser Arbeit versucht werden, die vielen nicht oder nur unvollkommen gelösten Fragen zu beantworten.

2. Kapitel

Definition der Mejora

Zwischen Historie und Gegenwart stehend, hat die base 16, II den geltenden Mejora-Begriff zum ersten Mal angekündigt: „Die Erbschaft teilt sich in drei Teile, einen, der den Pflichtteil der Kinder bildet, einen anderen, den der Vater nach Belieben als Mejora unter seine Kinder verteilen kann..." Anhand dieser Vorlage sind die art 808, 823 entstanden, die das Fundament des Mejora-Rechts darstellen. Nach der ersten Vorschrift:

„besteht der Pflichtteil der Kinder und legitimen Abkömmlinge aus $^2/_3$ des Nachlasses des Vaters und der Mutter.

Diese können jedoch über einen der zwei Teile, die den Pflichtteil bilden, verfügen, um ihn als Mejora ihren Kindern und legitimen Abkömmlingen zuzuwenden.

Der verbleibende dritte Teil ist zur freien Verfügung."

art 823 wiederholt diese Definition:

„Der Vater oder die Mutter können zugunsten eines oder einiger ihrer Kinder oder Abkömmlinge über eins der zwei als Pflichtteil bestimmten Drittel verfügen.

Diese Portion heißt Mejora."

Gegenüber base 16, II fällt zugleich ein wesentlicher Unterschied auf. Während dort die Mejora ein selbständiger Erbteil ist, unabhängig von Pflicht- und Freiteil, erstaunt hier die Verkopplung mit dem Pflichtteil. Dies führt zu einer erheblichen Komplizierung, und wir werden sehen, daß eine gültige Beschreibung der Natur der Mejora erst gelingt, nachdem ihr wahres Verhältnis zum Pflichtteil bestimmt ist.

Der wirtschaftliche und die legalen Mejora-Begriffe

Das Wort Mejora hat drei Bedeutungen, eine rein wirtschaftliche und zwei legale. Bei wirtschaftlich-grammatikalischer Betrachtungsweise besagt es soviel wie Vorteil, Begünstigung, Besserstellung[98]). Danach müßte immer dann eine Mejora vorliegen, wenn ein Nachkomme, gleich aus welchem Berufungsgrund, etwas mehr als den bloßen Pflichtteil erhält[99]). Dieser Standpunkt hat die Verfasser der Leyes de Toro zu der Formel von der „Mejora del tercio y quinto" veranlaßt und noch heute gibt es namhafte Vertreter eines weiten

---

98) Der etymologische Werdegang des Wortes ist: meliorare oder meirancia, melloria, meioria, mejoría, mejora.

99) In Mexiko und Argentinien heißt es, der Erblasser mejoriere, wenn er eine Zuwendung aus dem Freiteil macht.

100) Vgl. Vallet, La mejora tácita, S. 812. Es fällt auf, daß die besten

Mejora-Begriffs. So sagt Vallet zu Beginn einer bemerkenswerten Studie, daß die Mejora im weiteren Sinne der Teil der Erbschaft ist, den ein Abkömmling zuzüglich zu seinem Pflichtteil und im Vergleich zu anderen als Vorteil empfängt[100]). Der Verfasser wehrt sich brillant gegen die strikte Unterteilung des Nachlasses in unzusammenhängende Drittel und kommt zu dem Schluß, daß im Verhältnis Erblasser — Abkömmling kein Unterschied zwischen Freiteil und Mejora-Drittel besteht, da der Erblasser insoweit frei zugunsten seiner Nachkommen verfügen kann.

Im legalen Sinn kann die Mejora sowohl das zweite Erbschaftsdrittel bezeichnen, über das der Erblasser mit relativer Freiheit verfügen kann, wie auch den Teil dieser Portion, über den er tatsächlich verfügt hat[101]). Es muß deshalb nicht immer dann eine Mejora im technischen Sinne vorliegen, wenn einer der Beteiligten mehr erhält als die übrigen.

Beispiel: Der Erblasser verteilt sein Vermögen von 90 000 P unter seine drei Kinder A B C und den Enkel E wie folgt: C erhält den gesamten Freiteil und A B E das Mejora-Drittel zu gleichen Teilen. Bleibt noch der Pflichtteil, woraus A B C nochmals 10 000 erhalten. Im Ergebnis erhalten A und B als mejorierte Kinder je 20 000, der mejorierte Enkel 10 000 und der nicht mejorierte C 40 000, also einen Betrag, der erheblich über dem der Mejorierten liegt.

Praktisch besteht zwischen diesen beiden Sinngehalten nur dann kein Unterschied, wenn die Mejora das ganze Drittel umfaßt und einem einzigen Abkömmling zufällt[102]). Theoretisch sind beide aber nicht identisch, so daß wir im folgenden für die Quote als solche die Bezeichnung Mejora-Drittel verwenden wollen und mit Mejora nur die konkrete Anordnung kennzeichnen. So gesehen, verhält sich das Drittel zur Mejora wie Möglichkeit zu Wirklichkeit. Das Wesen dieses Erbdrittels liegt darin, daß der Erblasser darüber innerhalb eines bestimmten Personenkreises letztwillig verfügen k a n n. Demgegenüber ist die Mejora die Willenserklärung des Erblassers, die das Drittel in einen konkreten vermögensmäßigen Vorteil verwandelt. Das Verb mejorieren beinhaltet also die Anordnung einer Zuwendung aus dem zweiten Erbschaftsdrittel.

Aus der Sicht des Bedachten stellt sich das Verhältnis von Mejora-Drittel und Mejora in einen entfernten Erwerb ex ope legis verbunden mit dem unmittelbaren Grund ex voluntate testatoris dar. Man kann es auch so ausdrücken: die Berufung des Mejorierten ist das Ergebnis zweier Bestimmungen, einer abstrakten, die das Gesetz vornimmt, in dem es die Personen bezeichnet, die diese Gunst empfangen können, und einer konkreten, die der Erblasser vollzieht, indem er den bevorzugten Abkömmling bezeichnet[103]).

So können wir die Mejora vorläufig als den Teil des Vermögens definieren, den die Eltern kraft gesetzlicher Ermächtigung dem

Pflichtteil der übrigen Kinder entziehen, um ihn einem bestimmten zukommen zu lassen, m. a. W. sie ist der Teil des zweiten Drittels, den der Erblasser ungleichmäßig auf seine gesetzlichen Erben verteilt oder mit dem er einen Abkömmling begünstigt, der nicht gesetzlicher Erbe ist[104]). Diese können also als Mejora höchstens $^1/_3$ des Wertes des Nachlasses erhalten. Was darüber hinausgeht, kann ein normales, auf den Pflichtteil anzurechnendes Vermächtnis sein, aber niemals eine Mejora im technischen Sinne[105]).

3. Kapitel

Personen, die eine Mejora anordnen und solche, die damit bedacht werden können

Wir haben gesehen, wie sich das Mejora-Recht aus der germanischen Reserve und der römischen Testierfreiheit herleitet. Als Folge der politischen Zweckbestimmung zur Zeit des Kindaswint haften ihm noch heute die charakteristischen Mängel eines Kompromisses an. Es bewährt sich in der Praxis, weil es eine selten angefochtene, gerechte Abstufung der Beteiligung der Kinder am Nachlaß ermöglicht. Eine widerspruchslose theoretische Darstellung wird dagegen durch seine heterogenen Bestandteile ungemein erschwert. Die rechtliche Natur der Mejora können wir deshalb nicht im Wege der Deduktion nur spärlich angedeuteter Prinzipien, sondern nur über die Betrachtung ihrer vielfältigen Erscheinungsformen erfassen. Eine Untersuchung des Personenkreises, der aktiv und passiv an ihr beteiligt ist, bietet sich als natürlicher Ausgangspunkt unserer Erörterungen an.

1. Die Eltern

Wer eine Mejora anordnen kann, folgt aus art 823. Es ist der Vater oder die Mutter. Wenn das Gesetz nicht einfach von den Eltern spricht, dann mit Rücksicht auf das Verbot des gemeinschaftlichen Testaments, art 669. Das Projekt von 1851 erwähnte daneben noch die Aszendenten. Hinter ihrer Nichterwähnung im jetzigen art 823 verbirgt sich aber keine Ausschließung dieser Personen; viel-

---

erbrechtlichen Ausführungen aus dem Kreis seiner Berufskollegen, den Notaren, hervorgehen.

101) In diesem letzteren Sinne wird es in den art 825, 827, 828, 829, 832 gebraucht.

102) Vgl. Hernandez Gonzalez, S. 397.

103) Vgl. Fuenmayor, S. 9.

104) Vgl. Vallet, La mejora tácita, S. 812.

105) Vgl. Morell, S. 23.

mehr folgt aus dem Wortlaut „Kinder und Abkömmling", daß die gewohnte Regelung beibehalten worden ist. Wenn nämlich ein Abkömmling, der nicht Kind des Erblassers ist, mit einer Mejora bedacht werden kann, dann muß sie von einem Großelternteil ausgehen. Wie ehedem können also heute Aszendenten im allgemeinen mejorieren.

2. *Pflichtteilsberechtigte Abkömmlinge*

In erster Linie können pflichtteilsberechtigte Abkömmlinge bedacht werden, und pflichtteilsberechtigt sind gem. art 808 die ehelichen Kinder. Dabei wird zwischen Söhnen und Töchtern nicht mehr unterschieden[106]). Da die Erbfolge in der geraden absteigenden Linie erfolgt, tritt ein Abkömmling kraft des Eintrittsrechts an die Stelle des vorverstorbenen Elternteils. Der somit pflichtteilsberechtigte Deszendent kann deshalb ohne weiteres mejoriert werden. Problematisch ist dagegen die Frage, ob dies auch für einen entfernten Abkömmling der gleichen Linie unter Übergehung noch lebender, die Verwandtschaft vermittelnder Zwischenglieder zulässig ist.

3. *Die Mejorisierung von nichtpflichtteilsberechtigten Abkömmlingen*

Wenn die Mejora wirklich ein wesentlicher Bestandteil des Pflichtteils ist, wie man aus den art 808, 823 folgern könnte, dann müßte die Frage klar zu verneinen sein[107]). Die Zulässigkeit der Mejorierung entfernter Nachkommen hat immer schon gewisse Zweifel ausgelöst, die aber spätestens in Ges 18 von Toro ausgeräumt worden sind[108]). Ein Verfasser des Projekts von 1851 hat die Entscheidung wie folgt begründet[109]):

„Ein liebender und sich sorgender Großvater muß ein Mittel haben, um das Schicksal seiner Enkel zu sichern, die unglücklicherweise einen verschwenderischen Vater haben, der wegen dieses Grundes allein nicht enterbt werden kann. Wenn die in Ges 18 von Toro gewährte Fähigkeit dem Erblasser einmal nützlich sein kann, dann gerade, wenn er nur ein Kind und Enkel dieses Kindes hat. Wenn die letzteren nicht mejoriert werden könnten, dann wäre die Fähigkeit illusorisch."

Der Gesetzgeber von 1889 hat den klärenden Zusatz "irgendeinen Abkömmling" nicht in die art 808, II, 823 übernommen, sondern

---

106) Noch bis zur Novisima Recopilación konnte eine Tochter nur testamentarisch mejoriert werden.

107) Das war nach Meinung von Lacoste bis zum 16. Jhdt. der Fall; vgl. Lacoste, S. 224.

108) Vgl. S. 31 d. A.

109) Vgl. art 654 des Projekts, S. 44 d. A. und Garcia Goyena, Anm. zu Art. 654.

spricht lediglich von Abkömmlingen. Es tauchten daher sogleich Bedenken auf, ob nicht pflichtteilsberechtigte Abkömmlinge mit einem Erbteil bedacht werden können, der gem. art 808 Bestandteil des Pflichtteils ist. Heute hat dieser Streit an praktischer Bedeutung verloren, denn vornehmlich unter Berufung auf die Rechtstradition hat das höchste Gericht die Frage im positiven Sinn entschieden[110]).

Da das Problem aber direkt die Natur der Mejora berührt, verlohnt es sich kurz die Kritik zu erwähnen, die gegen das Urteil wegen seiner abgeblichen Unvereinbarkeit mit dem Gesetz erhoben worden ist. In den art 808, 823 sieht Lacoste das Haupthindernis für die direkte Mejorierung von Enkeln zu Lebzeiten ihrer Väter:

„Was besagen sie anders, als daß die Mejora ein Element des Pichtteils ist, und infolgedessen lediglich einem der Erben vermacht werden kann, der ein Recht auf diesen Teil hat? Wie kann man dann einem Deszendenten zweiten Grades zu Lebzeiten seines Vaters die Mejora zuwenden?“[111])

Die Schwierigkeit ist für ihn um so größer, als der art 813 bestimmt, daß den Erben der Pflichtteil nur in den gesetzlich enumerierten Fällen vorenthalten und grundsätzlich mit keiner Beschwerung versehen werden kann. „Es ist klar, daß die Mejora zugunsten eines Enkels für den noch lebenden Vater dieses Enkels eine Beeinträchtigung seines Pflichtteils darstellt“, die durch den eben zitierten Artikel bereits verboten wird. Für Lacoste ist die in den art 782, 824 zugelassene Beschwerung daher eine methodisch und logisch unzulässige Ausnahme des art 813. Er meint, der Gesetzgeber habe nicht den Willen gehabt, die „seltsamen Neuerungen der Leyes de Toro“ zu sanktionieren; denn er hätte es sonst in irgendeiner Weise zum Ausdruck gebracht. Angesichts der reinen Logik einerseits und tatsächlicher und historischer Erwägungen andererseits habe er nicht den Mut zu einer eindeutigen Stellungnahme gehabt. Anstatt das Problem als Ganzes zu lösen, habe er in den art 782, 824 nur Teilaspekte für die Praxis behandelt. Dabei sei außer acht gelassen worden, daß diese Artikel mit der Natur der Mejora unvereinbar sind, und so habe man im Lauf der Zeit die Ausnahme zum Prinzip erhoben.

Während der genannte Verfasser von der Zugehörigkeit, ja Identität von Mejora und Pflichtteil ausgeht, glauben wir im Verlauf dieser Arbeit nachweisen zu können, daß diese Auffassung in dieser Uneingeschränktheit nicht zutrifft[112]). Tatsächlich ist es für die

---

110) So TS vom 19. 11. 1903 und auch vom 27. 12. 1935.

111) Lacoste, S. 238.

112) Es fällt auf — und das bestätigt unsere These —, daß die art 782, 824 in art 813 gerade nicht erwähnt werden, was nur heißen kann, daß sie keine Ausnahme von art 813 darstellen, sondern bestätigen, daß die Mejora kein Bestandteil des Pflichtteils ist.

Mejora nicht wesentlich, daß sie nur Nachkommen ersten Grades zugewendet wird[113]). Daher ist es auch zulässig, sie zu beschweren.

Im Ergebnis ist es gleich, ob der entfernte Deszendent unmittelbar mejoriert wird oder ihm nur ein Nießbrauch an Gegenständen seines mejorierten Vaters eingeräumt wird, — in beiden Fällen erhält dieser nichts. Zwischen beiden Anordnungen besteht praktisch nur ein gradueller Unterschied. Die Zulässigkeit der unmittelbaren Mejorierung des Enkels ist deshalb nur eine folgerichtige Ausschöpfung der Möglichkeiten, die der Mejora kraft ihrer relativen freien Verfügbarkeit innewohnen. Da sie u. a. die elterliche Autorität stärken soll, ist diese Lösung die einzig zweckmäßige. Das Beispiel von dem einzigen verschwenderischen Kind zeigt, daß das Mejora-Drittel nur sinnvoll ist, wenn es allen Abkömmlingen zugewendet werden kann. Schließlich war der Gesetzgeber auch gegenüber der Rechtstradition verpflichtet[114]). Für unser Thema kann das nur bedeuten, daß die eindeutige Regelung der Leyes de Toro heute nichts von ihrer Richtigkeit eingebüßt hat.

4. *Die Stellung der natürlichen, unehelichen und adoptierten Kindern*

Der CC unterscheidet natürliche und illegitime Kinder. Die ersten sind zwar unehelich geboren, ihre Eltern hätten aber zur Zeit der Empfängnis heiraten können, ohne daß dem ein gesetzliches Ehehindernis entgegenstand, art 119, II. Familien- und erbrechtliche Beziehungen des Vaters zu dem natürlichen Kind können nur bestehen, wenn er die Vaterschaft anerkannt hat. Dann hat das Kind gemäß art 134, III ein gewisses Erbrecht; doch hilft die Anerkenntnis nicht völlig über die uneheliche Herkunft hinweg. Nach dieser Feststellung läßt sich leicht aus den art 808, 823 die Frage beantworten, ob der Erblasser bei Vorhandensein ehelicher Kinder ein uneheliches mejorieren kann. Nach art 808 ist der Pflichtteil der e h e - lichen Kinder $^2/_3$ des Nachlasses und wenn Abs. II erlaubt, davon $^1/_3$ zur Mejorierung zu verwenden, dann kann nur die eheliche Abkommenschaft passiv legitimiert sein. Hat der Erblasser nur natürliche Kinder, dann ändert sich im Ergebnis nichts, weil es ja dann kein Mejora-Drittel gibt[115]).

Die illegitimen Kinder, die nicht natürliche Kinder sind, haben lediglich zu Lebzeiten ihrer Eltern Anspruch auf Unterhalt und Ausbildung, art 143, IV, 150. Ihnen kann der Erblasser zusätzlich nur eine Zuwendung aus dem Freiteil machen.

---

[113]) Vgl. hierüber auch S. 21 dieser Arbeit.

[114]) Vgl. Base 1.

[115]) Zur Höhe des Pflichtteils der natürlichen Kinder vgl. art 840—842 und S. 103 dieser Arbeit.

Bis zu der Reform des CC war das Recht des Adoptivkinds nur lückenhaft geregelt. Es besaß kein Erbrecht und konnte daher auch nicht mit einer Mejora bedacht werden. Heute ist seine Stellung rechtlich ausführlich geregelt. Es steht erbrechtlich dem anerkannten natürlichen Kind gleich, art 179, I. Im übrigen hat es gegenüber dem Nachlaß des Adoptierenden die in der unwiderruflichen Adoptionsurkunde vereinbarten Rechte. So kann ihm unbeschadet des Pflichtteils der legitimen und natürlichen Kinder bis zu $^{2}/_{3}$ der Erbschaft hinterlassen werden, art 174, IV. Gegenüber seiner natürlichen Familie bleibt der Adoptierte pflichtteilsberechtigt, art 174, V, so daß er von dieser Seite auch mejoriert werden kann; als Adoptivkind kann er nicht mejoriert werden.

Die durch nachträgliche Eheschließung legitimierten Kinder stehen den ehelichen gleich[116]). Das gilt nicht für die durch königliche Genehmigung, art 120, II legitimierten Kinder. Sie haben gem. art 127, III, i. V. m. 844 die Rechte eines natürlichen Kindes, so daß sie nicht mejorierbar sind.

4. Kapitel

Die höchstpersönliche Natur der Anordnung einer Mejora und ihre einzige Ausnahme gegenüber dem überlebenden Ehegatten

Die meisten erbrechtlichen Geschäfte, insbesondere das Testament, sind höchstpersönliche Geschäfte. So bestimmt art 670, I „Das Testament ist ein höchstpersönlicher Akt; seine Anfertigung kann nicht ganz oder teilweise einem Dritten überlassen werden, noch über einen Bevollmächtigten errichtet werden." Wenn art 830 bestimmt, daß die Fähigkeit zu mejorieren nicht übertragen werden kann, dann erscheint das zuerst als eine überflüssige Wiederholung. Tatsächlich geht diese Vorschrift aber noch etwas weiter. Sie betrifft nicht nur die Stellvertretung bei testamentarischen Anordnungen, sondern in erster Linie bei anderen Einsetzungsformen. Die Mejora ist zwar eine Einrichtung mortis causa, aber wie wir noch sehen werden, kann sie auch in einer Verfügung unter Lebenden ihren Ursprung haben. Es war deshalb erforderlich, das allgemeine Verbot der Stellvertretung auch auf diese Fälle auszudehnen.

Das kommissarische Testament gab es zur Zeit des Fuero Real[117]). Man kann deshalb annehmen, daß damals die Mejora-Anordnung einem Dritten übertragen werden konnte. In den Leyes de Toro wird diese Möglichkeit erheblich eingeschränkt. Die Stellvertretung ist nur zulässig, wenn dem Bevollmächtigten sowohl die Person des

---

116) Vgl. art 122 und TS vom 9. 10. 1906.

117) Vgl. Ges 6, Tit 5, Buch 3.

zu Mejorierenden wie der entsprechende Gegenstand bezeichnet wird. Damit ist der ehemalige Kommissar zu einem Erfüllungsgehilfen geworden. Bis zum Projekt von 1851 bleibt es bei dem praktischen Verbot der Stellvertretung.

Es ist heute durch eine einzige Ausnahme durchbrochen, die sich aus der Übernahme foralrechtlicher Übungen in das Projekt (art 663) und von daher in den CC herleiten. Sowohl aus dem Gedanken der Festigung der Familie wie dem der Rechtsvereinheitlichung[118]) hat der Gesetzgeber die Regelung in art 831 rezipiert. Danach kann in einem Ehevertrag vereinbart werden, daß der überlebende Ehegatte, der keine neue Ehe eingeht, nach seinem wohlverstandenen Ermessen das Vermögen des ohne Hinterlassung eines Testamentes vorverstorbenen Ehegatten unter die gemeinsamen Kinder verteilt und darüber mejoriert.

Die ratio der Vorschrift ist, die Wirkung der gesetzlichen Erbfolge abzuwenden, wenn der Verstorbene kein Testament hinterlassen hat. Die gleichmäßige Verteilung des Nachlasses könnte nämlich besonders auf dem Land zur Zerschlagung eines bäuerlichen Anwesens führen, das allenfalls einen ernähren kann.

Der überlebende Ehegatte handelt hier nicht lediglich wie ein Erbteiler, sondern nimmt selbst eine Erbeinsetzung vor, jedenfalls insoweit er mejoriert[119]). Da ihm also gestattet wird, für einen ande-

---

[118]) Vgl. Ges vom 22. 10. 1881: „Um die Vereinheitlichung der Gesetzgebung im gesamten Reich zu erzielen, werden in den CC die Foraleinrichtungen in ihrem Wesen aufgenommen, die wegen ihres Charakters einen Vorteil für das allgemeine Recht und die spanischen Bürger darstellen können und sollen." Da aber tatsächlich der CC die Rechtseinheit nicht verwirklichen konnte, sondern das Foralrecht sanktioniert hat, ist art 831 entbehrlich.

[119]) In seiner Untersuchung des art 831 vertritt Seco Caro die These, daß der Ehegatte bloßer Erbteiler ist, S. 129. Kraft der Ermächtigung könne er den Nachlaß ungleichmäßig verteilen, dagegen keine Erbeinsetzung vornehmen, S. 168. Da mit dem Eintritt des Intestaterbfalls die potentiellen Erben feststehen, bleibe kein Raum mehr für die Mejorierung von entfernten Abkömmlingen, S. 152. Die Lehre hat den Vorzug, daß sie besser den Zustand der angefallenen Erbschaft zu beschreiben vermag. Sie ist aber nicht frei von Schwierigkeiten. Der Verfasser muß eingestehen, daß alle Erben sich zusammen über die Teilung einigen und damit dem überlebenden Ehegatten die Befugnis zur ungleichmäßigen Verteilung entziehen können, S. 208. Die Schwäche der Lehre liegt vor allem in der praktischen Gleichsetzung von ‚mejorieren' und ‚verteilen'. Das führt zu einer Aushöhlung des Mejorabegriffs. Hierzu bietet der systematische Zusammenhang der Vorschrift keine Rechtfertigung. Sie steht im Kapitel über die Mejoras und nicht bei den art 1056, die die Erbteilung regeln.

ren das Testierrecht auszuüben, ist art 831 eine Ausnahme von art 830, 670 und wohl auch zu art 1057. Danach darf ein Miterbe nicht zugleich die Teilung vornehmen.

Vier Voraussetzungen müssen für die Anwendung des art 831 erfüllt sein: 1. die Ermächtigung muß schon in einem Ehevertrag vereinbart worden sein. Dieser muß vor der Eheschließung in notarieller Form abgeschlossen werden.

Nach weitverbreiteter Meinung ist er Erbvertrag im weiteren Sinne des Begriffes, soweit er die Ermächtigung zur Mejorierung zum Gegenstand hat[120]). Im Gegensatz zum echten Erbeinsetzungsvertrag erlangt der überlebende Ehegatte aber keine Ansprüche auf den zukünftigen Nachlaß, sondern wird lediglich ermächtigt, das Vermögen zu verteilen.

Die zweite Voraussetzung betrifft die Person, die anstelle des Erblassers mejorieren kann. Nur der überlebende Ehegatte kommt in Betracht, weil er zu den Kindern regelmäßig das gleiche Verhältnis wie der vorverstorbene hat. Die Eheleute können also die Rechte des art 831 nicht einer Vertrauensperson übertragen[121]). Dagegen kann der Ehevertrag Bedingungen oder Einschränkungen, etwa über die Art und Weise der Verteilung des Vermögens, enthalten. So kann ein Vertragsteil auf seine Ermächtigung verzichten; denn es ist nicht wesentlich, daß sie gegenseitig ist[122]). Unzulässig ist dagegen eine Vereinbarung über ein Gebiet, das der Regelung der Eheleute entzogen ist. Sie können z. B. nicht vereinbaren, daß der Überlebende auch nach einer neuen Eheschließung die Befugnis des art 831 haben soll, daß er auch nicht gemeinsame Kinder mejorieren, oder sich über die Pflichtteilsquoten hinwegsetzen kann. Den Ehegatten darf auch nicht vorbehalten werden, dem zu Mejorierenden die Wahl des Nachlaßgegenstandes zu überlassen[123]). Er ist in gleichem Maße beschränkt wie der Vorverstorbene selbst, z. B. ist er an die sog. nicht anrechenbaren Schenkungen (art 1036) und die unwiderruflichen Mejoras des Vorverstorbenen gebunden.

Geht der Ermächtigte eine neue Ehe ein, dann ist zu befürchten, daß er — wenn auch nicht böswillig — geneigt ist, Nachlaßgegenständen anderen Personen zuzuwenden und sich mit dem Erscheinen neuer Nachkommen den Kindern der ersten Ehe entfremdet. Daher ist es ein weiteres Merkmal, daß er keine neue Ehe geschlossen hat,

---

120) Vgl. TS vom 1. 4. 14; art 831 ist daher auch eine Ausnahme zu dem in art 1271, II enthaltenen Verbot, über einen zukünftigen Nachlaß Vereinbarungen zu treffen, die nicht nur konkrete Teilungsanordnungen zum Gegenstand haben; vgl. Seco Caro, S. 164.

121) Vgl. TS vom 16. 3. 1932 und art 670, II.

122) Vgl. Alpañez, S. 306. So ausdrücklich im katal. Recht.

123) Vgl. TS vom 16. 6. 1902.

wenn er über den Nachlaß des Vorverstorbenen Mejora-Anordnungen trifft[124]). Sonst tritt die gesetzliche Erbfolge ein.

Wie wenn die Ehe nichtig oder getrennt war[125])? In beiden Fällen ist die Ehegemeinschaft verschwunden und das Vermögen getrennt worden. Gemäß art 1440 schließt aber die Aufhebung der Gütergemeinschaft die Ausübung der für den Tod eines der Eheleute vorgesehenen Rechte nicht aus. Das gilt gemäß art 1429 auch für den Fall der Nichtigkeit der Ehe. Bei der Gütertrennung auf Grund der Trennung behält natürlich nur der schuldlose Ehegatte die Rechte aus art 831. Es widerspräche der ratio der art 72, 1417. II, 73 Ziff. 3, 834, dem Schuldigen irgendein Recht am Nachlaß des Vorverstobenen einzuräumen[126]).

Mit einer Mejora bedacht werden können gemäß art 831 die gemeinsamen Kinder. Die aus einer anderen Ehe sind demnach nicht passiv legitimiert. Das versteht sich für die des überlebenden Ehegatten von selbst. Aber auch die Kinder des Vorverstorbenen sind offensichtlich nicht mejorierbar, wenngleich sie mit den Gemeinsamen erben. Ist ihnen deshalb nicht mindestens der Pflichtteil zugewendet worden, dann wird insoweit die gesetzliche Erbfolge eröffnet, so daß der überlebende Ehegatte nur über die verbleibende Erbschaft mejorieren kann.

Umstritten ist wiederum die Frage, ob nach art 831 auch die Abkömmlinge 2. Grades mejorierbar sind. Unter Hinweis darauf, daß es sich hier um eine Ausnahmevorschrift handelt, wird vereinzelt für eine enge Auslegung eingetreten. Auffallend ist auch, daß die art 823—825, 828, 833 von Kindern und Abkömmlingen sprechen, während art 831 nur die gemeinsamen Kinder erwähnt. Die Formulierung könnte für den Ausschluß der Abkömmlinge sprechen, die nicht Kinder sind[127]). Diese Ansicht ist aber schon mit Rücksicht auf das Eintrittsrecht nicht zu halten. Sind keine gemeinsamen Kinder mehr vorhanden, dann nehmen die Enkel ihre Stelle ein und sind jedenfalls jetzt mejorierbar. Aber auch zu Lebzeiten ihrer Eltern können sie durch die überlebenden Ehegatten mejoriert werden. Hätte der Gesetzgeber an dieser Stelle die in den art 808, 823 ent-

---

124) Diese Regelung bedeutet keinen Widerspruch zu art 972, wonach ein neu verheirateter Ehegatte Kinder der ersten Ehe mit dem sog. Reserva-Vermögen mejorieren kann. Der Unterschied erklärt sich daraus, daß es sich in diesem Fall um das eigene Vermögen des Ehegatten handelt, während es im Falle des art 831 das Vermögen des Vorverstorbenen ist; vgl. Alpañez, S. 316 und 104 dieser Arbeit.

125) „El divorcio" bewirkt nur die Aufhebung des gemeinsamen Ehelebens, art 104.

126) Vgl. Alpañez, S. 319; Manresa VI, S. 533; Seco Caro, S. 152.

127) Vgl. Morell, S. 18.

wickelnden Grundsätze über die Berechtigten ändern wollen, dann hätte er es ausdrücklich bestimmen müssen. Tatsächlich konnte er sich diese Wiederholung ersparen, da er sich in dem schon überladenen Text lediglich mit der Person des Mejoranten zu befassen hatte. Das Problem ist in diesem Falle also eine Variante der bekannten Streitfrage, ob Enkel zu Lebzeiten ihrer Eltern mejoriert werden können und ist entsprechend zu beantworten.

Die letzte Voraussetzung — geradezu die Daseinsberechtigung — des art 831 ist, daß der Vorverstorbene kein Testament hinterläßt, denn die gegenseitige Ermächtigung soll gerade der Intestaterbfolge vorbeugen. Daher kann die Wirkung des unwiderruflichen Ehevertrages ohne Gesetzesumgehung einfach dadurch aufgehoben werden, daß ein Ehegatte ein Testament errichtet und damit der Norm den Boden entzieht.

Die Ermächtigung entfällt aber nicht schon, wenn überhaupt ein Testament vorhanden ist. Art 831 ist vielmehr i. V. m. art 912 zu lesen, wonach in den folgenden Fällen trotz Vorliegens eines Testaments die gesetzliche Erbfolge eintritt: Das Testament ist nichtig, es enthält nur Anordnungen über einen Teil des Vermögens, eine Verfügung wird wegen Nichteintritts einer Bedingung nicht wirksam, der Erbe stirbt von dem Testator oder ist erbunwürdig. Soweit also der Erblasser sein Vermögen nicht wirksam verteilt hat, kann der überlebende Ehegatte die Anordnungen über seinen Nachlaß treffen[128]).

Daraus folgt auch, daß er an die gesetzlichen oder testamentarischen Zuwendungen gebunden ist. Das bedeutet, daß der Pflichtteil der gemeinsamen Kinder ebenso zu respektieren ist wie die durch den Erblasser angeordneten Mejoras. Das gilt auch für die vertraglichen Mejora-Einsetzungen, die zwar in der Regel widerrufbar sind, doch in keinem Fall durch die überlebenden Ehegatten.

Die Mejorierungsbefugnis erstreckt sich nur auf ein Drittel. Der restliche Freiteil kann nach wohlverstandenem Ermessen auf die gemeinsamen Kinder verteilt werden. In dem Wort „verteilen" liegt also für den Überlebenden insofern eine Einschränkung, als er einen Abkömmling nicht völlig von einer Zuwendung aus dem Freiteil ausschließen kann. Hierin unterscheidet sich diese Maßnahme von der Mejorierung, die durchaus zugunsten eines Abkömmlings unter Ausschluß der übrigen erfolgen kann. Im übrigen kann er aber völlig frei disponieren; denn die Worte „wohlverstandenes Ermessen" beinhalten nur einen Rat des Gesetzgebers, schreiben aber keine bestimmte Portion vor[129]).

---

128) Vgl. Alpañez, S. 320.
129) Vgl. Alpañez, S. 13.

Mit dem Tod eines Eheteils stellt sich die Frage, innerhalb welcher Frist der Überlebende die Mejorierung vornehmen muß. Im Gesetz ist keine Frist vorgesehen, weshalb nur eine analoge Anwendung anderer Vorschriften in Frage kommt. Mit einem Vorerben ist der Überlebende nicht vergleichbar; denn er hat über den Nachlaß lediglich ein gewisses Gestaltungsrecht und kann ihn den Kindern nicht vorenthalten. Einige behandeln ihn daher als Erbteiler und wenden die entsprechenden Erbschaftssteuervorschriften an. Danach ist die Teilung innerhalb von sechs Monaten, mit der Möglichkeit einer Verlängerung innerhalb von zwei Jahren vorzunehmen[130]). Andere stellen den überlebenden Ehegatten einem Testamentsvollstrecker im weitesten Sinne gleich, so daß mangels einer Fristvereinbarung das Recht innerhalb eines Jahres nach dem Erbfall auszuüben ist. Mit richterlicher Zustimmung ist ein Aufschub auf höchstens zwei Jahre möglich[131]). Nach einer anderen Lösung, die der ratio des art 831 besser gerecht wird, soll dem Witwer die Zeit bleiben, um das für die Mejorierung würdigste Kind ermitteln zu können. Der Erblasser hat doch vermutlich deshalb kein Testament errichtet, weil er sich ihrer Eigenschaften noch nicht sicher war, und es ist kaum zu erwarten, daß der Überlebende schon nach einem Jahr einen genügenden Überblick erlangt hat. Nach dem Gewohnheitsrecht von Vizcaya kann der Witwer warten, bis das jüngste Kind das heiratsfähige Alter erreicht hat. Nach dieser Rechtsanalogie aus den allgemeinen Grundsätzen, wozu die Erhaltung der Familie zählt, sollen die Abkömmlinge erst von diesem Zeitpunkt an eine Entscheidung verlangen können[132]).

Ist sie gefallen, dann wirkt sie zurück auf den Erbfall, vgl. art. 657, 661, 758, I. Sie ist unwiderruflich; denn sie führt zur sofortigen Auflösung der Erbengemeinschaft[133]).

Stirbt der überlebende Ehegatte vorher oder weigert er sich, eine Bestimmung zu treffen, oder entfallen mejorierbare Nachkommen, dann tritt die gesetzliche Erbfolge ein. Das gleiche gilt, wenn er zur Zeit der Teilung geisteskrank, abwesend oder entmündigt ist. Da bis zu seiner Entscheidung für ihn lediglich ein Nutzungsrecht an den Nachlaßgegenständen besteht, befindet sich die Erbschaft vom Standpunkt der Kinder aus in einem Schwebezustand. Alle haben einen bedingten Titel, denn mindestens einer wird notwendigerweise der endgültig Berechtigte sein. Sie sind alle potentiell Begünstigte in unbestimmte Teile, wobei die Unbestimmtheit sowohl die Einsetzung als auch das Quantum betrifft. Sie haben in ihrer

---

130) Vgl. Manresa VI, S. 539.

131) Vgl. Schaevola, S. 531; Sanchez Roman, S. 1222.

132) Vgl. Alpañez, S. 324.

133) Vgl. Seco Caro, S. 206.

Gesamtheit eine Anwartschaft und bilden eine Gemeinschaft, die der ungeteilten Erbengemeinschaft sehr ähnlich ist[134]).

5. Kapitel

Einteilung, Form und Modalitäten der Mejora

Die Mejora ist ungemein vielgestaltig. Obwohl sie als erbrechtliche Zuwendung eine Einrichtung mortis causa sein müßte, tritt sie schon zu Lebzeiten des Erblassers in Erscheinung. Um ihr Wesen anhand ihrer verschiedenartigen Erscheinungsformen zu erfassen, soll zuerst gezeigt werden, welche Typen und Modalitäten es gibt, wie sie angeordnet werden, und voran sie zu erkennen sind. Entsprechend dem "Lebenslauf" einer Mejora wenden wir uns zuerst den begründenden Akten zu und behandeln dann die Möglichkeit ihres Widerrufs und ihrer Beschwerung.

1. Testamentarische und vertragliche Einsetzung und das ehevertragliche Versprechen einer zukünftigen Einsetzung

Die Mejora kann, allgemein gesagt, ihren Ursprung in einem Testament oder einem Vertrag haben, und sie kann daher mit einer Institution mortis causa oder einem Geschäft unter Lebenden verbunden sein.

Die testamentarische Mejora ist zweifellos die geläufigste. Die formellen Voraussetzungen erweisen sich verhältnismäßig selten als ein Hindernis, da das Testament als klassische Form der Kundbarmachung des letzten Willens weithin bekannt ist. Hinzu kommt, daß grundsätzlich jede Person testierfähig ist, mit Ausnahme der Kinder unter 14 Jahren und der dauernd oder zeitweise Geistesgestörten, art 662 ff.

Bis zum 16. Jahrhundert war die testamentarische Konstituierung die einzig mögliche. In der Dum Inlicita und dem liber iudiciorum liest man nur vom Tod, der Erbschaft und der Erbfolge, während der reformierte Text des Erwigius schon ausdrücklich vom Testament spricht. Eine vertragliche Mejorierung wird nicht erwähnt. Auch in den Leyes de Estilo (14. Jahrhundert) findet sich lediglich die testamentarische Form.

---

[134]) Sie sind gemeinschaftliche Eigentümer, was zur Folge hat, daß sie über jeden Gegenstand des Nachlasses verfügen können; denn art 831 hindert nicht die gemeinschaftliche Verfügung der Berechtigten. Da der Gegenwert als Surrogat an die Stelle der verkauften Sache tritt, wird der endgültig Mejorierte wirtschaftlich nicht benachteiligt, vgl. Alpañez, S. 329. Die Praxis sieht in der Anwartschaft allerdings kein dingliches übertragbares Recht, vgl. Beschluß des Notariatsdirektoriums vom 11. 3. 1929.

Weniger gebräuchlich dafür aber mannigfacher und problematischer sind die vertraglichen Möglichkeiten zur Einsetzung einer Mejora. Während das Testament eine reine Anordnung von Todes wegen ist, gibt es vertragliche Anordnungen, die sich äußerlich als Geschäfte unter Lebenden darstellen, woraus sich weitreichende Unterschiede ergeben. Folgende Auswahl hat der Aszendent zur Berufung eines Abkömmlings:

1. den Ehevertrag, art 827; 2. das ehevertragliche Versprechen einer späteren Mejorierung, art 826; 3. den Schenkungsvertrag unter Lebenden, art 825; 4. den onerosen Vertrag, art 827.

Der Anreiz, unwiderrufliche erbrechtliche Verfügungen in einem Ehevertrag zu treffen, ist heute gering. Das hängt damit zusammen, daß sie vor Abschluß der Ehe getroffen werden müssen, art 1319, d. h. zu einem Zeitpunkt, da allenfalls natürliche Kinder vorhanden sind. Da normalerweise die persönlichen Qualitäten, die Einstellung zum Elternhaus und die Berufsabsichten eines Abkömmlings eine Bevorzugung rechtfertigen, ist es wenig sinnvoll, in einem Ehevertrag einem noch nicht vorhandenen Kind einen Teil des Nachlasses unwiderruflich zu hinterlassen[135]). Da der Spanier bereits mit 14 Jahren und die Spanierin mit 12 Jahren die Ehe schließen können. art 83, die Volljährigkeit aber erst mit dem 21. Lebensjahr eintritt, art 320, können minderjährige Eheleute den Ehevertrag nur unter Mitwirkung ihrer gesetzlichen Vertreter abschließen, art 1318. Er bedarf der notariellen Form, art 1321. Eine merkwürdige Figur ist das sog. Mejora-Versprechen. Ein Versprechen ist die Verpflichtung zu einem zukünftigen Tun oder Unterlassen. Das bedeutet, später zugunsten eines oder einiger Abkömmlinge eine Mejora zu konkretisieren, oder aber allen die gleiche Portion zu hinterlassen, d. h. praktisch niemanden zu mejorieren. Demnach wird zwischen positiven und negativen Versprechen unterschieden. Im übrigen kann versprochen werden, einen bestimmten, verschiedene oder alle Abkömmlinge in ungleichen Verhältnissen zu mejorieren oder aber lediglich einige auszuschließen. Enthält ein Versprechen keinen Betrag oder Bruchteil des Vermögens, dann ist es als ein solches über ein Drittel auszulegen, es sei denn, eine spätere Verfügung bekunde einen anderen Willen[136]). Ein abstraktes Versprechen ohne Angabe einer Person noch Bezeichnung einer Quote ist dagegen zu unbestimmt. Die Anordnung, über einen Teil zu mejorieren, ist aber zulässig; in diesem

---

[135]) Etwas anderes galt früher zur Zeit des Erstgeburtsrechts und der Zurücksetzung der weiblichen Nachkommen. Aus ähnlichen Erwägungen bewährt sich die ehevertragliche Form noch in gewissen Foralgebieten, wo der älteste Sohn das bäuerliche Anwesen übernimmt.

[136]) Vgl. Manresa VI, S. 504.

positiven Versprechen ist genau genommen auch das negative enthalten, über den Rest dieses Drittels nicht zu verfügen[137]).

Zweifel können bezüglich der Form des Mejora-Versprechens entstehen. Historische und sachliche Gründe sprechen dafür, die notarielle Beurkundung ausreichen zu lassen. Ges. 22 von Toro erwähnt das notarielle Versprechen, das der Aszendent aus Anlaß der Verehelichung eines Kindes oder einem anderen onerosen Anlaß abgab, — eine Regelung, die noch das Projekt von 1851 in art 658 wiedergibt. Ihr Vorteil liegt für den Erblasser darin, daß er zu Lebzeiten seiner Kinder die Erbteilung vorbereiten kann. Diese können auch über das negative Mejora-Versprechen den Erblasser in den folgenden Fällen festlegen: Sie haben z. B. den Verdacht, daß einem Abkömmling, der mit ihm allein lebt, zu Unrecht das gesamte Mejora-Drittel zugewendet wird. Hier können sie dem Vater nahelegen, sich durch ein negatives Versprechen vor einer unsachlichen Beeinflussung zu schützen. Möglicherweise kennt der Erblasser auch nicht erhebliche Verfehlungen eines Abkömmlings oder hat nicht die Kraft, diesen von der Mejora auszuschließen. Auch hier ist das negative Versprechen zu Lasten des Mißratenen ein Mittel, um die Gerechtigkeit innerhalb der Familie zu wahren und eine unberechtigte Bevorzugung oder Gleichstellung auszuschließen.

Ein positives Versprechen kann dagegen die Heiratschancen eines Kindes steigern. Die Eltern einer heiratsfähigen Tochter werden ihre unentbehrliche Zustimmung sicher lieber erteilen, wenn sie die Gewißheit haben, daß ein zugunsten des Freiers bestehendes unwiderrufliches Mejora-Versprechen die materielle Sicherung der geplanten Ehe erhöht.

Wenn nun gemäß art 826 das Versprechen gültig ist, welches in notarieller Form in einem Ehevertrag enthalten ist, dann wäre es angesichts der geschichtlichen und sachlichen Hinweise denkbar, daß der Gesetzgeber in einem schlecht redigierten Text den Ehevertrag lediglich beispielhaft als einen Ort eines derartigen Versprechens aufführen wollte[138]). Dafür spricht, daß der Ehevertrag bereits der notariellen Form bedarf, so daß es überflüssig erscheint, dieses Formerfordernis besonders hervorzuheben. Verständlich wird diese Formulierung erst in Verbindung mit art 1324, wonach Eheverträge dann n i c h t vor dem Notar geschlossen werden, wenn der Wert des gemeinschaftlichen Gutes nicht den Betrag von 2500 Peseten übersteigt. Um also klarzustellen, daß auch in diesem seltenen Fall der Ehevertrag mit Rücksicht auf das Mejora-Versprechen beurkundet werden muß, war diese zuerst pleonastisch anmutende Fassung des art 826 geboten.

---

[137]) vgl. Manresa VI, S. 504.

[138]) vgl. Lacoste, S. 259.

Der Gesetzgeber will also das Mejora-Versprechen heute nur in der ehevertraglichen Form zulassen[139]). Diese Regelung ist vernünftig, denn durch eine schnell vorgenommene notarielle und deshalb unwiderrufliche Anordnung könnte der Erblasser seine letztwillige Verfügungsfreiheit verhängnisvoll beschränken.

Die potentiell mejorierbaren Personen sind identisch mit den bereits erwähnten Abkömmlingen. Das Besondere ist nur, daß hier meist die Mejorierung erfolgt, bevor diese überhaupt geboren sind[140]).

Stirbt der Erblasser, ohne sein Versprechen verwirklicht zu haben, dann gilt insoweit der Inhalt des Versprechens als angeordnet. Seine entgegenstehenden Verfügungen sind unwirksam.

Nachdem wir die Mejora bisher als Einrichtung mortis causa kennengelernt haben, überrascht die Feststellung, daß sie sich in bestimmten Fällen mit einem reinen Schenkungsvertrag unter Lebenden verbindet. So sagt art 825:

„Keine einfache oder onerose vertragliche Schenkung unter Lebenden zugunsten von Kindern oder Abkömmlingen, die Zwangserben sind, ist Mejora, wenn ..."

Es wird zwischen einfachen und onerosen Schenkungsverträgen untersicheden. Dabei sind onorose nicht entgeltliche, sondern solche, denen ein konkretes Motiv zugrunde liegt, wie die Heirat und besondere Bedürfnisse oder die Berufsausbildung des Mejorierten, während einfache Schenkungen nur aus der elterlichen Liebe heraus getätigt werden.

Der Schenkungsvertrag kann grundsätzlich formlos sein. Das schließt aber nicht aus, daß sich aus anderen Vorschriften etwas anderes ergibt, vgl. art 1280 Ziffer 1 (Schenkungen von Immobilien), art 633 (Bezeichnung der Immobilien und ihrer Lasten)[141]), art 1280 Ziffer 6 (jede Leistung, deren Wert 1500 Peseten übersteigt, bedarf

139) vgl. Manresa VI, S. 503.

140) Wegen der zeitlichen und formellen Besonderheiten spielt die ehevertragliche Mejorierung heute keine große Rolle. Die wenigsten sind sich dieser Institution bewußt oder denken schon an die Regelung der Erbfolge, bevor die Ehe geschlossen ist und Nachkommen vorhanden sind. Vgl. auch Alpañez, S. 303.

141) In einem Teil Asturiens hat sich die Übung entwickelt, daß Mejorant und Bedachter vor dem Notar erscheinen, und ersterer erklärt, über 1/3 seines Vermögens mejoriere er seinen Sohn, behalte sich aber den Nießbrauch bis zu seinem Lebensende vor. Der Mejorierte nimmt die Mejora an und bedankt sich. Die Besonderheit dieses Schenkungsvertrages liegt darin, daß die geschenkten Gegenstände entgegen dem Erfordernis des art 633 nicht näher bezeichnet werden. Diese Form paßt in keine der geschilderten gesetzlichen Vertragstypen. Sie dürfte aus Ges 17 von Toro herrühren und als lokales Gewohnheitsrecht gültig sein, vgl. Villares Pico, S. 839.

einer schriftlichen Vereinbarung). Schließlich kann bei Mobilien die Übergabe durch eine schriftliche Schenkungs- und Annahmeerklärnung ersetzt werden, art 632.

Aus art 827 kann man noch eine weitere Vertragsform der Mejora entnehmen. Hier sind die Vertragspartner der Erblasser und ein Dritter. Es ist ein gegenseitiger, oneroser Vertrag, der hauptsächlich im Zusammenhang mit der Eheschließung eines Abkömmlings des Erblassers auftritt. Die „Gegenleistung" kann darin bestehen, daß ein Dritter seine Zustimmung zur Heirat seines Kindes mit dem Abkömmling des Erblassers erteilt und bestimmte Zusicherungen bezüglich einer Aussteuer macht.

Da als Folge einer vertraglichen Mejorierung die entsprechenden Gegenstände sofort übertragen werden können, scheint hier eine erbrechtliche Verfügung des Erblassers schon zu seinen Lebzeiten wirksam zu werden, sowie es ähnlich bei einem Hofübergabevertrag der Fall ist. Tatsächlich ist die bisher nicht behandelte Frage der Rechtsnatur der vertraglichen Mejorierung sehr problematisch. Da der Bedachte seinen erbrechtlichen Erwerb aus einem Vertrag herleitet, den er oder ein Dritter mit dem Erblasser geschlossen hat, liegt es nahe, an einen Erbvertrag zu denken. Diese Form der Erbfolge ist in Spanien nicht unbekannt, sie tritt vor allem in Katalonien auf. Das dem römischen Recht folgende gemeine Recht kennt dagegen nur die gesetzliche und die testamentarische Erbfolge, art 658. Dieser Grundsatz wird durch art 912 Nr. 1 bestätigt, wonach die gesetzliche Erbfolge eintritt, wenn der Erblassr keine testamentarischen Anordnungen getroffen hat. Schließlich folgt aus den art 816, 991, 1271, II die Unzulässigkeit von Erbverträgen im weitesten Sinne des Wortes.

Da der vertraglich Mejorierte seine Rechte auf die Mejora aber erst mit dem Erbfall endgültig erwirbt, liegt hier eine Erbfolge vor, so daß der art 658 unvollständig ist[142]). Diese Lücke läßt sich nicht dadurch leugnen, daß man die vertraglich angeordnete Erb- oder Vermächtniseinsetzung als vertragliches Testament anspricht[143]); denn die Konversion eines Vertrages in ein Testament setzt voraus, daß die Formen letztwilliger Verfügungen gewahrt sind. Das ist aber bei der Mejorierung gemäß art 825, 827 nicht notwendigerweise der Fall.

Der schwierigste Fall ist die in einem Schenkungsvertrag angeordnete Mejora unter sofortiger Übertragung der Gegenstände. Von einem reinen Erbvertrag wird man nicht sprechen können, weil der Schenkungsvertrag widerruflich ist, keine Erbeinsetzung zum Gegenstand haben kann[144]) und der Erwerbsgrund der Sachen eben

142) Vgl. Fuenmayor, S. 18.
143) So Espinar, S. 440.
144) Da nur Singularzuwendung, art 618, 632, 633.

dieser Schenkungsvertrag ist. Jedenfalls bewirkt die Berufung, daß der Bedachte nach dem Erbfall nicht verpflichtet ist, Schenkungen zurückzugewähren, die ohne die Mejorierung den Pflichtteil der übrigen Abkömmlinge beeinträchtigen würden. Man kann also sagen, daß die insoweit bedingt wirksame dingliche Verfügung mit dem Erbfall unanfechtbar wird. Wenn die Gegenstände auch kraft des Vertrages und der Übergabe erworben werden, die erbrechtliche Anrechnung ihres Wertes auf das Mejora-Drittel erfolgt erst mit dem Erbfall. Man kann daher von einem Erbvertrag im weiteren Sinne sprechen. Das gilt besonders für die Fälle einer ehevertraglichen Mejora-Berufung[145].

2. *Der Gegenstand der Mejora*

Oft mag es dem Mejoranten nicht genügen, lediglich einen abstrakten wirtschaftlichen Vorteil zuzuwenden, wie z. B. in ländlichen Gebieten, wo über die Mejora das Gehöft einheitlich übertragen wird. Seit je ist es daher dem Erblasser erlaubt, den Gegenstand zu bezeichnen, den er seinen Nachkommen zuwenden möchte. Der Gedanke: „Die Mejora kann durch einen bestimmten Gegenstand bezeichnet werden“, findet sich zu Beginn des art 829 ausgesprochen, aber in beiläufiger Form, weil er sich von selbst versteht. Als Teil der Erbschaft kann die Mejora die Gegenstände und Rechte, die die Erbschaft ausmachen, zum Gegenstand haben: Immobilien, Mobilien, Forderungen, das bloße Eigentum, eine Hypothek, Dienstbarkeiten, Nießbrauch, Renten usw. So kann der Testator z. B. bestimmen: „Meine Tochter A soll als Mejora ein lebenslängliches Wohnrecht an meinem Haus erhalten, während mein Sohn B die Forderung gegen den X als Mejora erhalten soll“.

Möchte der Mejorant dagegen eine bloße wirtschaftliche Besserstellung erreichen, dann kann er eine Anordnung in Höhe eines Bruchteils seines Vermögens vornehmen: „In Höhe eines Drittels meines Vermögens mejoriere ich meinen Sohn A“. Mit dieser einfachen Formel hat er das gebotene Maß relativer Verfügungsfreiheit ausgeschöpft, ohne den gesetzlichen Rahmen überschritten zu haben, was bei der Anordnung über einen bestimmten Gegenstand leicht dadurch geschieht, daß der Wert des zukünftigen Nachlasses nicht der Erwartung des Erblassers entspricht.

Denkbar ist natürlich auch die Zuwendung einer Quote unter gleichzeitiger Bezeichnung der zu ihrer Befriedigung vorgesehenen

---

145) Auch nach der Reform des CC kann die Frau noch nicht ohne Zustimmung ihres Ehemannes über alle Vermögensgegenstände verfügen. Sie kann daher dem Mejorierten in Vorwegnahme der Erbschaft keine Sachen übertragen.

Gegenstände. Dies folgt aus der Befugnis des Erblassers, selbst die Erbteilung bindend vorzunehmen, art 1056.

Eng verbunden mit der Frage des Gegenstandes ist die nach ihrer Qualifizierung als Vermächtnis oder Erbeinsetzung, worauf später näher eingegangen wird. Es sei hier nur bemerkt, daß der Mejorant die Mejora sowohl als Vermächtnis wie als Erbeinsetzung anordnen kann.

3. *Ausdrückliche und stillschweigende Mejora*

Die Mejora bedeutet für den Bedachten im Vergleich zu anderen Deszendenten eine Besserstellung. Da sich in entsprechendem Maß der Erbteil der übrigen mindert, muß für alle unzweifelhaft zu erkennen sein, ob der Erblasser den Willen hatte, sein Vermögen ungleichmäßig zu verteilen.

An zwei Stellen findet sich eine Regelung darüber, wie die Mejorierung erfolgen muß. Gemäß art 825 ist keine Schenkung Mejora, sofern nicht der Schenker seinen Willen zu mejorieren, auf ausdrückliche Weise erklärt hat, und art 828 bestimmt:

Das Vermächtnis, das der Testator einem seiner Kinder oder Abkömmlinge aussetzt, ist nur dann Mejora, wenn der Testator ausdrücklich erklärt hat, daß dies sein Wille ist, oder wenn es nicht in den Freiteil paßt.

Man erkennt, daß der Gesetzgeber im Interesse der Pflichtteilsberechtigten bei der Anordnung einer Mejora besondere Klarheit wünscht. Die Anwendung des auf den ersten Blick so einleuchtenden Grundsatzes der Ausdrücklichkeit führt aber zu großen Schwierigkeiten. Was besagt nämlich das Merkmal „manera expressa" in art 825 und „expresamente" in art 828? Ist damit eine formelhafte oder lediglich eine eindeutige Erklärung gemeint.

Die ältere Lehre und Rechtsprechung haben diese Vorschriften geradezu einhellig wie folgt ausgelegt: wenn eine ausdrückliche Mejorierung erforderlich sei, so sei jedenfalls eine stillschweigende unzulässig[146]). Mit der formalen Gegenüberstellung von „ausdrücklich" und „stillschweigend" ist aber noch nichts gewonnen, da in dem sehr streitigen Gebiet der Bewertung der Willenserklärungen auch keine Einhelligkeit besteht, was noch als stillschweigende Erklärung anzusehen ist. Im übrigen braucht der Gesetzgeber den Begriff „stillschweigend" an keiner Stelle, und Zweifel an der uneingeschränkten Geltung des Grundsatzes der Ausdrücklichkeit könnten sich aus dem Umstand ergeben, daß in art 825 nur von

146) Gegen die Zulässigkeit der „mejoras tácitas" sind Clemente de Diego, Instituciones, S. 251; Manresa VI, S. 499; Fuenmayor, S. 20; Schaevola, S.469; Garcia Granero, S. 825; Sanchez Roman; Castán und TS vom 21. 1. 1922 und 27. 12. 1935.

Schenkungen unter Lebenden und in art 828 lediglich von Vermächtnissen gesprochen wird.

Immerhin sieht die Lehre in zwei normierten Fällen eine Ausnahme von dem Gebot der Ausdrücklichkeit: a) Gemäß art 828 ist ein Vermächtnis dann Mejora, wenn es nicht in den Freiteil paßt. Dieser Fall liegt vor, wenn der Erblasser einem Kind neben dem Pflichtteil ein Vermächtnis hinterläßt, das deshalb nicht mehr in den Freiteil paßt, weil er schon durch andere Zuwendungen erschöpft ist. Der Überschuß wird dann als Mejora angesehen[147]). b) Gemäß art 782 kann der Erblasser über das Mejora-Drittel zugunsten eines Nachkommen eine Nacherbeneinsetzung anordnen. Tatsächlich erscheint hier der Wille zur Besserstellung so klar, daß man sagen kann, der Testator mejoriere zwei Personen unter Bestimmung einer Reihenfolge[148]). Da die Lehre dies dennoch als einen Fall stillschweigender Mejorierung ansieht, muß man annehmen, daß für sie der mehrdeutige Begriff „ausdrücklich" im Sinne von „formelhaft" verstanden wird.

Angesichts dieses Ergebnisses und der unbefriedigenden gesetzlichen Regelung kann nur ein historischer Rückblick auf die Formen der Mejorierung zu einer exakten Bestimmung des Merkmals „ausdrücklich" führen.

In den Leyes Visigothorum, dem Fuero Juzgo und dem Fuero Real finden sich nur die testamentarischen Mejoras; doch trotz der Spärlichkeit der Vorschriften deutet alles darauf hin, daß der Wille des Testators klar zum Ausdruck kommen muß. Eine einschneidende Änderung brachten die Leyes de Toro, als sie von dem Erfordernis der Ausdrücklichkeit teilweise abließen. Eine Schenkung ist gemäß Ges 26 Mejora, auch wenn der Erblasser davon nichts sagt[149]). Hiermit war eine Mejora-Vermutung geschaffen. Diese Erkenntnis ist wichtig; denn die heutigen Vorschriften sind nichts weiter als eine Bezugnahme auf diese unglückliche Neuerung. Im Projekt von 1851 wird das Gegenteil angeordnet, nachdem man eingesehen hat, zu welcher Unsicherheit eine solche Vermutung führt. Um absolute Klarheit zu schaffen, und um die Abkehr von der bisherigen Regelung zu unterstreichen, verfällt man hier in das entgegengesetzte Extrem: Von unn an muß der Schenker seinen Willen f o r m e l l kundtun, art 657. Ungeachtet dieser Strenge bleibt das Gesetz bezüglich der testamentarischen Mejora auffallenderweise bei dem gewohnten Verfahren, das heißt, das testamentarisch Hinterlassene ist grundsätzlich Mejora, art 659[150]).

---

[147]) Für Borrel, S. 285 und Fuenmayor, S. 20 ist dies die einzige Ausnahme von dem erwähnten Grundsatz.

[148]) Vgl. Fuenmayor, S. 20.

[149]) Vgl. Seite 33 dieser Arbeit.

[150]) Vgl. Seite 36 dieser Arbeit.

Der Gesetzgeber von 1889 hat eingesehen, daß eine unterschiedliche Behandlung testamentarischer und vertraglicher Mejoras nicht geboten ist, und daß das Extrem der formellen Mejorierung ebenso verfehlt ist wie das der vermuteten. Um nun wieder zu dem Grundsatz der Klarheit der Erklärung zurückzuführen, hat er sich ungeschickterweise nicht eines allgemeinen Satzes bedient, sondern in zwei Einzelbestimmungen die Fälle aufgegriffen, die mit Rücksicht auf die vorangegangene Gesetzgebung nicht mehr aufrecht erhalten werden sollten. Der art 825 ist deshalb mit einer wesentlichen Änderung die Rezeption des art 657 des Projekts und stellt gegenüber den Leyes de Toro klar, daß auch für die Schenkung unter Lebenden eine ausdrückliche Erklärung notwendig ist. Die entscheidende Änderung besteht darin, daß die Worte „declarado formalmente su voluntad" durch „declarado de una manera expresa" ersetzt werden. Im Hinblick auf den art 659 hat art 828 auch die testamentarischen Mejora-Vermutungen beseitigt.

Die art 825, 828 sind daher im Grunde nichts weiter als zwei überflüssige Einzelvorschriften, deren Abfassung so klingt, als wollen sie das Projekt reformieren, nicht aber Teil eines neuen CC sein. Ohne die Vorgeschichte zu berücksichtigen, kann man aus ihrer ungeschickten Abfassung eigentlich weder einen Grundsatz für noch gegen die ausdrückliche Mejorierung ableiten. Ihre wahre Bedeutung ist also viel geringer als gemeinhin angenommen wird. Sie liegt in einer historisch interessanten, methodisch aber verfehlten Auseinandersetzung mit den Formerfordernissen der Leyes de Toro und denen des Projekts.

Rechtsgeschichte und Lehre bieten uns also zur Auslegung die Be-Begriffe formelle, ausdrückliche, stillschweigende und vermutete Mejorierung. Nun, da wir gesehen haben, daß art 825 die fast wörtliche Fortsetzung des alten art 657 ist, jedoch mit der Ersetzung des „formalmente" durch „manera expresa" kann es über die gebotene Beschaffenheit des Erklärungsmittels keine Zweifel mehr geben. Die Erklärung soll klar und unmißverständlich sein. Sie ist aber nicht identisch mit dem Ausdruck sakramentaler Formeln, Phrasen und einem grammatikalischen Formalismus[151]). Das geltende Recht erkennt den Willen des Erblassers als das Gesetz des Erbrechts an, vgl. art 675, verlangt aber, daß dieser Wille klar zum Ausdruck gebracht wird. Es ist deshalb nicht zutreffend, wenn in der Lehre die Unzulässigkeit stillschweigender Anordnungen vertreten wird. Der

151) Vgl. Vallet, Apuntes de Dèrecho sucesorio, S. 511. Der ursprüngliche Sinn des Adverbs expresamente bestätigt diese These. Das lateinische Wort expressus bezieht sich auf eine klare Kundmachung, aber nicht auf einen formelhaften Ausdruck. Im spanischen bedeutet expreso soviel wie klar und offensichtlich, vgl. Diccionario de la Real Academia de Lenguas.

Begriff der „stillschweigenden Mejorierung" deutet zwar sprachlich auf eine Antithese hin, enthält aber seinem sachlichen Gehalt nach lediglich einen graduellen Unterschied zur „ausdrücklichen" Mejorierung. Eine stillschweigende Anordnung verkörpert sich in einem Verhalten, dessen Sinn als Erklärungsmittel aus sich heraus nicht eindeutig ist, aber zusammen mit den Umständen des einzelnen Falles durchaus das nötige Maß von Klarheit und Verständlichkeit gewinnt.

Einer Auslegung unzugänglich sind dagegen die Sachverhalte, die der ehemaligen Mejora-Vermutung zugrunde liegen. Hier fehlt möglicherweise jeder Erklärungswille, weshalb für sie heute in art 819 eine verbindliche Auslegung vorgeschrieben wird.

Die Diskussion über dieses Problem leidet darunter, daß diese Zusamenhänge nicht gesehen werden. Deshalb kommt z. B. Lacoste zu dem Ergebnis, daß Pflichtteilsberechtigte gemäß art 825 nur mittels ausdrücklicher Erklärung mejoriert werden können, während andere Abkömmlinge auch stillschweigend mejoriert werden können[152]. In Verkennung der Vorgeschichte des art 825 bringt er die Nichterwähnung der entfernten Abkömmlinge mit dem Gegensatz ausdrücklich — stillschweigend in Verbindung und verlangt, daß in einem Schenkungsvertrag gegenüber dem Erstgenannten irgendwo das Wort Mejora enthalten sein muß, während gegenüber den anderen der Wille des Erblassers nur stillschweigend erklärt zu werden braucht. Ein unbegreifliches Ergebnis! Was sollte es rechtfertigen, entferntere Abkömmlinge dadurch zu bevorzugen, daß zu ihren Gunsten weniger eindeutige Erklärungen als Mejorierung gewertet werden, während bei gleicher Sachlage den Kindern die Zuwendung als Vorleistung auf ihren Pflichtteil angerechnet werden müßte, art 819, I.

Mit Rücksicht auf die vorherrschende globale Ablehnung dessen, was als „stillschweigende Mejora" bezeichnet wird, erscheint es angebracht, an einigen Beispielen zu zeigen, wie sich der Wille zu mejorieren offenbaren kann. Bei den meisten handelt es sich im wesentlich um eine Analogie zu den in art 828, 872 genannten Fällen, die nach unserer Ansicht keine Ausnahme des Grundsatzes der Ausdrücklichkeit sind, sondern zwei Auslegungsbeispiele.

a) Der Testator setzt einen Abkömmling zum Erben ein, nachdem er die übrigen in Höhe ihres engen Pflichtteils zu Erben berufen hat. In der Beschränkung auf den Pflichtteil liegt die Anordnung einer Mejora zugunsten des anderen Erben.

b) Er setzt einen der Pflichtteilsberechtigten zum Erben ein und überläßt den anderen Vermächtnisse in Höhe ihres Pflichtteils. Auch

[152]) Vgl. Lacoste, S. 272.

wenn diese Vermächtnisse das enge Pflichtteilsdrittel übersteigen, ohne jedoch das zweite Drittel zu erschöpfen, gebührt dem Erben der Rest des Mejora-Drittels. Anders liegt der Fall, wenn er ein Kind zum Erben einsetzt und den anderen in allgemeiner Form den Pflichtteil hinterläßt. Dann erwirbt der Erbe nichts weiter als den Freiteil und den ihm gebührenden Teil der zwei Pflichtteilsdrittel. Hier ist das Mejora-Drittel deshalb Pflichtteil, weil der Erblasser nicht zu erkennen gegeben hat, daß er den anderen Kindern nur den engen Pflichtteil hinterlassen wollte. Da es keine Mejora-Vermutungen gibt, umfaßt der Pflichtteil hier $^{2}/_{3}$ des Nachlasses.

c) Er setzt eins oder verschiedene seiner Kinder und Abkömmlinge zu Erben ein und überläßt im übrigen Vermächtnisse ohne zu bestimmen, in welchem Sinn die Zuwendung zu verstehen ist. Auch hier ergibt sich, daß die eingesetzten Erben mejoriert sind und zwar aus folgender Überlegung: Sofern ein Kind nicht mit Grund enterbt ist, hat es nur Anspruch auf den Pflichtteil, art 808. Diesen Anspruch hat der Erblasser zu respektieren, aber darüber hinaus ist er frei. Hat er einen Erben berufen, dann begründet er eine Gesamtnachfolge, d. h. der Erbe absorbiert den gesamten Nachlaß, soweit darüber nicht anderweit verfügt worden ist[153]). Die Einsetzung einer konkreten Sache ist regelmäßig als Vermächtnis anzusehen, art 768, das als solches keine absorbierende Wirkung hat. Beruft der Testator also diesen zum Vermächtnisnehmer, jenen aber zum Erben, so drückt er damit klar aus, daß der Erbe abzüglich der vermachten Sache alles erhalten soll. Dies ist zulässig; denn mit dem Vermächtnis hat er das gesetzliche Minimum, das dem Bedachten als Pflichtteil zusteht, respektiert[154]).

d) Die Mejora des art 828 entsteht dadurch, daß der Erblasser den Freiteil durch Verfügung von Todes wegen erschöpft hat und in Kenntnis dieser Sachlage einem Abkömmling ein weiteres Vermächtnis einsetzt. Hier ist der Wille zu mejorieren klar; denn angesichts der Ausnutzung des Freiteils weis der Testator, daß das Vermächtnis nur als Mejora zu verwirklichen ist.

e) Beschenkt der Erblasser von Todes wegen nicht pflichtteilsberechtigte Abkömmlinge, dann liegt auch hier insoweit eine Mejora vor, als die Schenkung über den Freiteil hinausgeht[155]).

f) Einsetzung als Vermächtnisnehmer unter Bestimmung, daß der Bedachte von der Ausgleichspflicht befreit sein soll[156]. Hier liegt dann insoweit eine Mejora vor, als das Vermächtnis nicht durch

153) Vgl. Vallet, La mejora tácita, S. 819.

154) Vgl. TS vom 16. 4. 1947.

155) Vgl. Roca Sastre bei Kipp, Sucesiones, S. 360.

156) Vgl. zur Befreiung von der Ausgleichspflicht Seite 90 d. A.

den Freiteil gedeckt wird. Aus dem Umstand, daß der Erblasser trotzdem noch ein weiteres Vermächtnis angeordnet hat, wird sein Wille zu mejorieren deutlich.

g) Das gleiche gilt für den Fall, in dem er einen Abkömmling eine Schenkung macht und ihre Nichtanrechnung auf den Pflichtteil anordnet und der Beschenkte Miterbe ist. Dann ist die Schenkung Mejora, insoweit sie nicht durch den Freiteil gedeckt wird. Dem steht nicht art 821, II entgegen, der nur regelt, wer einen unteilbaren Gegenstand behalten darf[157]).

Untersuchen wir demgegenüber folgende Beispiele:

a) Der Erblasser setzt seine Kinder zu gleichen Teilen zu Erben ein, und nimmt keine Teilung gemäß art 1056 vor. Ist nun derjenige mejoriert, der auf Grund einer von den Miterben selbst vorgenommenen Teilung offensichtlich bessergestellt wird? Diese wirtschaftliche Besserstellung wäre allenfalls eine Vulgarmejora, aber niemals eine Mejora im technischen Sinne[158]); denn hier war der für die Entstehung der Mejora allein bestimmende Wille des Erblassers klar auf die Gleichstellung der Kinder gerichtet.

b) Der Erblasser hat die Teilung selbst vorgenommen und obwohl alle gleich bedenken wollte, ist offensichtlich einer bessergestellt. Auch hier ist die Differenz keine Mejora, weil sie nicht dem Willen des Erblassers entspricht[159]).

Fassen wir zusammen: Im geltenden Recht gebietet es das schutzwürdige Interesse der Pflichtteilsberechtigten, daß eine Mejorierung ausdrücklich, d. h. klar und unzweideutig erfolgt. Nichts hindert den Erblasser, seinen Willen stillschweigend, aber erkennbar kundzutun, und nichts verpflichtet ihn, sich des Wortes Mejora in irgendeiner grammatikalischen Form zu bedienen. Ob ein Vertrag oder ein Testament eine Mejora-Anordnung enthält, ist daher ein Auslegungsproblem.

4. *Widerrufliche und unwiderrufliche Mejoras*

Für die Eltern ist die Anordnung einer Mejora ein Mittel, um die Autorität gegenüber ihren Kindern zu erhalten, Verdienste zu belohnen und Ungleichheiten auszugleichen. Im Laufe der Zeit können sich aber die Kriterien für die Bevorzugung ändern oder in der Person eines Kindes können neue Umstände auftreten, die lediglich der Erblasser berufen ist zu würdigen. Um die Mejora allen Wechselfällen anpassen zu können, muß er seinen einmal geäußerten Willen rückgängig machen, also eine zu Lebzeiten angeordnete und sogar vollzogene Mejora widerrufen können.

---

157) Vgl. Roca Sastre bei Kipp, Sucesiones, S. 360.

158) A. M.: Roca Sastre bei Kipp, Sucesiones, S. 360.

159) A. M.:Vallet, La mejora tácita, S.819.

Diese Überlegung dürfte für den Grundsatz der Widerrufbarkeit seit jeher maßgeblich gewesen sein. Bis zu den Leyes de Toro kannte man nur die testamentarischen Mejoras und als Verfügung mortis causa waren sie dem Willen des Testators untergeordnet, den er bis zu seinem Tode ändern oder widerrufen konnte. In dem gleichen Gesetz finden sich aber zum ersten Mal drei Fälle unwiderruflicher Anordnungen: a) bei der sofortigen Übertragung der Mejora-Gegenstände; b) bei Übergabe der notariellen Urkunde anstelle der Gegenstände; c) die Mejora entspringt einem mit einem Dritten abgeschlossenen onerosen Vertrag. Die Unwiderrufbarkeit folgt aus der Unwiderrufbarkeit der Schenkungen. Das bedeutet, daß man den Widerruf nur da zuließ, wo eine Schenkung kraft Gesetz oder eines vertraglichen Vorbehaltes widerrufen werden konnte. Die besondere Form des Ehevertrages bedingte ebenfalls die Unabänderlichkeit einer letztwilligen Verfügung[160]).

Demgegenüber hält sich das geltende Recht strikte an den Grundsatz der Widerrufbarkeit und beseitigt einige der genannten Ausnahmen: „Die Mejora ist widerruflich, auch wenn die Gegenstände übertragen worden sind, es sei denn ...“, art 827. Während also früher die Übertragung oder ihr Ersatz den Erblasser endgültig festlegte, kann er heute als Mejora gedachte Schenkungen oder Vorvermächtnisse vollziehen, ohne die Freiheit zu verlieren, seinen Willen zu einem späteren Zeitpunkt zu ändern.

Die an sich vernünftige Regelung enthält gewisse konstruktive Schwierigkeiten. Die Anordnung einer Mejora bedeutet nämlich keine dingliche Verfügung über einen Vermögensgegenstand, und die Befugnis zu mejorieren, ist auch nicht identisch mit der dinglichen Verfügungsmacht. Die Anordnung ist eben eine solche mortis causa, weil sie eine unterschiedliche Verteilung des Nachlasses bewirkt. Bei der vertraglichen Konstituierung tritt nun der Fall auf, daß vor dem Erbfall das Eigentum an einem Gegenstand übertragen wird und daß die Mejora trotzdem nach Belieben widerrufen werden kann. Hier scheint ein Widerspruch zwischen zwei Prinzipien zu bestehen, zwischen einer Institution mortis causa, die ihrem Wesen nach widerruflich ist, und einer unter Lebenden, die grundsätzlich unwiderruflich ist[161]). Angesichts dieses Zwiespalts versteht man die Regelung der Leyes de Toro: Die Verbindung von zwei Rechtsgeschäften, nämlich Schenkungsvertrag und Mejora, führt dazu, daß die letzte von der Schenkung als einem in der Gegenwart vollzogenen Geschäft absorbiert wurde. Daher konnte eine vertragliche Mejora nicht durch ein späteres Testament widerrufen werden, denn der

---

160) Vgl. Ges 22 von Toro, S. 33 dieser Arbeit und art 658 des Projekts, S. 36 dieser Arbeit.

161) Vgl. Fuenmayor, S. 26.

Vertrag ist nicht widerruflich, weil sich sonst eine Partei willkürlich ihren Verpflichtungen entziehen könnte.

Hat das geltende Recht die Wesensverschiedenheiten der beiden Komponenten übersehen, oder wie ist der art 827 zu verstehen? Folgende Möglichkeiten sind denkbar:

a) art 827 gestattet den Widerruf einer Schenkung, wenn sie den Charakter einer Mejora hat, wodurch der in art 644 ff. aufgeführte Katalog der Widerrufsgründe erweitert würde. Eine Variante hierzu ist die Meinung, eine als Mejora qualifizierte Schenkung unter Lebenden sei für den Erwerber mit einer auflösenden Bedingung verbunden[162]).

b) Es wird zwischen der Schenkung und ihrer Qualifizierung als Mejora unterschieden. Der Widerruf betrifft dann nur die Mejora, während die Schenkung als zweiseitiges Rechtsgeschäft unberührt bleibt.

c) Die Vorschrift bezieht sich ausschließlich auf solche Zuwendungen, die unter der Bezeichnung Mejora vorgenommen werden, ohne gleichzeitige Verwendung des Ausdrucks „Schenkung".

d) Der Widerruf erfaßt die Zuwendung nur, wenn sie nicht den Charakter einer unwiderruflichen Schenkung hat.

Lezon argumentiert, daß die Schenkung durch die Qualifizierung „Mejora" ihrer juristischen Natur beraubt wird und dadurch ebenso widerrufbar wird wie die Mejora selbst, d. h. eine solche Schenkung ist wesensmäßig eine solche mortis causa. Wird sie dagegen ausdrücklich als Schenkung unter Lebenden bezeichnet, dann ist das ein Widersinn, und das ganze Rechtsgeschäft ist nichtig. Da die Schenkung mortis causa nach den Vorschriften über die testamentarische Erbfolge behandelt wird, ist sie nichts weiter als die Mejora selbst, die in diesem Fall einfach vertragliche Form annimmt[163]). Auch Vallet sieht in der Mejorierung unter sofortiger Übertragung des Gegenstandes ausschließlich ein Geschäft mortis causa, ein Vermächtnis in der Form eines Vertrages im weitesten Sinn[164]). Nach dieser Ansicht erfaßt der Widerruf auch die Schenkung. Ist dagegen das vertragliche Rechtsgeschäft ausdrücklich als solches unter Lebenden gekennzeichnet, dann soll der Widerruf nur die Mejora berühren.

Beide Ansichten haben den Vorzug, den einheitlichen Lebensvorgang einer einheitlichen rechtlichen Lösung zu unterwerfen. Allein, eine unentgeltliche Zuwendung unter Lebenden nur wegen ihrer Qualifizierung als Mejora für frei widerruflich anzusehen, ist aus

---

[162]) Vgl. Sanchez Roman, de Buen, Clemente und Castán, zitiert bei Vallet, S. 537.

[163]) Vgl. Lezon, S. 102.

[164]) Vgl. Vallet, Apuntes de Derecho Sucesorio, S. 583.

formellen Gesichtspunkten nicht möglich. Es kann zwar Fälle geben, wo der Erblasser im Hinblick auf seinen Tod tatsächlich schon mit Wirkung zu seinen Lebzeiten Gegenstände als Mejora seinen Kindern überträgt. Aber nicht das Motiv, sondern die Form bestimmt, ob eine Schenkung als von Todes wegen und damit als frei widerruflich anzusehen ist, art 620. Eine andere Regelung bedeutet eine unzulässige Ausweitung der in den art 644 ff. abschließend enumerierten Widerrufsgründen von Schenkungen.

Um zum richtigen Ergebnis zu gelangen, muß man den Vorgang der Mejorierung unter sofortiger Übertragung von Gegenständen in seine subjektiven und objektiven Bestandteile zerlegen. Was will der Erblasser? Er möchte eine Zuwendung machen, die für den Abkömmling wirtschaftlich sofort verwertbar ist, er möchte also Besitz und Eigentum an einem Gegenstand übertragen. Deshalb wählt er die Schenkung. Mit der zusätzlichen Bestimmung, daß diese als Mejora gelte, will er dem Bedachten den Wert auch über die Erbteilung hinaus als Vorzug erhalten. Durch die Mejorierung bewirkt er nämlich, daß die übertragene Sache nicht als Vorleistung auf den Pflichtteil bewertet wird, sondern bei der Teilung dem Mejora-Drittel zugeordnet wird. Die Mejora ist also im wesentlichen eine Zuordnungsbestimmung, nicht aber die Schenkung selbst. Daher erfaßt der Widerruf nicht die Schenkung als solche, sondern nur die Anordnung ihrer Zuordnung auf das zweite Drittel. Die Schenkung hat ihre Qualifizierung als Mejora verloren und unterliegt nun art 819, I, wonach die Schenkung, die nicht Mejora ist, auf den Pflichtteil anzurechnen ist.

Die Richtigkeit der Lösung zeigt sich an folgendem Beispiel: Der Aszendent nimmt eine Schenkung vor, ohne sie im Augenblick der Übertragung der Gegenstände als Mejora zu qualifizieren. Erst in einem späteren Testament besinnt er sich, dem Erben den zugewendeten Wert auch über den Pflichtteil hinaus zu erhalten, und ordnet nachträglich eine Mejora an. Durch diese zulässige nachträgliche Bestimmung ändert sich aber die Natur der vorangehenden Schenkung nicht. Ob die Mejorierung mit der Übertragung der Sachen oder zu einem späteren Zeitpunkt erfolgt, macht keinen Unterschied. Der Widerspruch zwischen beiden Geschäften ist so aufgelöst.

Der Erblasser handelt also theoretisch in doppelter Eigenschaft, einmal als Schenker, der unwiderruflich über einen Teil seines Vermögens verfügt, und andererseits als Erblasser, indem er dem Beschenkten den Titel eines Mejorierten verleiht, also für seinen Nachlaß eine bestimmte Anrechnungsordnung trifft, die als reine Verfügung mortis causa widerruflich ist. Den Widerruf dagegen auch auf die Schenkung zu erstrecken, hieße die Mejora mit dem Rechtsgeschäft zu verwechseln, in dem sie sich zufällig manifestiert. Dadurch, daß sie in Gestalt eines Vertrages erscheint, verliert sie eben nicht ihre eigene Natur[165]). Die als Mejora qualifizierte Schenkung ist daher sowohl Geschäft unter Lebenden wie von Todes wegen, unter Lebenden, soweit es die Übertragung von Sachen zum Gegenstand hat, und mortis causa, weil es deren Verrechnung bei der Erbteilung festlegt[166]). Wird die Mejora widerrufen, so wird ihr Gegenstand auf den Pflichtteil angerechnet und, soweit sie diesen übersteigt, auf den Freiteil[167]).

Die Änderung der Zuordnung einer Mejora-Schenkung vom Mejora-Drittel auf den Pflichtteil liegt genauso wie in dem Fall, da ein beschenkter Abkömmling als Pflichtteilsberechtigter ausfällt und meshalb das antizipierte Vermächtnis nicht mehr auf das Pflichtteilsdrittel, sondern auf den Freiteil angerechnet wird. Die Schenkung als solche bleibt bestehen, obwohl der Bedachte beim Erbfall nicht pflichtteilsberechtigt ist. Das gleiche gilt für den Bestand der Schenkung, wenn der Bedachte später nicht mehr Mejorierter ist.

Der bloße Wechsel der Zurordnung der Schenkung von einem Erbschaftsdrittel auf ein anderes berührt also die Schenkung grundsätzlich nicht. Das darf aber nicht zu dem Schluß verleiten, die Schenkung sei daher völlig unantastbar und der Widerruf nur möglich, wenn die Schenkung auf ein anderes Erbschaftsdrittel angerechnet werden kann[168]). Ist nach dem Widerruf der Mejora in einem anderen Drittel kein Raum mehr für die Anrechnung einer Schenkung, dann muß sie gemäß art 822 wegen Übermäßigkeit gekürzt werden. Insoweit handelt es sich nicht um einen Widerruf, sondern um einen Fall von Nichtigkeit wegen Verletzung zwingenden Pflichtteilsrechts (art 636, 763, II, 806 ff.).

Für die Form des Widerrufs gilt folgendes: Regelmäßig ist eine Mejora dann widerrufen, wenn der Erblasser eine entgegenstehende Verfügung vornimmt. Neben einer ausdrücklichen Erklärung ist daher eine stillschweigende denkbar, und es ist Auslegungsfrage, ob in einer späteren Anordnung ein entsprechender Wille zum Ausdruck kommt. Eine vertragliche Mejora ohne Übertragung von Gegenständen entfällt, wenn der Erblasser über die gleichen Gegenstände zugunsten anderer Personen verfügt[169]). War ein Nach-

---

[165]) Vgl. Uriartre, S. 322.

[166]) Vgl. Fuenmayor, S. 20.

[167]) Ist dieser schon durch Zuwendungen an Fremde erschöpft, dann kann dier Schenkung nicht über art 828 verrechnet werden; denn hier steht fest, daß der Erblasser nicht mejorieren will.

[168]) Demgegenüber behauptet Vallet (Apuntes de Derecho sucesorio, S. 539), der Widerruf einer Mejora habe seine Grenze in der Widerrufbarkeit von Schenkungen überhaupt.

[169]) Bei sofortiger Übertragung der Gegenstände kann der Erblasser natürlich nicht noch einmal darüber verfügen, weil sie ja inzwischen Eigentum des Bedachten geworden sind. Der Widerruf erfolgt hier durch die Zuwendung des Mejora-Drittels an einen anderen.

laßbruchteil zugedacht, dann tritt diese Wirkung mit der Zuwendung des Mejora-Drittels an andere ein. Erfaßt die nachträgliche Anordnung nur einen Teil der Mejora-Quote, dann gilt sie nur insoweit als widerrufen.

Grundsätzlich unwiderruflich sind die ehevertraglichen Mejoras, also auch die positiven und negativen Versprechen und die Anordnung in einem onerosen Vertrag gemäß art 827[170]). Die Unwiderrufbarkeit der ehevertraglichen Berufung folgt aus der in art 1320 enthaltenen Regel. Danach ist eine Änderung des Vertrages nach Abschluß der Ehe unzulässig. Beim echten onerosen Vertrag ist das Moment der Gegenseitigkeit und das Vorhandensein einer dritten Person der Grund für die Unwiderrufbarkeit. Hier besteht seitens des Dritten eine einklagbare Schuld. Könnte der Aszent die Mejora widerrufen, dann entsrpäche das der Aufhebung eines gegenseitigen Vertrages durch eine einseitige Willenserklärung.

In Ges 17 von Toro war allerdings die Möglichkeit erwähnt, daß sich ein Vertragsteil das Recht zum Widerruf vorbehält. Da das Gesetz darüber nichts mehr sagt, hat man vereinzelt geschlossen, daß eine derartige Vorbehaltsklausel nicht mehr zulässig ist[171]. In Wahrheit können aber nach geltendem Recht in jedem Vertrag alle Klauseln und Bedingungen enthalten sein, die nicht gesetzwidrig sind, art 792. Dehalb kann der Widerruf bedenkenlos vorbehalten werden[172]).

Der Erblasser kann nach allem seine Anordnungen grundsätzlich frei, selbst willkürlich widerrufen. Nur in einigen besonders schutzwürdigen Fällen wird ihm diese Befugnis durch die Bestimmung der Unwiderrufbarkeit entzogen. Bedeutet das aber auch, daß er kein Recht hat einem unwürdigen Deszendenten die Mejora zu entziehen? Das Problem lautet, ob eine unwiderrufliche Mejora wegen Undank widerrufen werden kann. Eine einheitliche Entscheidung für alle Fälle ist nicht möglich. Beim onerosen Vertrag würde das den Widerruf eines gegenseitigen Vertrages wegen Undanks einer Person, die nicht Vertragsteil ist, bedeuten. Hier ist nur die Aufhebung des Vertrages wegen Nichterfüllung oder Nichteintritts der vereinbarten Bedingung möglich; denn sonst würde sich der Mejorant zu Lasten des Dritten bereichern auf Grund eines Umstandes, den dieser nicht zu vertreten hat.

---

[170]) Seine causa liegt für jeden Vertragsteil in der Leistung oder dem Versprechen einer Leistung oder eines Dienstes seitens des anderen, art 1274. Dieser mit einem Dritten abgeschlossene Vertrag ist zu unterscheiden von dem onerosen Schenkungsvertrag gemäß art 825, 622. Vgl. S. 58 der Arbeit.

[171]) Vgl. Morell, S. 48.

[172]) Vgl. Sanchez Roman, S. 195; Manresa VI, S. 612.

Anders ist bei den ehevertraglichen Mejoras zu entscheiden. Ihre Unwiderrufbarkeit steht zwar gemäß art 827 der des onerosen Vertrages gleich, doch die andere Interessenslage rechtfertigt eine andere Lösung. Die Mejora ist hier kaum conditio sine qua non der Ehe. Ihrer Einsetzung entspricht nicht notwendigerweise eine Gegenleistung des anderen Ehegatten, und im übrigen ist anzunehmen, daß dieser im Falle des Undanks gleichfalls den Wunsch nach Beseitigung der Besserstellung hat. Seine Interessen werden daher ebensowenig beeinträchtigt, wie die Anwartschaft des Mejorierten unbillig beschnitten wird; denn wer sich gegen den Schenker vergeht[173]), verdient keinen Schutz seiner Erwartung, gegenüber anderen ehrenhaften Abkömmlingen bevorzugt zu werden.

5. *Die Bedingungen und Beschwerungen der Mejora*

Normalerweise wird die Mejora eine einfache sein, d. h. für den Begünstigten ist ihr Anfall mit keiner Bedingung verbunden. Da sie aber ein treffliches Mittel langfristiger Familienpolitik ist, wird sie der Testator oft mit einer aufschiebenden oder auflösenden Bedingung verknüpfen: „Ich mejoriere meinen Sohn A bezüglich des Hofes unter der Bedingung, daß er heiratet, auf dem Hofe lebt und Nachkommen hat". Die gesetzliche Grundlage hierfür ist art 790, wonach testamentarische Verfügungen, sowohl der Gesamt- wie der Einzelnachfolge unter einer Bedingung erfolgen können. Für die vertraglichen Mejoras leitet sich die an sich selbstverständliche Zulässigkeit einer Bedingung analog aus der negativen Fassung des art 1116 ab, wonach die unmögliche, die den guten Sitten entgegengesetzte und die gesetzlich verbotene Bedingung die Verpflichtung annulliert, die von ihr abhängt[174]).

a) Die Arten der Beschwerungen

Das Gesetz gestattet die Mejora zu beschweren, art 824, und da über die Art und Weise der Beschwerung keine Einschränkungen gemacht werden ist jede gesetzlich denkbare Beschränkung zulässig. Diese können daher sowohl dinglicher wie persönlicher Natur sein. So kann der Erblasser zu Lasten des zugedachten Objekts einen Nießbrauch, eine Grunddienstbarkeit, ein Wohnungsrecht usw. anordnen. Er kann bestimmen, daß aus dem Gegenstand der Mejora eine Rente gezahlt wird und zu ihrer Sicherung eine Reallast eingetragen wird. Als stärkste Beschränkung kommt die Einsetzung eines Nacherben in

---

[173]) Vgl. art 648 für die Widerrufsgründe wegen Undanks.

[174]) Vgl. dagegen art 792 und als Beispiel art 793. Danach gilt die Bedingung einer Zuwendung, keine neue Ehe zu schließen, als nicht gesetzt.

Frage, art 782, wobei der Erblasser bezüglich der Personen und des Umfangs der Einsetzung größte Klarheit wahren muß[175]).

b) Die durch die Beschwerung Begünstigten

In der Weise wie eine Anordnung den Mejorierten in der Verwertung seines Erbteils beschränkt, begünstigt sie einen anderen. Wird ihm ein Haus mit der Verpflichtung zugewendet, es einem anderen zur Nutzung zu überlassen, dann hat er nichts weiter als das nackte Eigentum und unmittelbar begünstigt ist ein anderer. Diese Überlegung läßt erkennen, daß der Kreis derjenigen, die den Vorteil einer Belastung erfahren können, begrenzt sein muß. Da er sich aus der Erbquote herleitet, die nur ehelichen Abkömmlingen vorbehalten ist, gelten die gleichen Regeln wie für die Anordnung einer Mejora: „Die Mejora kann nur mit Belastungen zugunsten der Pflichtteilberechtigten oder ihrer Abkömmlinge beschwert werden", art 824. Diesen Gedanken wiederholt art 782: „Die Nacherbeinsetzungen dürfen nicht auf den Pflichtteil entfallen. Erstrecken sie sich auf das Mejora-Drittel, dann können sie nur zugunsten der Nachkommen angeordnet werden".

Natürlich sind „Pflichtteilsberechtigte nicht abstrakt gesehen die Aszendenten, Verwandte der Seitenlinie und der Ehegatte, sondern nur die konkreten Personen der art 808, 823, nämlich die ehelichen Abkömmlinge"[176]). Da die Mejora nur dieser Gruppe zusteht, kann sich der Vorteil einer Beschwerung nur zu ihren Gunsten auswirken. Diese Regelung entspricht allein dem Wesen der Mejora und damit ist die irrige Lehre des Ges 27 von Toro überwunden, wonach in Ermangelung von Abkömmlingen schließlich auch Fremde mittelbar begünstigt werden konnten.

Die Abkehr von dieser Übung führt dazu, daß heute selbst die Anordnung einer treuhänderischen Verwaltung in der Form eines „trust" für unzulässig angesehen wird, weil hier ein Fremder den Mejorierten an der uneingeschränkten Verfügung über die Gegenstände hindert[177]). Auch in der älteren Rechtsprechung ist eine ähn-

---

[175]) art 783 spricht von einer „ausdrücklichen" Berufung. Die Rechtsprechung erläutert dieses Merkmal dahin, daß aus Gründen der Rechtssicherheit die Möglichkeit einer vermuteten Berufung ausgeschlossen werden soll. Daß danach auch stillschweigende, aber eindeutige Berufungen möglich sind, bestätigt art 785. Dies stützt unsere Ausführungen über die Form der Mejorierung, vgl. Seite 63 dieser Arbeit.

[176]) Vgl. Manresa, VI, S. 494. Es dürfte aber zulässig sein, einen Enkel als Vorerben und den Sohn des Testators als Nacherben zu mejorieren. Hier ist der Nacherbe zwar Aszendent des Vorerben, aber entscheidend ist, daß er im Verhältnis zum Mejoranten Deszendent ist; vgl TS vom 9. 7. 1910.

[177]) Vgl. Clemente de Diego, Dictamines, S. 214.

liche Verwaltungsanordnung für ungültig erklärt worden[178]. Hier hatte ein Testator zwei minderjährige Enkel mejoriert und bestimmt, daß der Bankier X die entsprechenden Vermögensstücke verwalte. Die Erträge sollten hinterlegt und zu einem günstigen Zeitpunkt im Namen der Enkel für den Ankauf von Grundbesitz verwendet werden. Die Verneinung der Zulässigkeit der Anordnung unter Berufung auf das Wesen der Mejora überzeugt hier allerdings nicht; denn der Minderjährige hat ja schon kraft des väterlichen Nutzungsrechts, art 1060, keine Verfügungsmacht über die Gegenstände. Der Vater ist zwar der gesetzliche Vertreter, aber für den Mejorierten ist es einerlei, ob sein Vermögen von einer Person verwaltet wird, die dazu kraft Gesetz oder Testament berufen ist[179]. Gegenüber dem volljährigen Mejorierten ist die Anordnung der Verwaltung durch einen Fremden sicher rechtswidrig und gemäß art 792 als nicht vorgenommen anzusehen, weil dem Bedachten hier ein Erbteil vorenthalten wird, auf den er selbst sofort einen Anspruch hat[180].

Neben den Beschwerungen, die der Erblasser anordnet, gibt es als gesetzliche Belastung des Mejora-Drittels den Pflichtteil des überlebenden Ehegatten, art 813, II[181].

6. Kapitel

Die rechtliche Natur der Mejora

Bis hierhin haben wir zahlreiche Erscheinungsformen der Mejora kennengelernt und damit auch eine Reihe von Daten zusammengetragen, die für die Bestimmung ihrer rechtlichen Natur wichtig sind. Im Schrifttum ist die Einmütigkeit, mit der sie als ein Teil des Pflichtteils angesehen wird, ebenso auffallend, wie die dafür angeführten Gründe auf den ersten Blick zu überzeugen scheinen.

1. Ihre Beziehungen zur Pflichtteilsquote

Kann man vernünftigerweise noch versuchen, gegen den Wortlaut der art 808, 823 eine andere Meinung zu vertreten, oder drängt sich nicht geradezu der Schluß auf: „Wenn die Mejora nichts weiter ist als eine Portion des Pflichtteils, dann muß sie die gleiche rechtliche

---

178) Vgl. TS vom 6. 3. 1891.

179) Keine Bedenken dürften bestehen, wenn der Erblasser einen Pfleger (defensor, art 165) zur Verwaltung der dem Enkel zugewendeten Mejora bestellt, um zu verhindern, daß der verschwenderische Vater hieran die Verwaltung ausübt.

180) Im Ergebnis so auch Consulta, RGLJ 27, S. 128.

181) Vgl. zum Verhältnis von Mejora-Drittel und Pflichtteil des überlebenden Ehegatten, S. 102 dieser Arbeit.

Natur des Ganzen teilen, desen Ausschnitt sie darstellt[182])? Das TS identifiziert in einer wichtigen Entscheidung das Mejora-Drittel mit dem Pflichtteil: „In ihm (art 808) wird klar ausgedrückt, was als Pflichtteil der Kinder und legitimen Abkömmlinge zu verstehen ist. Eine grammatikalische und sinngemäße Auslegung führt zu der kategorischen Feststellung, daß dieser Pflichtteil nicht von einem Drittel des Nachlaß des Vaters und der Mutter, sondern von $^2/_3$ desselben gebildet wird, welche gegenüber dem anderen Drittel der freien Verfügung testamentarische Reserven zwingender Natur zugunsten der genannten Pflichtteilsberechtigten bewirken“[183]). Das Gericht schränkt das Gesagte aber sogleich ein, indem es den Pflichtteil nach erfolgter Mejorierung begrenzt: „Nach dem Ausgeführten muß gefolgert werden, daß der Pflichtteil der Kinder und ehelichen Abkömmlinge $^2/_3$ des Nachlaß bildet, wenn keine Mejora vorhanden ist, oder $^1/_3$, wenn für sie das ganze zweite Drittel bestimmt wurde, oder aber das erste und was vom zweiten übrigbleibt, so daß also der Pflichtteil, der einem jeden ehelichen Kind gebührt, in jedem Erbfall verschieden ist.“

Aus dieser Entscheidung muß jedenfalls geschlossen werden, daß es bis zu einer Mejorierung nur Pflicht- und Freiteil gibt. Ein selbständiges Mejora-Drittel besteht dagegen nicht.

Gegenüber den scheinbar unmißverständlichen art 808, 823 soll im folgenden ausschließlich anhand von Argumenten aus den Artikeln des CC nachgewiesen werden, daß bis zum Erbfall das Mejora-Drittel eine eigenständige Quote ist, deren Rechtsnatur von der der Pflichtteilsquote in wesentlichen Punkten verschieden ist.

a) Unser erstes Argument leitet sich aus art 806 ab, der die Legaldifinition des Pflichtteils im technischen Sinne enthält:

„Der Pflichtteil ist der Vermögensteil, über den der Testator nicht verfügen kann, weil das Gesetz ihn bestimmten Erben vorbehalten hat, die daher Zwangserben genannt werden[184]).“

Wenn der Pflichtteil also dadurch charakterisiert wird, daß über ihn nicht verfügt werden kann, ist er dann auf das Mejora-Drittel auszudehnen, über das verfügt werden kann[185])? Der wesentliche Unterschied zwischen dem Mejora- und dem Pflichtteilsdrittel besteht also darin, daß der Aszendent über das erste relativ frei ver-

---

[182]) Vgl. Clemente de Diego, Dictamines, S. 452; im Ergebnis auch Manresa, VI, S. 482; Castán, Derecho civil español, IV, S. 507; Lacoste, S. 266.

[183]) so TS vom 27. 12. 1935.

[184]) Diese Definition deckt sich mit dem, was zuweilen als strikter, kleiner, rigoroser Pflichtteil bezeichnet wird.

[185]) In den art 782, 815, 819, 829, 851 wird der Begriff „legîtima“ entsprechend der allein richtigen Definition verwendet.

fügen kann, während der Pflichtteil jeder Verfügung entzogen ist und kraft ius cogens unmittelbar dem Berechtigten zusteht. Mit Rücksicht auf seine geschichtliche Entwicklung wird er verschiedentlich als Fortsetzung der germanischen Reserve angesehen[186]), weshalb es noch schwieriger ist, Mejora-Drittel und Pflichtteil zu identifizieren. Einigen Verfassern gelingt das, indem sie die Verfügungsfreiheit des Testators einfach in Abrede stellen. So sagt Jeronimo Gonzalez: „Der Erblasser verfügt nicht frei über etwas ihm Gehörendes. Er verfügt über das, was kraft Gesetz schon den Zwangserben vorbehalten ist. Auch ohne seine Verfügung würden sie diesen Vermögensteil infolge ihres Pflichtteilsrechts erhalten. Die einzige Wirkung des Rechtsgeschäfts besteht darin, den Umfang der Beteiligung des Pflichtteilsberechtigten zu beschränken, indem nämlich einige zu Lasten der übrigen begünstigt werden. Der Erblasser hat also insoweit ein gewisses Regulierungsrecht über die Höhe des Pflichtteils der Berechtigten“[187]). Ähnlich argumentiert Fuenmayor: „Die Fähigkeit zu mejorieren ist keine Verfügungsbefugnis, sondern eine rechtliche Befugnis ausschließlich familiären und letztwilligen Charakters[188]). Er bezeichnet sie als ein Gestaltungsrecht, das darauf gerichtet ist, die Verteilung des Pflichtteils anders als bei gesetzlicher Erbfolge vorzunehmen. „Die Fähigkeit zu mejorieren beschränkt sich darauf, vom Pflichtteil gewisse Gegenstände abzuziehen, was aber ganz verschieden davon ist, über sie verfügen zu können“[189]). Man merkt, wie sich der Verfasser der Unvereinbarkeit von Verfügungsfreiheit und Pflichtteil bewußt ist, und sein Versuch, aus diesem Dilemma herauszukommen, ist sehr geschickt. Dennoch sehen wir keinen Grund, das Wort „verfügen“ in art 808, 823 anders als in seinem legalen erbrechtlichen Sinn zu verstehen. Der Umstand, daß der Mejorant seine Fähigkeit nur innerhalb eines bestimmten Familienkreises ausüben kann, ändert daran nichts.

b) Im Unterschied vom Pflichtteilsdrittel gibt es im Mejora-Drittel keine feste, individuelle Quote, sondern lediglich eine kollektive Portion der Kinder und Abkömmlinge. Der Pflichtteilsberechtigte hat eine echte Anwartschaft[190]), die lediglich der Rechtsbedingung unterworfen ist, daß der Berechtigte den Erblasser überlebt. Dagegen haben diejenigen, die evtl. mit einer Mejora bedacht werden, nichts weiter als eine Rechtsaussicht[191]).

c) Die Möglichkeit der Mejorierung entferter Abkömmlinge unter Überspringung der die Verwandtschaft vermittelnden Personen

186) Vgl. Garcia Granero, S. 810.
187) Jeronimo Gonzalez, S. 64.
188) Vgl. Fuenmayor, S. 11.
189) Vgl. ders., S. 13.
190) Vgl. Roca Sastre, Estudios, S. 194.
191) Vgl. Garcia Granero, S. 811.

gleicher Linie ist ein wichtiges Argument gegen die Einbeziehung des Mejora-Drittels in den Pflichtteil. Die Anspruchsberechtigten auf das erste Drittel sind ausschließlich die Kinder. Die Enkel sind nur im Falle des Eintrittsrechts, aber nicht gleichzeitig mit ihnen erbberechtigt. Dagegen können bezüglich des Mejora-Drittels neben den Kindern die Enkel und weiter entfernte Abkömmlinge berufen werden. Wenn wir es also mit Erbschaftsquoten zu tun haben, die jeweils verschiedene Anspruchsberechtigte haben können, und wenn es möglich ist, Personen zu mejorieren, die nicht pflichtteilsberechtigt sind, kann man dann noch das Mejora-Drittel als Pflichtteil behandeln[192])? Eine Reihe von Autoren vermeidet, diesen Widerspruch zu erklären[193]). Eine sehr geschickte Lösung stammt wieder von Fuenmayor: „Zu diesen zwei Dritteln sind sowohl die Kinder wie die entfernteren Abkömmlinge berufen. Auf die letzteren überträgt sich der Nachlaß einmal auf eine kollektive Weise, nämlich kraft des Mechanismus des Eintrittsrechts, und ein anderes Mal auf eine individuelle Weise kraft des Mechanismus der Mejora“[194]). Indem der Verfasser sowohl die Kinder als auch die entfernten Abkömmlinge als Berechtigte zusammenfaßt, ist für ihn der Weg frei für die Behauptung, beide Quoten seien identisch.

d) Das Prinzip der Unverletzbarkeit des Pflichtteils ist in verschiedenen Artikeln des CC verankert[195]). Der Pflichtteil ist eine unabdingbare Einrichtung, über die der Erblasser weder verfügen noch eine Befristung, Bedingung und Beschwerung anordnen kann, art 813, II. Demgegenüber haben wir anhand der art 824, 732 gesehen, daß diese Einschränkung für das Mejora-Drittel nicht gilt.

Man kann natürlich auch von der Unverletzbarkeit der Mejora sprechen, weil ihre Beschwerung immer einem Abkömmling zugute kommen muß. Während aber der individuelle Pflichtteilsanspruch uneingeschränkt geschützt ist, besteht bei der Mejora nur ein relativer Schutz. Der Grundsatz der Unantastbarkeit der Mejora bezieht sich nicht auf jeden einzelnen Erben, sondern auf die Gesamtheit der legitimen Nachkommen, auf die sie notwendigerweise zu verteilen ist[196]). Das Mejora-Drittel ist deshalb niemals individueller Pflichtteil, sondern die einem bestimmten Familienkollektiv zugedachte Erbschaftsquote[197]).

e) Die Stellung des zukünftigen Pflichtteilsberechtigten hat der Gesetzgeber in art 816 besonders abgesichert: „Jeder Verzicht oder jede

---

192) Vgl. Villares, S. 883.
193) Vgl. Castán, Manresa, Hernandez Gonzalez.
194) vgl. Fuenmayor, S. 10.
195) vgl. art 806, 813, 816.
196) vgl. de Buen, S. 325.
197) vgl. Garcia Granero, S. 815.

Vereinbarung über den zukünftigen Pflichtteil zwischen dem, der ihn schuldet, und seinen zukünftigen Zwangserben ist nichtig...". Das entspricht dem Verbot, über den Pflichtteil Erbverträge abzuschließen. Demgegenüber erlauben art 825, 826, 827, 831 ausdrücklich, über das Mejora-Drittel vertragliche Vereinbarungen zu treffen.

f) Den Entzug des Pflichtteils gestattet das Gesetz nur in den ausdrücklich genannten Fällen, art 813, I i. V. m. 848. Danach bestehen zahlreiche formelle und materielle Voraussetzungen für eine Enterbung, und immer obliegt den Erben der Nachweis der Berechtigung, wenn der Enterbte Einwendungen erhebt, art 850. Demgegenüber kann der Testator einen der Mejora-Anwärter ohne Angabe von Gründen allein dadurch ausschließen, daß er einen anderen mejoriert. Die Enterbung ist ein typischer Vorgang des Pflichtteilsrechts. Sie ist für den Erblasser das einzige Mittel, um einen Abkömmling von der Erbschaft auszuschließen. Innerhalb des Mejora-Drittels ist diese Einrichtung überflüssig.

Wir haben eine Reihe von Wesensmerkmalen des Drittels, das zur Mejorierung vorgesehen ist, dem Pflichtteil gegenübergestellt und feststellen können, daß eine begriffliche Gleichsetzung beider Quoten nicht gerechtfertigt ist. Es ist bedauerlich, daß der Gesetzgeber die unmißverständliche Unterteilung in selbständige Drittel, so wie es die base 16, II vorsah, in der art 808, 823 nicht befolgt hat. So mußten wir aus zahlreichen Vorschriften den Nachweis der Eigenständigkeit der Mejora-Quote ableiten.

Der von uns vertretenen Verschiedenheit von Pflichtteil und Mejora-Drittel steht nicht entgegen, daß zwischen beiden Quoten latente Beziehungen bestehen, die im Zeitpunkt des Erbfalls offenbar werden. Bis dahin ist sie eine Erbschaftsquote von vorübergehendem Bestand, die für einen unbestimmten, aber allgemein umschriebenen Personenkreis vorgesehen ist. Mit dem Erbfall hört das Drittel auf, als solches zu existieren. Dann erweist sich, ob es sich seiner Bestimmung gemäß in eine Mejora verwandelt hat oder aber dem Pflichtteil zugewachsen ist; denn wird die abstrakte gesetzliche Berufung nicht in eine konkrete Zuwendung verwandelt, dann wird das Drittel von dem ersten Pflichtteildrittel absorbiert[198]). Aus diesem Grunde hat das Mejora-Drittel nur einen zeitlich begrenzten Bestand; denn es ist wesensmäßig darauf angelegt, sich in etwas anderes zu verwandeln oder in einer anderen Einrichtung aufzugehen. Nur insoweit kann man es als einen kollektiven Pflichtteil der Nachkommen bezeichnen, als es der aufschiebenden Rechtsbedingung unterworfen ist, daß der Testator darüber keine Anordnungen trifft. Weil die

---

[198]) Zutreffend sagt der CC Chiles, daß die Portion des Mejora-Viertels, über die der Aszendent nicht verfügt hat, Pflichtteil ist.

Nachkommen in ihrer Gesamtheit ein Recht haben, daß der entsprechende Nachlaßteil nicht an Fremde fällt, kann man sogar sagen, daß das Mejora-Drittel gegenüber Fremden wie ein Pflichtteil wirkt, aber nicht inter partes. Der Pflichtteil wirkt sich dagegen contra omnes, gegenüber jedermann aus[199]). Nach seiner Funktion ist das Mejora-Drittel also ein Zwischenglied zwischen der Mejora-Zuwendung und dem Pflichtteil.

2. *Ist sie eine Schenkung?*

Indem der Testator über das Mejor-Drittel verfügt, entsteht die Mejora in engerem Sinne als konkrete Zuwendung. Jetzt verdeutlicht sich noch stärker die eigene Rechtsgestalt dieser Einrichtung, und selbst, wer das Drittel mit dem Pflichtteil identifiziert, muß zugeben, daß diese Mejora etwas Verschiedenes und Besonderes ist[200]). Besteht insoweit eine gewisse Übereinstimmung, so scheiden sich wieder die Ansichten, wenn es um die schwierige Bestimmung der rechtlichen Natur der Mejora als Zuwendung geht. Das beruht auf ihre Ähnlichkeit mit anderen Einrichtungen, weshalb man oft geneigt ist, sie eher unter eine bekannt Rechtsfigur zu subsumieren, als ihr eine eigene Stellung zuzugestehen.

So könnte man sie z. B. als Schenkung ansprechen unter Hinweis darauf, daß es sich um eine unentgeltliche Zuwendung handelt und art 825 die Mejorierung mittels Schenkungsvertrag vorsieht. Eine Schenkung ist eine Liberalität, durch die jemand eine unentgeltliche Verfügung über eine Sache zugunsten eines anderen trifft, art 618. In der Regel ist sie mit der Vollziehung der Zuwendung, sei es durch Übertragung, Abtretung oder Erlaß voll wirksam. Als wir die Wirkung des Widerrufs einer Mejora behandelten, ist klar geworden, daß die Schenkung nichts weiter ist, als ein Mittel für die sofortige wirtschaftliche Begünstigung eines Abkömmlings. Daraus erhellt schon, daß die Mejora im Grunde niemals Schenkung ist. Diese ist ein zweiseitiges Rechtsgeschäft unter Lebenden, grundsätlich unwiderruflich und an keinen bestimmten Personenkreis gebunden, während jene ein einseitiges Rechtsgeschäft ist, das nur zugunsten bestimmter Personen vorgenommen werden kann und erst mit dem Erbfall wirksam wird.

3. *Ist sie Schenkung von Todes wegen?*

Weniger unvereinbar mit der Mejora ist die Figur der Schenkung von Todes wegen, weil auch sie ihre Wirkung erst mit dem Tod des Erblassers zeitigt. Sie entspricht jedoch der Natur der letztwilligen

---

199) vgl. Gracia Granero, S. 817.
200) vgl. Manresa VI, S. 483.

Verfügungen und unterliegt den Vorschriften über die testamentarische Erbfolge, art 620, während die Mejora-Anordnung nicht an die typischen Formen gebunden ist. Vor allem ist aber folgender wesentlicher Unterschied festzuhalten: Die Schenkung ist causa des Übertragungsgeschäftes und kann als solche sowohl auf den Pflichtteil, das Mejora-Drittel und den Freiteil entfallen. Dagegen fixiert die Mejora-Anordnung lediglich die Zuordnung einer Zuwendung zu einem dieser Drittel bei der Erbteilung. Schenkung und Mejora können deshalb in einem Lebensvorgang zusammenfallen, gehören aber begrifflich verschiedenen Kategorien an.

4. Ist sie Vermächtnis?

Etwas unglücklich formuliert art 768, daß die Zuwendung einer bestimmten Sache immer Vermächtnis ist. Damit wäre die Mejora, die mit einem bestimmten Gegenstand verbunden ist, regelmäßig Vermächtnis[201]). Daneben wird auch die Ansicht vertreten, sie sei immer Vermächtnis, ganz gleich um welche Art von Zuwendungen es sich handele[202]). Die Überlegung ist, daß nur Erbe sein kann, wer als Nachfolger des gesamten Nachlasses berufen werden kann. Da der Mejorierte aber allenfalls in Höhe $^1/_3$ eingesetzt werden könne, sei er eben Vermächtnisnehmer. Aber auch hier gilt, daß Mejora und Vermächtnis begrifflich ungleiche Einheiten sind. Die Mejora sagt aus, auf welchen Teil der Erbschaft eine Zuwendung entfällt, während der Begriff Vermächtnis ein Haftungsproblem betrifft. Eine Zuwendung kann deshalb gleichzeitig Schenkung von Todes wegen, Mejora und Vermächtnis sein, weil sich die drei Begriffe nicht gegenseitig ausschließen. Es sind Aspekte der gleichen Zuwendung.

Die Behauptung, die Mejora sei ausschließlich Vermächtnis, ist schon deshalb unhaltbar, weil der Testator gemäß art 668 sowohl durch Erb- wie Vermächtniseinsetzung verfügen kann[203]).

5. Sie ist eine erbrechtliche Institution sui generis

Das Spezielle der Mejora liegt also in ihrer teilweisen Ähnlichkeit mit anderen Einrichtungen, obwohl sie sich mit keiner identifiziert. Daraus resultiert auch ihre Kompliziertheit, weil auf sie teilweise

---

201) vgl. de Buen, S. 323; Castán, Notarias, S. 502; Hernandez Gonzalez, S. 438.

202) vgl. Gonzalez Palomino, S. 573; Schaevola, S. 450.

203) Gans, S. 438; Schlegelberger, S. 871 bezeichnet die Mejora kurz als Prälegat. Das ist insoweit richtig, als das Vorausvermächtnis eine Zuwendung über den Erbteil und eine Begünstigung vor den übrigen Bedachten bedeutet. Der Unterschied liegt aber darin, daß die Mejora einen quotenmäßig begrenzten Nachlaßausschnitt nicht überschreiten kann, während das Vorausvermächtnis in unbegrenzter Höhe vor der Erbteilung dem Nachlaß abgezogen wird, also ein Abzugsposten des Nachlasses ist.

die Lehre dieser nahestehenden Rechtsfiguren Anwendung findet. Nach allem müssen wir sie als eine Institution sui generis ansehen.

Bevor wir versuchen wollen, ihr Wesen auf eine knappe Formel zu bringen, müssen noch zwei miteinander verwandte Fragen beantwortet werden. Kann es eine Mejora geben, wenn nur ein Abkömmling vorhanden ist? Können alle Abkömmlinge in gleicher Höhe mejoriert werden? Mit anderen Worten, ist eine Mehrheit potentiell mejorierbarer Personen und eine Ungleichheit der Zuwendungen wesensnotwendig für ihre Gültigkeit?

Der Worlaut des art 823 „Der Vater kann zugunsten eines oder einiger seiner Kinder oder Abkömmlinge...", spricht für die Bejahung der ersten Frage, und zwar aus folgendem Grund. Gemäß art 808 gebühren der Nachkommenschaft mindestens $^2/_3$ des Nachlasses, ganz gleich, ob es sich um die gesetzliche oder gewillkürte Nachfolge handelt. Auf eines dieser Drittel entfällt die Mejora. Das Wort beinhaltet einen Komparativ, d. h. es deutet ein Verhältnis zu einer geringeren Einheit an. Wenn eine Anordnung dazu führen kann, daß ein Kind wirtschaftlich besser gestellt wird, dann ist diese Feststellung nur logisch, wenn man sagen kann, daß es besser als ein anderes behandelt wird. Da der Nachkommenschaft schon $^2/_3$ des Nachlasses zusteht, könnte ein einziger Nachkomme in keiner Weise besser gestellt werden, wenn der Erblasser ihn mejoriert[204]). Die Mejora ist also überflüssig, wenn nicht wenigstens zwei legitime Abkömmlinge vorhanden sind.

Die Abkömmlinge brauchen nicht gleichen Grades zu sein, denn es ist zulässig, z. B. Enkel zu Lebzeiten ihrer Eltern zu mejorieren. Es ist daher falsch zu sagen, der Aszendent könne nicht mejorieren, wenn er nur ein Kind hat[205]). Zutreffend ist vielmehr, daß die Mejora die Personenmehrheit einer oder verschiedener Generationen erfordert. Man kann nur dann von ihr sprechen, wenn durch die Ausübung des ihr innewohnenden Wahlrechts eine Änderung der gesetzlichen Erbquoten bewirkt wird. Deshalb ist auch da eine Mejora sinnlos — und mit Rücksicht auf das Pflichtteilsrecht der anerkannten natürlichen Kinder unzulässig[206]) —, wo sie lediglich zur Bestätigung der Pflichtteilquote führt. Hat der Erblasser einen Sohn mit zwei Kindern, dann ist die Zuwendung der Mejora an den Sohn allein sinnlos. Er bekommt nicht mehr als auch bei gesetzlicher Erbfolge.

---

204) Diese Feststellung versteht sich nur bezüglich der ehelichen Nachkommenschaft, die allein Anspruch auf das Mejora-Drittel hat. Könnten auch Uneheliche mejoriert werden, dann hätte die Mejorierung des einzigen Ehelichen natürlich einen Sinn.

205) vgl. Ferrara, zitiert bei Jeronimo Gonzalez, S. 63.

206) vgl. art 840 und S. 103 d. B.

Aus dem Erfordernis der Personenmehrheit leitet sich auch das der ungleichen Höhe der Zuwendung ab[207]). Aber auch hier ist zu ergänzen, daß die Ungleichheit zwischen Personen gleichen Grades besteht. Erhalten alle Kinder einen gleichen Anteil, dann ist zwar dem Schein nach eine Mejora vorhanden, aber nicht im technischen Sinn[208]); denn eine Mejorierung zu gleichen Teilen wäre die Bestätigung der globalen Pflichtteilsquote und damit die Negation der Mejora[209]). Wird dagegen von mehreren Kindern eins nicht mejoriert, dann schadet die Gleichheit der Quoten nicht; denn jetzt ist ja ein Abkömmling vorhanden, der tatsächlich weniger erhält als bei Eintritt der gesetzlichen Erbfolge.

Eine Ungleichheit ist nicht nur dann gegeben, wenn verschiedene Personen ungleiche Quoten erhalten, sondern auch bei unterschiedlichen Bedingungen. Der Testator, der seinen drei Kindern das Mejora-Drittel gleichmäßig zuwendet und einem eine Auflage macht oder seinen Anteil mit einem geringwertigen Vermächtnis beschwert, hat sine Kinder ungleichmäßig mejoriert[210]).

Der entscheidende Zeitpunkt für das Vorhandensein der Personenmehrheit ist der Erbfall, wobei zu berücksichtigen ist, daß auch ein nasciturus bedacht werden kann.

Fassen wir die charakteristischen Züge der Mejora zusammen: Sie ist eine Einrichtung mortis causa; denn in welcher Form sie sich auch konstituiert, niemals tritt ihre Wirkung schon zu Lebzeiten des Erblassers ein. Erst mit dem Erbfall stellt sich heraus, ob sein Wille zu verwirklichen ist und ob der Bedachte die Zuwendung annimmt. Bezeichnend ist die Freiheit, mit der der Erblasser innerhalb eines bestimmten Personenkreises beliebig bemessene Zuwendungen anordnen kann. Das Mejora-Drittel ist daher weniger ein kollektiver Pflichtteil als ein familiärer Freiteil. Während Kinder ein Recht auf eine feste Pflichtteilsquote haben, haben sie lediglich eine Aussicht auf eine Mejorierung. Die Mejorierung entsteht durch einen klaren und unmißverständlichen Willensakt, der sogar in Verträgen geäußert werden kann, also in einer Form, die das spanische Erbrecht für keine andere letztwillige Anordnung zuläßt. In dem gleichen Vertrag kann die Vorwegnahme der Zuwendung in Form einer Schenkung unter Lebenden erfolgen, ohne daß ein späterer Widerruf der Mejora als abstrakte Wertzuwendung die unwiderrufliche

---

207) vgl. Hernandez Gonzalez, S. 573.

208) vgl. Fuenmayor, S. 7.

209) vgl. Schaevola, S. 453.

210) den art 823: „einem oder einiger seiner Kinder“ darf man nicht auslegen „sofern nur nicht alle Kinder“; denn das Beispiel zeigt, daß unbedenklich alle Kinder mejoriert werden können, sofern nur zwischen ihnen bezüglich der Höhe oder des Modus ein Unterschied erhalten bleibt, vgl. auch Garcia Granero, S. 820.

Sachübertragung berührt. Nur bei der Mejora ist die Ermächtigung über einen fremden Nachlaß zu verfügen erlaubt, und im Gegensatz zu allen anderen letztwilligen Anordnungen kann die einer Mejora unwiderruflich sein. Sie bewirkt, daß bei der Teilung ein bestimmter Wert dem Mejora-Drittel zugeordnet und daher nicht auf den Pflichtteil des Bedachten angerechnet wird. Vermächtnis und Erbeinsetzung einerseits und Mejora andererseits gehören verschiedenen Kategorien an. Während die ersten typische Gestaltungsmöglichkeiten der Nachfolge sind, bewirkt die letzte innerhalb dieser Formen die materielle Zuordnung auf einen Erbschaftsausschnitt.

Die Mejora ist daher eine testamentarisch oder vertraglich vorgenommene letztwillige Anordnung, die der Erblasser zur Bevorzugung ehelicher Abkömmlinge innerhalb eines Erbschaftsdrittels treffen kann[211]).

7. Kapitel

Die Behandlung der Mejora vor und nach dem Erbfall

Bisher haben wir uns mit den Voraussetzungen für die Entstehung einer Mejora befaßt und ihre Funktion als erbrechtliches Ordnungselement vom Blickwinkel des Aszendenten aus kennengelernt. Mit ihrer Anordnung hat sich für den Abkömmling die vage Hoffnung, vielleicht einmal bedacht zu werden, zu der Aussicht oder gar Anwartschaft konkretisiert, mit dem Erbfall eine Zuwendung zu empfangen. Ihm stellen sich jetzt eine Reihe von Fragen: Kann er den zugedachten Vorteil schon vorher wirtschaftlich verwerten? Stirbt der Bedachte vor dem Erblasser, dann werden sich dessen Erben fragen, ob des Mejoranten Wohlwollen sich auch auf sie erstreckt. Überlebt der Bedachte zwar den Mejoranten aber nicht die Annahme der Erbschaft, dann werden evtl. andere Mejorierte einen Anspruch auf den vakant gewordenen Erbteil anmelden wollen. Wer von einer ihm zugedachten Mejora erfährt, will wissen, wieviele Peseten er bekommt — ein Interesse, das Miterben und Nachlaßgläubiger mit ihm teilen —. Er muß seine Anspruchsgrundlagen kennen und zu vermeiden wissen, daß die Nachlaßschulden sein Privatvermögen gefährden. Bis zur endgültigen Auseinandersetzung kann eine lange Zeit vergehen, so daß es wünschenswert ist, eine zu-

211) „Die Mejora ist die Summe der Güter oder die Portion von Gegenständen, die die Eltern bis zum Höchstwert eines Drittels des Nachlasses durch Verfügung unter Lebenden oder von Todes wegen zugunsten ihrer verschiedenen Kinder und Abkömmlinge ungleichmäßig — sei es zugunsten eines einzelnen oder aller — anordnen können.“ So Roca Sastre, Estudios, S. 357.

gedachte Immobilie grundbuchmäßig zu sichern. Erschreckt ob aller dieser Möglichkeiten, mag sich der Mejorierte seiner Mejora bald entledigen wollen, und auch dafür soll in diesem mehr praktischen Kapitel der Weg gewiesen werden.

1. Ihre Übertragbarkeit

Der Lebenslauf der Mejora vollzieht sich in drei Abschnitten: a) von ihrer Anordnung bis zum Erbfall; b) vom Erbfall bis zur Annahme; c) von der Annahme bis zur Erbauseinandersetzung. Ist eine Übertragung oder ein einfacher Übergang der Mejora überhaupt möglich und in welchem dieser Abschnitte?

a) Zu Lebzeiten des Erblassers

Vor dem Erbfall stehen dem Mejorierten keine Rechte an dem zukünftigen Nachlaß zu. Es bestehen Aussichten und Anwartschaften, aber kein Vollrecht. Dies ist eine selbstverständliche Folgerung aus der Tatsache, daß die Mejora eine Einrichtung mortis causa ist, und Rechte auf einen Nachlaß erst mit dem Tod einer Person wirksam werden, art 657, 661. Nun ist nicht zu verkennen, daß die Stellung eines unwiderruflich Mejorierten gefestigter ist als die eines testamentarisch Mejorierten. Während dieser nichts weiter als eine Rechtsaussicht hat, die täglich durch eine Laune des Testators zunichte gemacht werden kann, hat jener eine sichere Anwartschaft auf den versprochenen Wert. So sehr dieser Umstand zukünftige wirtschaftliche Geschäfte erleichtert, bis zum Erbfall ist für den Bedachten eine Verwertung nicht möglich. Nicht weil es sich um eine zukünftige und in der Höhe noch unbestimmte Forderung handelt, sondern weil der Verpflichtung zur Abtretung der zukünftigen Erbschaft das Verbot des art 1271 II entgegensteht. Danach kann über eine zukünftige Erbschaft nur ein Vertrag geschlossen werden, der die Erbteilung unter Lebenden zum Gegenstand hat. Selbst mit einem künftigen gesetzlichen Erben kann der Mejorierte keinen Vertrag über seinen Erbteil schließen[212]).

Hat der Bedachte in Anrechnung auf die Mejora schon Gegenstände tatsächlich oder durch Übergabesurrogat (art 1062 ff.) erhalten, dann ist d i e s e r Erwerb endgültig und nichts hindert ihn daran, über die Gegenstände zu verfügen. Der Grund ist die Trennung von unwiderruflicher Schenkung und widerruflicher Mejora-Qualifizierung.

Diejenigen, die in einer vertraglichen Mejora unter Übertragung von Sachen ein einheitliches Rechtsgeschäft sehen, kommen hier in Schwierigkeiten. Sie müssen anerkennen, daß bis zum Erbfall kein

---

212) Im spanischen Schrifttum wird auf die entgegengesetzte Lösung des § 312, II BGB verwiesen.

Anspruch entsteht, bemerken aber andererseits, daß der unwiderruflich Mejorierte eine so feste Stellung hat, daß ihm keiner mehr die Gegenstände streitig machen kann, daß er also praktisch doch schon mit der Übertragung ein Recht erlangt hat. Nach der Lehre von Clemente erfolgt die Übertragung der Gegenstände unter der doppelt auflösenden Bedingung, daß der Mejorierte den Erbfall überlebt und die Mejora nicht vorher widerrufen wird[213]). Manresa behandelt den unwiderruflich Mejorierten als einen Vertragspartner, der für sich und seine Erben kontrahiert und die Gegenstände deshalb endgültig erwirbt[214]). Diese Begründung ist unhaltbar; denn bei der unwiderruflichen Mejora ist der Bedachte niemals Vertragspartner, und selbst bei der merkwürdigen Form der Mejorierung mittels onerosen Vertrags bleibt der Charakter mortis causa erhalten.

b) Das Eintrittsrecht bei vorzeitigem Tod des Bedachten

Durch Rechtsgeschäft kann der Bedachte zu Lebzeiten des Mejoranten die Mejora also nicht übertragen. Es wäre aber denkbar, daß eine gesetzliche Übertragung stattfindet, wenn er vor dem Erbfall stirbt. Hat der Erblasser seinem Sohn schon 500 Peseten übertragen und in Höhe von weiteren 400 eine Mejora eingesetzt, die das Kind später erhalten soll, dann fallen den Nachkommen des Sohnes sicher die 500 zu, weil sie zum Vermögen des Vorverstorbenen gehören. Die 400 werden sie nur dann beanspruchen können, wenn ihnen ein Eintrittsrecht zusteht, sie also die Stelle ihres Vaters als Mejorierte einnehmen können.

Das Eintritts- bzw. Erbrecht nach Stämmen gilt in der geraden abstegenden Linie, art 924 ff.[215]). Dieser Satz wird aber durch art 766 eingeschränkt. Hiernach überträgt der gewillkürte Erbe, der vor dem Testator stirbt, keine Rechte auf seine Erben.

Auch wenn der Mejorierte nicht immer Erbe ist, seine Berufung ist doch immer eine gewillkürte[216]). Nicht ohne Grund wird das Eintrittsrecht innerhalb der Intestaterbfolge behandelt, und da es eine

---

213) vgl. Clemente de Diego, Dictamenes, S. 252.

214) vgl. Manresa VI, S. 515.

215) Trotz des Wortlautes soll es sich hier nicht um ein Repräsentationsrecht handeln, d. h. die Erben vertreten nicht gewissermaßen den Vorverstorbenen, sondern erben kraft eigenen Rechts; vgl. Espinar, S. 269.

216) Im Gegensatz zum Mejorierten ist der Pflichtteilsberechtigte kraft Gesetzes Zwangserbe. Wer die Mejora als Pflichtteil und daher als Zwangserbschaft ansieht, müßte das Eintrittsrecht bejahen. So Consulta in RGLJ, t 151, S. 160. Überwiegend wird dies aber auch in dieser Gruppe mit der Begründung abgelehnt, die Mejora sei ein Vorzug, der lediglich dem Bedachten zusteht; vgl. Schaevola XIV, S. 455; Sanchez Roman VI, S. 1241.

Ausnahme der Regel ist, wonach der Nähere den Entfernteren ausschließt, verbietet sich grundsätzlich eine extensive Auslegung[217]).

Da es das Eintrittsrecht also nur innerhalb der Intestaterbfolge gibt[218]), kann ein Abkömmling des vorverstorbenen Mejorierten keine Ansprüche auf die Mejora erheben. Stirbt der Erbe vor dem Testator, dann tritt die gesetzliche Erbfolge ein, art 912, III. Die Enkel des Mejoranten erben dann kraft ihres Eintrittsrechts in Höhe des gesetzlichen Erbrechts nach Stämmen ohne Rücksicht auf die Mejora.

Nur im Wege einer sehr begrenzten Auslegung einer letztwilligen Anordnung kann es hiervon eine Ausnahme geben. Gemäß art 675 ist jede testamentarische Anordnung wörtlich zu verstehen, wenn nicht ein anderer Wille des Testators erkennbar ist. Nachdem man diesen Artikel lange Zeit sehr eng ausgelegt hat, neigt die Rechtsprechung heute zu einer elastischen Handhabung. In der Tat können die Worte des Testators allein nicht immer die Zweifel klären, die sich aus einer letztwilligen Anordnung ergeben. Sind Klauseln unklar, dann kann der Richter alle relevanten Umstände heranziehen, um den Worten den Sinn zu geben, der am besten der Lage, der Vorstellung und den Gewohnheiten des Testators gerecht wird[219]). Hierzu wird häufig Anlaß sein; denn in der Mehrzahl der Fälle denkt der Mejorant nicht an die Möglichkeit, daß der Mejorierte vor ihm versterben könnte, oder er denkt daran, ohne aber einen Ersatzerben zu bestimmen, weil er glaubt, die Mejora ginge auf die Erben des Vorverstorbenen über.

Eine Auslegungsregel, wonach zu vermuten ist, daß in dem Wort „Kind" nicht nur ein Abkömmling ersten Grades, sondern auch die weiteren Grades enthalten sind[220]), gibt es nicht. Finden sich in dem letzten Willen keine konkreten Anhaltspunkte, dann muß es bei der gesetzlichen Erbfolge bleiben. Ließe man hier über die Mejora das Eintrittsrecht zu, dann wäre das eine unzulässige Mejora-Vermutung und ein Verstoß gegen die Personengebundenheit der Zuwendung[221]).

c) Das Anwachsungsrecht

Stirbt der Bedachte nach dem Erbfall, aber vor Annahme oder Ausschlagung der Erbschaft, dann gehen seine Rechte gemäß art 1006 auf seine Erben über. Das widerspricht nicht dem höchstpersönlichen

---

217) vgl. TS vom 8. 6. 1911.

218) so die klassische Lehre und TS vom 7. 6. 1950; nach neuerer Lehre auch in der Testaterbfolge, soweit es den Pflichtteil angeht; vgl. Castán, El derecho de representación, S. 150; Espinar, S. 270.

219) vgl. TS vom 3. 6. 1941.

220) Castán, RGLJ, S. 138 führt „die weise Lösung des § 2069 BGB" an, die er unbewußt in den CC rezipiert.

221) vgl. Villares, S. 885.

Charakter der Mejora, denn nicht sie wird übertragen, sondern das Anfallsrecht, welches zum Nachlaß des Mejorierten gehört[222]).

Was geschieht aber, wenn der Mejorierte den angefallenen Erbteil ausschlägt, oder wegen Erbunfähigkeit, Verzicht oder Eintritt einer aufschiebenden Bedingung ausfällt?

Im Schrifttum wird ein Anwachsungsrecht häufig verneint, weil es innerhalb des Pflichtteils gemäß art 985 keine Anwachsung gibt, und die Mejora ja für viele ein Teil des Pflichtteils ist[223]).

Andere begründen ihre ablehnende Haltung mit dem höchstpersönlichen Charakter der Zuwendung und dem Hinweis, daß die Anwachsung zu einer stillschweigenden Mejora führen könne, die im geltenden Recht unzulässig sei[224]).

Der Einwand der stillschweigenden Mejorierung verkennt die wahre Natur der Anwachsung. Sie ist kein Recht auf eine vakante Quote, sondern auf die Erhöhung der eigenen. Wenn es sich überhaupt um ein Recht handelt, dann um ein abgeleitetes, das sich bereits aus dem Wesen der Erbschaftsquote als solcher ergibt[225]). Die gemeinschaftliche Berufung mehrerer auf ein Ganzes, bewirkt nämlich, daß das Recht eines jeden einzelnen „komprimiert" wird; dieser Druck besteht nur, wenn die Kollision der gemeinschaftlich Berufenen vorhanden ist. Fällt einer wegen Vorversterbens oder einem anderen der genannten Gründe aus, dann schwindet insofern der Druck und der Anteil eines jeden vergrößert sich. Die Folge ist also eine rein tatsächliche, und jeder Miterbe erwirbt durch die Anwachsung nichts, auf das er nicht vorher schon ein volles Recht gehabt hätte. Es bleibt daher bei einem Berufungsgrund, weil der Erbe ein Recht auf das Ganze hat[226]). Daher kann von einer stillschweigenden Mejora keine Rede sein. Innerhalb des Mejora-Drittels findet also wie bei allen anderen Erbschaftsteilen eine Anwachsung statt, sofern die allgemeinen Voraussetzungen vorliegen: a) Eine Mehrheit von mejorierten Abkömmlingen. Ist nur ein Begünstigter vorhanden, dann entfällt die Mejora und erhöht gemäß art 985, II den Pflichtteil der Miterben; b) eine gemeinschaftliche Berufung der Bedachten: d. h. eine solche aller auf ein Ganzes ohne Beschränkung einzelner auf Bruchteile, art 982, Ziffer 1. Diese Voraussetzung bedarf einer kurzen Erläuterung. Eine Berufung auf einen Teil liegt nur dann vor, wenn der Testator ausdrücklich für jeden Erben eine Quote bestimmt hat. Die Worte „zur Hälfte" oder „zu gleichen Teilen" oder andere,

---

222) vgl. Fuenmayor, S. 30.

223) vgl, Castán, Derecho civil español, IV, S. 240; Sanchez Roman, S. 1234; Morell, S. 61.

224) vgl. Fuenmayor, S. 15; Hernandez Gonzalez, S. 570.

225) vgl. Roca Sastre, Estudios, S. 233.

226) vgl. Gonzalez Palomino, S. 570.

die zwar einen Bruchteil beinhalten, diesen aber nicht numerisch oder in einer Weise anzeigen, wodurch jeder Eigentümer einer separaten Masse wird, schließen die Anwachsung nicht aus, art 983. Bestimmt der Testator neben der Berufung auf ein Ganzes noch gewisse Quoten, dann wird es sich dabei regelmäßig um eine Verteilung innerhalb des Ganzen handeln. Liegt dagegen eine echte Singularnachfolge vor, dann findet eine Anwachsung nicht statt[227]), wohl aber wenn mehrere Mejorierte auf das gleiche Vermächtnis eingesetzt sind. c) Unwirksamkeit einer Berufung, also die Vakanz einer Person und nicht die einer Portion.

2. *Zeitpunkt und Methode der Berechnung ihres Wertes*

Der Abkömmling kann mit einem Bruchteil oder einem bestimmten Gegenstand begünstigt worden sein. Obwohl er die Erbschaft angenommen hat und damit Vollberechtigter geworden ist, kennt er meist noch nicht den endgültigen Wert der Zuwendung. Bei einer Quote deshalb nicht, weil er nicht den Wert der Erbmasse kennt, auf die sich sein Anteil bezieht und im übrigen weil er nicht weiß, ob das Mejora-Drittel zur Befriedigung des ihm zugewendeten Gegenstandes ausreicht.

Um den Wert des Mejora-Drittels zu ermitteln, müssen wir zuerst den Umfang des ganzen Nachlasses errechnen und erhalten dann durch eine einfache Teilung den Wert eines Drittels. Auszugehen ist bei dieser Rechnung vom liquiden Vermögen des Erblassers im Zeitpunkt des Erbfalls. Von diesem Aktivposten werden die Schulden und Belastungen — mit Ausnahme der testamentarischen — abgezogen, art 818, I. Nun werden alle unentgeltlichen Zuwendungen an Pflichtteilsberechtigte und Fremde hinzugerechnet und zwar zu dem Wert des Zeitpunkts ihrer Vornahme, art 818, II. Die Erbschaft ist also = Vermögen — Schulden + Wert aller Schenkungen. Dieses Verfahren entspricht auch dem französischen Recht und ist das einzig richtige. Mißverständlicherweise spricht art 818, II nur von den zum Ausgleich zu bringenden Schenkungen. Gemäß art 1033 ist aber nur der Zwangserbe verpflichtet, unentgeltliche Zuwendungen auszugleichen, so daß eine wörtliche Auslegung die Schenkungen an Fremde unberücksichtigt lassen müßte[228]). Durch die Zusammenrechnung soll jedoch vor allem festgestellt werden, ob sich die Zuwendungen im Rahmen der gesetzlich vorgeschriebenen Quoten gehalten haben, insbesondere ob der Mejorant den Pflichtteil der Kinder re-

[227]) Im Ergebnis so auch Roca Sastre, bei Kipp, Derecho de Sucesiones, S. 363; a. M. Manresa VI, S. 520.

[228]) vgl. Manresa VI, S. 623, der wegen der isolierten Heranziehung des art ein falsches Ergebnis verteidigt.

spektiert hat. Es kann deshalb kein Zweifel bestehen, daß alle Klassen von Schenkungen heranzuziehen sind[229]).

Kennt man den Wert der Erbschaft, dann läßt sich leicht der Höchstwert ermitteln, bis zu dem der Erblasser mejorieren konnte. Die letztwilligen Verfügungen werden dann gemäß ihrer Qualifizierung den einzelnen Dritteln zugeordnet, wie es art 819 vorschreibt. Hiernach werden z. B. Schenkungen, die nicht Mejoras sind, dem Pflichtteil und Schenkungen an Fremde dem Freiteil zugeordnet. Überschreiten die Liberalitäten an Fremde den Wert des Freiteils, dann sind sie gemäß art 820 zu kürzen: Zuerst werden testamentarische Vermächtnisse gekürzt oder annulliert und erst dann die zu Lebzeiten vorgenommenen Schenkungen, und zwar in umgekehrter Reihenfolge ihrer Vornahme.

Es stellt sich nun die Frage: was geschieht wenn der bereits übertragene oder zugedachte Gegenstand den Wert des Mejora-Drittels übersteigt? Ist die Mejora dann hinsichtlich des Überschuß unwirksam, oder kann sie sich als solche auch auf andere Erbschaftsdrittel ausdehnen, oder ist das nur unter Annahme eines anderen Namens möglich? Viele meinen, daß ein Überschuß nur auf den Pflichtteil angerechnet werden kann, und der dann noch verbleibende Überschuß gekürzt werden muß[230]). Diese Meinung stützt sich auf art 829, wonach der Bedachte zum Geldausgleich verpflichtet ist, wenn der als Mejora geschenkte oder vermachte Gegenstand den Wert des entsprechenden Drittels + des zustehenden Pflichtteils übersteigt. Im Gegensatz dazu steht die Lehre, die den Überschuß über Mejora-Drittel und Pflichtteil unter gewissen Vorbehalten auch den Freiteil zuordnen will, sofern dort noch Raum ist. Manresa macht die Einschränkung[231]), daß es sich nicht um eine bestimmte Sache handeln dürfe, und Valverde ergänzt, daß das auch für die Anordnung eines Mejora-Bruchteils unter gleichzeitiger Bezeichnung einer bestimmten Sache zu gelten hat[232]).

Man muß hier festhalten, daß es im CC kein künstliches Gebilde von gegenseitig undurchdringlichen, beziehungslosen mathematischen Dritteln gibt. Diese sind nichts weiter als Rechenhilfen, quantitative Orientierungspunkte für den Erblasser und die Erbteiler. Es gibt nur eine einheitliche Erbmasse. Nur gegenüber von Fremden ist der Freiteil $^1/_3$, gegenüber Abkömmlingen dagegen kann der Erb-

---

229) vgl. Espinar, S. 343 mit weiteren Zitaten. Natürlich handelt es sich nur um eine fiktive Rechnung.

230) vgl. Romero Vietez, S. 113; Fuenmayor, S. 34; Uriarte, S. 333; Lacoste, S. 282.

231) vgl. Manresa VI, S. 527.

232) vgl. Valverde, S. 290; Roca Sastre bei Kipp, Sucesiones, S. 362.

lasser praktisch über $^2/_3$ frei verfügen[233]). Daraus folgt, daß ein Mejora-Überschuß immer auf den Freiteil angerechnet werden kann; denn wenn der Erblasser hierüber zugunsten von Fremden verfügen kann, dann erst recht zugunsten seiner Nachkommen. Die Zuordnung auf den Freiteil findet daher immer statt, gleichgültig um welches Objekt es sich handelt, sofern er nicht schon durch andere Vermächtnisse erschöpft ist. Dennoch kann nur der Teil als Mejora im technischen Sinne bezeichnet werden, der tatsächlich durch das entsprechende Drittel gedeckt wird.

Gemäß art 820 Ziffer 2 werden alle testamentarischen Vermächtnisse ohne Unterschied pro rata gekürzt, wenn sie nicht durch das entsprechende Drittel gedeckt werden. Doch für das Mejora-Vermächtnis bestimmt art 829 etwas anderes: Ausgehend von der Überlegung, daß die Mejorierung, die ja bereits eine wirtschaftliche Besserstellung beinhaltet, nicht zur Beeinträchtigung bestehender Vermächtnisse führen soll, wird dem Mejorierten für den Fall der Erschöpfung des Freiteils gestattet, die zugewendete Sache zu behalten, aber den Überschuß durch eine Geldzahlung auszugleichen. Zur Verdeutlichung folgendes Beispiel:

Nach Abzug der Schulden beträgt der Wert des liquiden
Nachlasses = 40. Der Erblasser hat 4 Kinder und seinem
Sohn A = 90 zu Lebzeiten als Grundstück übertragen,
und = 80 als Schenkung an Fremde verwendet.

210 = Wert der Erbschaft. Pflichtteil, Mejora und Freiteil = je 70. Pflichtteil eines jeden Abkömmlings = 17,5. Die Schenkungen an Fremde sind um 10 überhöht, so daß sie gemäß art 820 zu kürzen sind. Die Mejora ist um 20 überhöht und wird, soweit möglich, auf den Pflichtteil des A angerechnet. Der noch verbleibende Überschuß von 2,5 wird gemäß art 829 verrechnet, d. h. A kann sein Grundstück behalten, muß aber 25 vergüten, weil der Freiteil erschöpft ist.

Bei der Erbteilung kann man eine besondere Klasse von Schenkungen antreffen, nämlich solche, die von der Ausgleichspflicht befreit worden sind, art 1036. Wir haben gesehen, daß Schenkungen, die nicht Mejora sind, auf den Pflichtteil angerechnet werden, art 819. Die Wirkung der Befreiung liegt darin, daß die Schenkung dem Freiteil zugeordnet wird, so daß das Kind etwas zusätzlich zu seinem Pflichtteil erhält. Die Ähnlichkeit mit der Mejorierung ist auffallend. Schenkt der Erblasser einem Abkömmling ein Grundstück und bestimmt, daß es bei der Erbteilung nicht zum Ausgleich zu bringen ist, dann drückt er damit klar aus, daß der begünstigte insoweit bevorzugt werden soll. Da Mejora-Drittel und Freiteil die Masse ist,

233) vgl. TS vom 27. 12. 1935. Es bestätigt, daß das Mejora-Drittel de facto Freiteil wird, sobald darüber verfügt ist.

über die der Testator frei zugunsten der Abkömmlinge verfügen konnte, ist es sinnvoll, den Wert eines Überschuß einer solchen Schenkung auf das Mejora-Drittel anzurechnen[234]). Der Fall ist also analog zu art 828 zu beantworten[235]). Da auch das Motiv einer solchen Schenkung das gleiche ist, wie das der Anordnung einer Mejora, ist die Ausgleichsbefreiung tatsächlich eine verkappte Mejora)[236].

Allerdings kann sich der Bedachte wirtschaftlich besser stehen, wenn ihm die Zuwendung nicht als Mejora, sondern unter Befreiung von der Ausgleichspflicht gemacht wird.

Beispiel:

a)	Nachlaß	= 60
	befreite Schenkung	= 90
		150

Neben dem bedachten Abkömmling A hat der Erblasser noch einen Sohn B und hat gegenüber einem Fremden C Vermächtnisse in Höhe von 30 angeordnet. Um die Schenkung an A aus dem Freiteil befriedigen zu können, muß das Vermächtnis annulliert werden, art 820 Ziffer 1. Der verbleibende Überschuß von 40 wird auf das Mejora-Drittel angerechnet. Über den nicht verfügten Teil des Nachlasses wird die gesetzliche Erbfolge eröffnet, so daß A von den verbleibenden 60 noch 30, also zusammen 120 bekommt[237]).

b) die gleiche Anordnung mit dem Unterschied, daß hier die 90 als Mejora vorgesehen wurden. Diese werden dann wie folgt verrechnet: 50 auf das Mejora-Drittel, 25 auf den Pflichtteil und da jetzt das Vermächtnis respektiert werden muß, art 829, 15 auf den Freiteil. A erhält hier insgesamt nur 90.

Auch die Befreiung von der Ausgleichspflicht ist nicht an die Verwendung bestimmter Formeln geknüpft[238]). Es ist also auch hier eine Frage der Auslegung, welchem Drittel die Zuwendung zugeordnet werden sollte.

Wir haben gesehen, daß Vermächtnisse und Erbeinsetzungen v o r den Schenkungen gekürzt werden, art 820 Ziffer 1. Hat der Erblasser nach Vornahme einer befreiten Schenkung, die nach seinem Wissen

---

234) vgl. Vallet, S. 523, 528; vgl. Seite 62 dieser Arb.

235) vgl. Roca Sastre bei Kipp, Sucesiones, S. 359; a. M. Manresa VII, S. 634; Romero Vietez, S. 113; Fuenmayor, S. 34. Nach Meinung dieser Verfasser können diese Schenkungen nicht den Wert des Freiteils übersteigen.

236) vgl. Schaevola, S. 143.

237) Diejenigen, die jede „stillschweigende Mejora" ablehnen, und in der Dreiteilung eine bewußte und sinnvolle Trennung in unzusammenhängende Nachlaßeinheiten erblicken, würden die Schenkung kürzen, weil sie den Freiteil übersteigt; vgl. Fuenmayor, S. 35; Uriartre, S. 34.

238) vgl. Manresa VII, S. 633.

den Freiteil ausfüllt, noch ein Vermächtnis angeordnet, dann kann das seinen Willen erkennen lassen, das Geschenk zuerst dem zweiten Drittel zuzuordnen. Deshalb brauchen Vermächtnisse, die dem Freiteil zuzuordnen sind, nur dann gekürzt zu werden, wenn die vorangegangene Schenkung nicht als Mejora aufgefaßt werden kann[239]). Die Anordnung eines nachträglichen Vermächtnisses kann also zu einer Verschiebung der Zuordnung von dem Dritten auf das zweite Drittel führen.

3. *Der Inhalt des Anspruchs des Berechtigten*

Der Testator kann durch Erbeinsetzung oder Vermächtnisanordnung über sein Vermögen verfügen, art 668, I. Er kann es ganz als Erbschaft und auch ausschließlich in Form von Vermächtnissen verteilen, art 891. Wir haben gesehen, daß Vermächtnis und Mejora Begriffe sind, die sich nicht ausschließen. Deshalb sind die Ansprüche eines Mejorierten die eines Erben, wenn mit der Mejorierung eine Erbeinsetzung verbunden ist, und die eines Vermächtnisnehmers, wenn es sich um eine Einzelzuwendung handelt[240]). Im ersten Fall stehen ihm possesorische und petitorische Ansprüche zu, die er im Namen der Erbengemeinschaft geltend machen kann. Er kann zu jeder Zeit die Erbteilung fordern, art 1052, 400. Hat sie der Erblasser nicht vorgenommen, art 1056, und niemanden damit beauftragt, art 1057, dann hat er Anspruch auf eine gleichmäßige Verteilung, d. h. als Miterbe hat er Anspruch auf Gegenstände gleicher Art und Güte und ggf. auf Losentscheid, art 1061.

Im spanischen Recht hat das Vermächtnis sowohl dingliche als auch obligatorische Wirkung. Bei dem Legat einer bestimmten dem Testator gehörenden Sache erwirbt der Vermächtnisnehmer daran das Eigentum mit dem Erbfall, art 882, I. In diesem Augenblick entsteht der Anspruch auf das unbedingte Vermächtnis, art 881. Der Bedachte ist aber nicht zur eigenmächtigen Besitznahme berechtigt, sondern hat nur einen Anspruch auf Besitzeinweisung, art 885[241]).

Ist die Mejora nur bruchteilmäßig gekennzeichnet, dann hat er Anspruch auf Befriedigung durch Erbschaftsgegenstände. Gegebenenfalls sind dabei die Vorschriften heranzuziehen, die bei der Erbteilung die Gleichbehandlung der Erben sicherstellen sollen, art 832. Da sie nicht zwingend sind, und sich volljährige Erben über

---

239) vgl. Vallet, S. 526.

240) vgl. Sanchez Roman, S. 1122.

241) Der unmittelbare Übergang des Eigentums an einer bestimmten Sache ist mit dem System des CC an sich unvereinbar, weil das Traditionsprinzip herrscht, art 609, 1095. Die hier zugelassene Ausnahme ist historisch bedingt; vgl. Espinar, S. 163.

die Art der Teilung einigen können, kann das Mejora-Vermächtnis auch durch eine Geldzahlung befriedigt werden.

Hat der Testator eine Mejora in Höhe eines Bruchteils angeordnet und gleichzeitig einen Gegenstand für ihre Befriedigung bezeichnet, dann kann die Sache den Wert der zugewendeten Quoten übersteigen oder darunter bleiben. Im ersten Fall findet die Verrechnung mit dem Pflichtteil des Begünstigten statt, der im zweiten Fall einen Mejoraergänzungsanspruch gegen die Erben in Höhe seiner Quote hat[242]). Handelt es sich um eine aufschiebend bedingte Mejora, so hat der Mejorierte bis zum Eintritt der Bedingung keine Ansprüche. Stirbt er vorher, dann überträgt er keine Rechte auf seine Erben, art 759. Anders bei einer befristeten Mejora. Hier ist sein Recht entstanden, wenn auch noch nicht voll wirksam, so daß die Mejora auf die Erben des vorverstorbenen Mejorierten übergeht[243]).

4. *Die Haftung für die Erbschaftsschulden*

Das Wort „Mejora" — Besserstellung — kann den Mejorierten dazu verleiten, nicht damit zu rechnen, evtl. für Erbschaftsschulden einstehen zu müssen. Selbst Schaevola folgert, daß der grammatikalische und juristische Sinn der Mejora niemals auseinanderfallen kann. Für ihn ist die Berufung zum Erben stillschweigend oneros, da sie auch zur Übernahme der Schulden des Erblassers verpflichtet. „Universalnachfolge bedeutet die Verbindung heterogener Elemente, d. h. eine Einheit von Rechten und Pflichten, so daß universaler und oneroser Titel gleichzusetzen sind. Dagegen ist die Mejora eine stillschweigend begünstigende Verfügung, die kraft Gesetz keine Belastung beinhaltet. Sie ist Singularnachfolge, weil ihr keine quantitative Verpflichtung über die Sache hinaus innewohnt"[244]). Folgende Überlegung führt zum gleichen Ergebnis: Um die Höhe von Pflichtteil und Mejora zu errechnen, werden vom Nachlaß zuerst die Schulden abgezogen, art 818. Da die Mejora einen Teil des Nachlasses bildet, wird sie im Verhältnis gekürzt und ist insoweit mit den Schulden verhaftet. Übersteigen die Nachlaßschulden den Wert der Erbschaft, dann gibt es weder einen Pflichtteil noch eine Mejora. Sie ist untergegangen und der Mejorierte als solcher haftet nicht mehr[245]).

Diese Ansichten sind zwar anschaulich, finden aber im Gesetz keine Stütze. Der CC kennt nur die Gesamtnachfolge des Erben mit unbeschränkter aber beschränkbarer Haftung und die Einzelnachfolge des Vermächtnisnehmers mit beschränkter Haftung. Eine dritte Art der Nachfolge gibt es dagegen nicht. Der Bedachte haftet also

---

242) vgl. Sanchez Roman, S. 1207.
243) So die herrschende Auslegung des falsch redigierten art 799.
244) vgl. Schaevola, S. 450.
245) vgl. Manresa VI, S. 545.

niemals als Mejorierter, sondern deshalb, weil die Mejora als Erbeinsetzung oder Einzelzuwendung angeordnet worden ist.

Da der Pflichtteilsberechtigte kraft Gesetzes Erbe ist, sehen einige Verfasser auch den Mejorierten grundsätzlich als Erben an[246]). Der Erblasser könne die Natur des Pflichtteils nicht anders als das Gesetz qualifizieren. Mejoriere er bezüglich eines bestimmten Gegenstandes, dann mache er lediglich von seinem Recht aus dem art 1056 Gebrauch, d. h. er treffe eine Teilungsanordnung[247]).

Weder die ausschließliche Behandlung als Erbe noch als Vermächtnisnehmer ist haltbar. Wenn schon das Mejora-Drittel kein Pflichtteil ist, dann erst recht nicht die Mejora-Zuwendung, ganz abgesehen davon, daß auch der Pflichtteil als Vermächtnis zugewendet werden kann[428]). Es ist also von Fall zu Fall zu entscheiden, was der Erblasser gewollt hat. Dies festzustellen ist oft nicht leicht; denn das eigenhändige Testament, das ohne Mitwirkung eines Notars errichtet wird, enthält in vielen Fällen Unklarheiten über den letzten Willen. Hinzu kommt, daß der Unterschied zwischen „herencia" und „legado" nicht genügend bekannt ist, und das Verb „legar" in der Umgangssprache als Synonym von „hinterlassen" benutzt wird. Schwierigkeiten können bei einer Mehrheit von Einsetzungen und dem Zusammentreffen von gesetzlicher und gewillkürter Erbfolge auftreten. Sie werden dadurch erhöht, daß sich gewisse Vorschriften äußerlich als allgemeine Auslegungsregeln darbieten, tatsächlich aber nur ganz spezielle Fälle regeln wollen.

Angesichts der Möglichkeit, daß der Wille des Testators nicht klar oder überhaupt nicht zum Ausdruck gelangt, gilt es im Wege der Auslegung oder der Rechtsfindung[429]) festzustellen, ob der Mejorierte im konkreten Fall Erbe oder Vermächtnisnehmer sein soll. Steht in einem Testament: „Mein E r b e X soll als Mejora das Grundstück Y erhalten", so ist damit alles Wissenwerte mit der erforderlichen Klarheit gesagt.

Wie beurteilen sich aber z. B. a) die Einsetzung zu einer Quote, b) auf bestimmte Gegenstände?

Wurde früher die Einsetzung einer Q u o t e stets als Erbeinsetzung behandelt, so setzt sich heute die Meinung durch, daß im Rahmen des CC auch ein Bruchteilvermächtnis zulässig ist[250]). Daher wird zuweilen der einfache Ausdruck der Mejorierung über eine bestimmte

---

246) vgl. Sanchez Roman, S. 1229.

247) vgl. Fuenmayor, S. 30.

248) vgl. art 668; vgl. Ferid, S. 121. Die von ihm genannten Möglichkeiten lassen sich auch auf das spanische Recht übertragen.

249) vgl. Espinar, S. 220.

250) vgl. Roca Sastre, Estudios, S. 181; Gonzalez Palomino, S. 252 zu dem Problem der „parte alicuota".

Portion oder das ganze Mejora-Drittel als Singulareinsetzung angesehen[251]). Eine solche undifferenzierte Feststellung ist aber schwer mit art 668, II zu vereinbaren, nach dem eine Anordnung im Zweifel als Erbeinsetzung zu werten ist. Zu einer zutreffenderen Erkenntnis des Willens des Erblassers verhilft erst die Beachtung eines persönlichen Momentes; man muß im Zweifelsfall darauf abstellen, ob der Bedachte in concreto auch gesetzlicher Erbe sein würde. Mejoriert ein Vater seinen Sohn, so entspricht es natürlicher Anschauung, daß dieser Erbe sein soll. Hinzu kommt, daß regelmäßig noch andere Zuwendungen erfolgen, aus denen sich zusammen mit der Mejora Anhaltspunkte für die Vorstellung des Erblassers herleiten lassen. Ist der Bedachte dagegen ein entfernter Abkömmling, dann wird sich sein Wille eher in der Zuwendung eines einfachen wirtschaftlichen Vorteils ohne die Beilegung des Status Erben erschöpfen.

Die Berücksichtigung des personellen Momentes kann aber auch hier zu einer anderen Lösung führen. Sagt der Testator z. B. „Da mein Enkel A für mich wie ein Sohn gewesen ist, hinterlasse ich ihm das Mejora-Drittel", dann spricht das für eine Erbeinsetzung.

Bei der Hinterlassung eines bestimmten G e g e n s t a n d e s wird es sich regelmäßig um eine Einzelzuwendung handeln. Dies folgert man aus art 768: Der zu einer bestimmten Sache eingesetzte Erbe wird als Vermächtnisnehmer angesehen. Dennoch ist bei Anwendung dieses Satzes Vorsicht geboten; denn die Zuwendung eines bestimmten Gegenstandes ist von der Teilungsanordnung des Erblassers zu unterscheiden. Heißt es: „Mein mejorierter Sohn A soll das Grundstück X haben", dann ist eine Erbeinsetzung unter Zuteilung einer bestimmten Sache gegeben. Durch die Zuweisung wird hier lediglich das allgemeine Recht, das die Erben grundsätzlich auf alle Gegenstände haben, konkretisiert.

Die Zuwendung einer bestimmten Sache als Mejora kann also 1. Anordnung eines Vermächtnisses, 2. Erbeinsetzung, verbunden mit der Erbteilung gemäß art 1056 sein.

Die Erbeinsetzung unter ausdrücklicher Bestimmung, daß der Bedachte nichts weiter als die bestimmte Sache erhalten soll, ist ein Widerspruch und daher als solche nichtig; denn das Typische für die Erbenstellung ist das dingliche Recht an der Gesamtheit des Nachlasses und das ius ad adquisitionem auf Gegenstände, die später bekannt werden. Wenn der Testator jemand zwar als Erben bezeichnet, ihm aber die entsprechende Stellung entzieht, dann ist dies eine contradictio in terminis. Diesen Fall regelt art 768 ebenso wie den, wo der Testator seinen Willen überhaupt nicht äußert. Der Bedachte

---

251) vgl. Garcia Granero, S. 824.

soll dann Vermächtnisnehmer sein[252]). Hieran erkennt man, daß das sog. Willensdogma — volle Erforschung und Berücksichtigung des letzten Willens — und die Qualifikationsfreiheit des Testators, art 868, 675 im CC nicht ohne Einschränkung anerkannt werden.

Der oben aufgestellte Satz, daß der Mejorierte entweder nur als Erbe oder Vermächtnisnehmer haftet, wird dadurch erweitert, daß eine Klasse von Mejorierten nicht haftet. Es sind die durch Vertrag unter Lebenden unter Übergabe des Mejora-Gegenstandes Bedachten. Die Schenkungen bewahren zwar eine gewisse Bezogenheit zur Erbschaft, insoweit sie für die Berechnung der Pflichtteil- und Mejora-Drittel mitgezählt werden, doch profitieren davon nicht die Nachlaßgläubiger, weil gemäß art 818 die Schulden aus dem beim Erbfall tatsächlich vorhandenen Vermögen befriedigt werden und erst danach die Schenkungen zur Ermittlung der Drittel hinzugerechnet werden. Etwas anderes gilt, wenn der so Mejorierte Erbe wird. Dann haftet er unbeschränkt und deshalb auch mit den noch vorhandenen geschenkten Gegenständen.

Ergibt die Auslegung oder die Rechtsfindung, daß der Mejorierte Erbe ist, dann haftet er grundsätzlich unbeschränkt. Die einzige Möglichkeit, die Haftung auf die Erbschaft zu beschränken, liegt in der Errichtung eines Inventars, art 1023 Ziffer 1. Die entsprechende Erklärung erfolgt in einer notariellen Urkunde vor dem zuständigen Richter, art 1011. Da die Vermächtnisse erst nach Begleichung der Schulden befriedigt werden, ist der Mejorierte als Vermächtnisnehmer nur den Forderungen unmittelbar ausgesetzt, die nach der Erbteilung bekannt werden und dann natürlich nur in Höhe der Mejora.

5. *Die Wahl zwischen Annahme der Mejora und Ausschlagung der Erbschaft*

Neben der Mejora kann der Bedachte noch zu einem Pflichtteil, einem anderen Erbteil oder einem Vermächtnis berufen worden sein. Sei es, um anderen Beteiligten einen Vorteil zukommen zu lassen oder um eine Haftung zu ändern, kann er den Wunsch haben, die Mejora anzunehmen, die Erbschaft aber auszuschlagen, art 833.

Über die generelle Zulässigkeit dieser Option und ihre Wirkung auf die Haftung herrscht keine Einigkeit. Eine Mindermeinung sieht den alleinigen Sinn des art 833 darin, den mejorierten Erben von seiner unbeschränkten Haftung zu befreien[253]). Andere sehen die

---

[252]) Kraft Konversion des Rechtsgeschäfts oder Rechtsfindung im zweiten Fall; vgl. Espinar, S. 229.

[253]) vgl. Borrel y Soler, S. 289 und Schaevola, S. 450.

Wirkung in einem bloßen Verzicht auf den Pflichtteil, ohne daß dadurch der Umfang der Haftung berührt wird[254]). Für diese Autoren erklärt sich das aus dem Umstand, daß der Mejorierte Pflichtteilsberechtigter und damit Zwangs e r b e ist.

Das geltende Recht sagt ausdrücklich über die Haftungsfolge nichts, weshalb man in Ges 21 von Toro eine Lösung sucht. Damals haftete der Abkömmling, der die Erbschaft ausgeschlagen und die Mejora angenommen hatte, für die nach der Teilung auftretenden Schulden „als wäre er Erbe“[255]). Aber selbst wenn art 833 die Fortsetzung dieser Regelung ist, dann ist das noch kein Argument für die unbeschränkte Haftung; denn die Gleichsetzung des Mejorierten mit dem Erben dürfte etwas anderes besagen.

Nach römischem Recht konnte der Vermächtnisnehmer, der auch Erbe war, die Erbschaft ausschlagen und das Vermächtnis annehmen. Wenn nun nach der Erbteilung Schulden auftraten, dann entstand die Frage, ob er als Vermächtnisnehmer unmittelbar in Anspruch genommen werden konnte, oder ob die Erben später gegen ihn nur einen Rückgriff hatten. Diesen auch im Mittelalter auftauchenden Zweifel hat Ges 21 so gelöst, daß der Mejorierte bezüglich der Form der Haftung so wie ein Erbe behandelt wird und daher den verspätet auftauchenden Gläubigern unmittelbar haftet. Am Ausmaß seiner Haftung ändert sich nichts. Sie bleibt auf die Höhe seiner Mejora beschränkt[256]).

Unter Berücksichtigung dieser Entwicklung sowie des art 990 gelangen wir zum richtigen Verständnis des art 833. Gemäß art 990 kann die Annahme oder Ausschlagung der Erbschaft nicht zu einem Teil, einem Termin oder einer Bedingung erfolgen. Das bedeutet, daß die Ausschlagung der Erbschaft und Annahme der Mejora dann n i c h t möglich ist, wenn auch die Mejora als Erbeinsetzung vorgenommen worden ist. Schlägt also der Begünstigte die Erbschaft aus, dann verliert er auch seinen Titel über die Mejora, weil die Annahme der Erbschaft unteilbar ist[257]). Tatsächlich ist der art 833 eine konkrete Anwendung des art 890, wonach der mit mehreren onerosen oder mehreren unbeschwerten Vermächtnissen Bedachte alle annehmen oder einzelne nach Belieben ausschlagen kann: Der Erbe, der zur gleichen Zeit Vermächtnisnehmer ist, kann die Erbschaft ausschlagen und das Vermächtnis annehmen oder dieses ausschlagen und jene annehmen.

---

[254]) vgl. Sanchez Roman, S. 1233; Fuenmayor, S. 36.
[255]) vgl. Ges 21 auf Seite 33 dieser Arbeit.
[256]) vgl. Vallet, La Mejora tacita, S. 818.
[257]) vgl. Roca Sastre bei Kipp, Sucesiones, S. 363.

Diese Fälle sind denkbar; denn ein mejorierter Erbe kann den Pflichtteil als Vermächtnis[258] oder das Kind beide Zuwendungen als Vermächtnis erhalten.

6. *Die Sicherung der Mejora im Grundbuch*

Den Abschnitten, die die Mejora von ihrer Anordnung bis zur Einverleibung in das Vermögen des Begünstigten durchläuft, entspricht eine Rechtsstellung des Bedachten, die von der Rechtsaussicht über die Anwartschaft bis zum Vollrecht reicht. Eine Anwartschaft schließt aber nicht aus, daß ein bösgläubiger oder vergeßlicher Mejorant das zugedachte Grundstück veräußert und damit praktisch das Recht der Mejorierten, soweit es diesen Gegenstand betrifft, vereitelt. Es stellt sich daher die Frage, ob es möglich ist, das zugewendete Objekt dem Nachlaß zu erhalten.

Die Antwort folgt aus dem Ley Hipotecario vom 8. 2. 1946 und dem dazu ergangenen Reglamiento, womit bereits angedeutet ist, daß eine Sicherung nur für Immobilien und die mit ihnen zusammenhängenden dinglichen Rechte möglich ist, art 2.

Wir haben gesehen, daß bei einer widerruflichen Mejora die Rechtsstellung des Bedachten denkbar schwach ist. Seine Hoffnung, daß der Widerruf nicht eintritt, ist so wenig schutzwürdig, daß eine grundbuchmäßige Sicherung nicht möglich ist. Wird dem Bedachten das Objekt schon vor dem Erbfall übertragen, dann berührt ein Widerruf nur die Qualifizierung des zugewendeten Grundstücks als Mejora. Hier erwirbt der Bedachte trotz der Widerrufbarkeit der Mejora volles Eigentum, und seiner Eintragung steht nichts entgegen. Von allen letztwilligen Anordnungen hat nur die einer Mejora in bestimmten Fällen eine extrem starke Bindungswirkung. Sie äußert sich nicht nur in der Unwiderrufbarkeit einer bestimmten Klasse von Mejoras, sondern auch in der Unwirksamkeit einer entgegenstehenden Verfügung des Testators, art 826, II. Das hindert aber nicht den Erwerb durch einen gutgläubigen Dritten, und es ist deshalb ratsam, die Anwartschaft des Mejorierten zu sichern. Die Handhabe hierzu bietet art 7 des Reglamiento:

Gemäß dem in art 2 des Gesetzes (Ley Hip.) Bestimmten sollen nicht nur die Titel eingetragen werden, in denen das Eigentum oder die in dem Abschnitt genannten dinglichen Rechte erklärt, konstituiert, anerkannt, übertragen, modifiziert oder gelöscht werden, sondern auch alle anderen, die sich auf Rechte derselben Natur beziehen sowie jeder andere Akt oder Vertrag von dinglicher Auswirkung, der, auch ohne eine eigene Bezeichnung im Rechtsleben zu haben, sofort oder in der Zukunft eine der

---

[258]) vgl. art 815. Es ist deshalb nicht ganz genau, wenn der Pflichtteilsberechtigte als Zwangserbe bezeichnet wird.

Fähigkeiten, über unbewegliche Gegenstände zu bestimmen, oder dinglichen Rechten eigene Befugnisse modifiziert.

Die Eintragung betrifft Natur, Ausmaß und ggf. aufschiebende und auflösende Bedingungen des einzutragenden Rechts sowie den Wert, sofern er in dem Titel enthalten ist, art 9, II. Die Eintragung einer unwiderruflichen Mejora-Anwartschaft ist also nur dann möglich, wenn sich die Mejorierung auf ein konkretes dingliches Recht bezieht.

Zwischen Erbfall und Erbteilung kann sich der Mejorierte in einer ungeteilten Erbengemeinschaft befinden oder als Vermächtnisnehmer gegen die Erben Anspruch auf Besitzübertragung haben. Es kann sein, daß der Verstorbene dem überlebenden Ehegatten die Befugnis zu mejorieren gemäß art 831 übertragen hat, wodurch sich die Übergabe der Mejora-Gegenstände hinauszieht. Unabhängig davon besteht ein Sicherungsbedürfnis, weil der überlebende Elternteil als Ausfluß seines Pflichtteils ein Nutzungsrecht an den Mejora-Gegenständen hat. In den genannten Fällen ist die Sicherung des Erbschaftsanspruchs durch eine Vormerkung möglich.

art 46: Der Erbschaftsanspruch kann, solange eine Verteilung der einzelnen Gegenstände, Quoten oder ungeteilten Anteile dieser nicht unter die Erben stattgefunden hat, lediglich Gegenstand einer Vormerkung sein. Diese kann jeder verlangen, der ein Recht an der Erbschaft hat oder ein berechtigtes Interesse dartun kann an dem Recht, welches Gegenstand der Eintragung ist.

Abs. II: .....

art 42: Eine Vormerkung ihrer entsprechenden Rechte in dem zuständigen Register können verlangen:

Ziffer 6: Die Erben bezüglich ihres Erbrechts, solange eine Verteilung der Nachlaßgegenstände, Quoten oder ungeteilten Teile derselben noch nicht stattgefunden hat.

Ziffer 7: Der Vermächtnisnehmer, der kein gesetzliches Recht hat, auf die Erbauseinandersetzung zu klagen.

Die Voraussetzungen für die Vormerkung sind: Tod oder Todeserklärung des Erblassers, Vorlage des Testaments oder des Ehevertrages oder eines gerichtlichen Beschlusses über die Eröffnung der gesetzlichen Erbfolge und eine Mehrheit von Berechtigten[259]).

Die Eintragung einer Vormerkung hindert ebensowenig die Beschwerung eines Erbteils, etwa durch die Anordnung einer Nacherbschaft, wie das Vorhandensein von Erbschaftsschulden[260]). Mit der Zuteilung der Immobilien an den Berechtigten endigt der „Lebenslauf" der Mejora, und der Eintragung des Vollrechts steht nichts mehr im Wege.

---

259) vgl. Roca Sastre, Derecho Hipotecario, S. 516.

260) ders., S. 518.

7. *Gründe für die Unwirksamkeit, das Erlöschen und die Minderung einer Mejora*

Ein unverdienter Vorzug würde demjenigen zuteil, der z. B. dem Erblasser nach dem Leben getrachtet hat und trotzdem weiter erbrechtliche Ansprüche stellen könnte. Alle Rechte römischer und germanischer Herkunft verurteilen einen solchen Erben als erbunwürdig. Die Mejora müßte deshalb als Einrichtung mortis causa den allgemeinen Grundsätzen über die Nichtigkeit und Anfechtbarkeit letztwilliger Anordnungen unterworfen sein.

Morell ist der nicht weiter begründeten Ansicht, daß die Enterbung und die Erbunfähigkeit wegen Unwürdigkeit die unwiderrufliche Mejora unberührt lassen[261]). Soweit die Frage in der Lehre behandelt wird, ist seine Ansicht kritik- und kommentarlos übernommen worden[262]). Sie stützt sich wohl darauf, daß sich die Berufung des Mejorierten aus Verträgen oneroser Natur herleitet, die schutzwürdigen Interessen Dritter zu beachten sind, und daß in den Vorschriften über die Erbunwürdigkeit, art 756 ff., nur vom Testament die Rede ist. Tatsächlich könnte man aus art 744:

> Die testamentarische oder gesetzliche Erbfolge können diejenigen antreten, die hierzu nicht kraft Gesetz erbunfähig sind.

den Gegenschluß ziehen, daß bei einem vertraglichen Berufsgrund die Erbunfähigkeit keine Rolle spielt. Hierauf ist zu entgegnen, daß der CC getreu seiner Tradition nicht den aus dem germanischen Rechtskreis stammenden Erbeinsetzungsvertrag kennt. Dennoch ist die ehe- und schenkungsvertragliche Mejora-Einsetzung vertragliche Erbfolge, weil die Mejora ein Teil der Erbschaft ist, und die Rechte am Nachlaß einer Person erst im Augenblick ihres Todes wirksam werden. Wenn das Gesetz dennoch die Erbunwürdigkeit nur bezüglich der gesetzlichen und testamentarischen Erbfolge erwähnt, dann ist das eine terminologische Inkonsequenz, wie sie leider häufig anzutreffen ist. Den vertraglichen Berufungsgrund kann der Erblasser nicht mehr einseitig beseitigen, wohl aber das Gesetz. In art 756 sind nämlich die Gründe enumeriert, die jeden für unwürdig und damit für unfähig erklären, aus irgendeinem Grunde etwas aus der Erbschaft zu erlangen. Das bestätigt art 761, wonach der Unwürdige auch kein Recht auf den Pflichtteil hat.

Die Erbunwürdigkeit wird nicht durch Anfechtung geltend gemacht, sondern tritt ipso iure ein, wenngleich drei der sieben Unwürdigkeitsgründe durch ein rechtskräftiges Strafurteil erhärtet sein müssen, art 756, Ziff. 2, 3, 5.

---

[251]) vgl. Morell, S. 156 ff.; vgl. Seite 71 dieser Arbeit über den Widerruf einer Mejora wegen Undanks.

[262]) vgl. Lacoste, S. 294; Manresa VI, S. 521.

Da die Gründe der Erbunwürdigkeit auch für die Enterbung ausreichen, art 852, kann diese ein einfacheres Mittel sein, um einen unwürdigen Mejorierten auszuschalten. Darüber hinaus rechtfertigt die Verweigerung des Unterhalts, die Mißhandlung oder Beleidigung des Erblassers die Enterbung, art 853. Auch wenn sie in erster Linie die Entziehung des Pflichtteils bewirkt, büßt der Abkömmling selbstverständlich damit auch die Rechte über die Mejora ein[263]).

Die Gründe für die Unwirksamkeit von Mejoras jeder Klasse lassen sich wie folgt zusammenstellen:

1. Infolge einer Willenserklärung des Mejoranten:
   a) ausdrücklicher oder stillschweigender Widerruf (bei unwiderruflichen Mejoras nur wegen Undanks);
   b) Enterbung;
   c) Ausübung des Rücktrittsrechts, das sich der Mejorant einer vertraglichen Mejora vorbehalten hat;
2. kraft des Willens des Mejorierten:
   a) Erbverzicht;
   b) Ausschlagung;
3. kraft Gesetz:
   a) der Mejorierte stirbt vor dem Mejoranten;
   b) Erbunwürdigkeit;
   c) die Mejora übersteigt das gesetzliche Maß, ohne daß eine Ausdehnung möglich ist;
   d) die Schulden übersteigen die Aktiva des Nachlasses.
4. Nichtigkeit des Testaments oder des Vertrages, worin die Mejora begründet wurde;
   Nichterfüllung von Auflagen und vertraglichen Abreden;
5. Eintritt oder Nichteintritt einer Bedingung.

Zwei Fälle müssen an dieser Stelle noch erwähnt werden, bei denen man an eine Unwirksamkeit der Mejora denken könnte:

a) Der Erblasser übergeht einen Pflichtteilsberechtigten. In diesem Fall ist das Testament insoweit ungültig, als es das Pflichtteilsrecht der nicht bedachten Abkömmlinge beeinträchtigt. Die Wirkung der Übergehung besteht in der Annullierung der Erbeinsetzung, jedoch bleiben Vermächtnisse und Mejoras wirksam, sofern sie nicht übermäßig sind, art 814, I.

b) Die ungerechtfertigte Enterbung eines Kindes: Hier wird die Erbeinsetzung nur insoweit annulliert, als sie den Pflichtteil des Enterbten beeinträchtigt. Vermächtnisse und Mejoras und andere testamentarische Anordnungen bleiben grundsätzlich gültig, art 851.

---

[263]) vgl. TS vom 20. 5. 1933; Manresa VI, S. 668.

8. Kapitel

Einzelfragen

1. Die Bedeutung der Mejora für die Berechnung des Pflichtteils des überlebenden Ehegatten, des natürlichen Kindes und des Adoptivkindes

Ein pietätloser Erbe, der über den Erbfall große Freude empfindet, wird sehr enttäuscht sein, wenn sich die Einverleibung der Mejora in sein Vermögen aus verschiedenen Gründen hinauszögert. Unabhängig von einer Beschränkung und Befristung der Zuwendung wirkt nämlich das Pflichtteilsrecht des überlebenden Elternteils als retardierendes Moment.

Die schwierige Gestaltung der erbrechtlichen Stellung des überlebenden Ehegatten hat im spanischen Rechtskreis drei Lösungen gefunden: a) Die Anerkennung eines Erbteils; b) die Gewährung eines Nießbrauchs über einen Erbteil; c) die Verpflichtung der Erben, dem bedürftigen Elternteil Unterhalt zu gewähren.

In Anlehnung an justinianisches Recht hat sich der CC für das gesetzliche Legat eines Nießbrauchs an bestimmten Quoten der Erbschaft entschieden. Nach dem alten art 834 erstreckte er sich auf die Quote, die dem Pflichtteil eines nichtmejorierten Kindes entsprach. Diese Regelung führte zu erheblichen Auslegungsschwierigkeiten und war auch unbillig; denn der überlebende Ehegatte erhielt umso weniger, je mehr Kinder vorhanden waren.

Im Zuge der kürzlichen Reform des CC ist das Erbrecht des überlebenden Ehegatten erheblich vereinfacht worden. Nach der neuen Fassung des art 834 erstreckt sich der Nießbrauch nun unabhängig von der Zahl der Kinder auf das Mejora-Drittel[264]:

> Wer beim Tod seines Ehegatten nicht getrennt lebt oder aber aus Verschulden des Vorverstorbenen getrennt lebt, hat Anspruch auf den Nießbrauch über das für die Mejora bestimmte Drittel, wenn er an der Erbschaft mit Kindern oder Abkömmlingen teilnimmt.

Das bedeutet, daß der Bedachte den Erbfall des überlebenden Elternteils abwarten muß, ehe er in den vollen Genuß der Mejora kommt. Das ist dehalb unangenehm, weil er dennoch zur Befriedigung der Erbschaftsschulden herangezogen wird. Andererseits ist für den Berechtigten ein Nießbrauch je nach Beschaffenheit der Erbschaftsgegenstände oft keine Hilfe. Aus diesem Grunde können die Erben mit seiner Zustimmung den Nießbrauch durch eine lebenslängliche Rente, eine einmalige Kapitalzahlung oder die Überlassung von Früchten bestimmter Gegenstände ablösen. Kommt eine Einigung

---

264) Gemäß art 836 erstreckt er sich dagegen auf den Freiteil, wenn auch Kinder aus einer vorangegangenen Ehe erben.

nicht zustande, dann kann eine gerichtliche Entscheidung herbeigeführt werden. Bis zu diesem Zeitpunkt bleiben alle dem Mejora-Drittel zugehörigen Erbschaftsgegenstände der Sicherung des Nießbrauchs verhaftet, art 839.

Die Mejora spielt schließlich in art 840 noch eine untergeordnete Rolle für die Höhe des Pflichtteils der natürlichen Kinder:

Hinterläßt der Testator legitime Kinder und Abkömmlinge und anerkannte natürliche Kinder, dann hat jedes einzelne der letzteren Anspruch auf die Hälfte dessen, was einem jeden nicht mejorierten legitimen Kind als Pflichtteil zusteht, vorausgesetzt, daß im Freiteil nach Abzug der Beerdigungskosten für die Befriedigung noch Raum ist.

Die legitimen Kinder können die Quote, die den natürlichen Kindern zusteht, in Geld oder anderen Erbschaftsgegenständen nach gerechter Bewertung ablösen.

An dieser Stelle treten nun die Berechnungssrobleme auf, die früher im Zusammenhang mit dem Recht des überlebenden Ehegatten entstanden waren. Nach einer Meinung sind $^{2}/_{3}$ der Erbmasse, oder was nach der Mejorierung davon noch übrig ist, gleichmäßig unter die Pflichtteilsberechtigten zu verteilen, und dem Berechtigten gebührt dann eine Quote, wie sie nach dieser Rechnung jedem Kind zufällt. Nach der zweiten Meinung muß der Berechtigte zum Zwecke der Berechnung einem Kind gleichgestellt werden, d. h. der vorhandenen Zahl der Kinder wird eins hinzugerechnet, und die nach gleichmäßiger Teilung errechnete Portion entspricht dem gesetzlichen Legat dieses Kindes. Die dritte Ansicht stellt nicht auf den Umfang der Mejorierung ab, sondern sieht in den Worten „nichtmejorierte Kinder" eine Anweisung, das Mejora-Drittel für die Berechnung außer acht zu lassen. Das enge Pflichtteilsdrittel wird demnach durch die Zahl der ehelichen Kinder geteilt, und die erlangte Portion ist dann diejenige, die dem natürlichen Kind zusteht. Die Rechtsprechung hat sich für die erste Meinung entschieden[265]). Die Vermögensmasse, über die der Pflichtteil eines nichtmejorierten Kindes errechnet wird, ist daher = $^{1}/_{3}$ + dem nicht vergebenen Teil des Mejora-Drittels. Dieser Wert ist durch die Zahl der ehelichen Kinder zu teilen und die Hälfte des Pflichtteils eines jeden Kindes ist dann der Betrag, den ein natürliches Kind aus dem Freiteil beanspruchen kann.

Beispiel: Nachlaß = 120, Begräbnisschulden = 20, Mejora = 20 bei 2 natürlichen und 2 ehelichen Kindern.
Die zu teilende Masse ist = 40 (enger Pflichtteil)
+ 20 (unverbrauchtes Mejora-Drittel
60 : 2 (eheliche Kinder)
= 30 : 2 = 15 = Legat der natürlichen Kinder.

---

[265]) vgl. TS vom 27. 12. 1935.

Von den 40 des Freiteils sind aber 20 für das Begräbnis zu bezahlen, so daß der Freiteil nicht ausreicht, um die 30 der beiden natürlichen Kinder zu befriedigen. Ihr Anteil ist deshalb zu kürzen. Sind an der Erbschaft noch Kinder einer vorangegangenen Ehe beteiligt, dann ist der Anteil der natürlichen Kinder mit dem Nießbrauch des überlebenden Ehegatten belastet, der in diesem Fall gemäß art 836 auf den Freiteil entfällt.

Da nach dem neuen art 971 Adoptivkinder natürlichen Kindern erbrechtlich gleichgestellt sind, kann der Erblasser in sehr vielen Fällen praktisch überhaupt keine Anordnung über seinen Freiteil treffen, weil er in irgendeiner Form den genannten Personen vorbehalten ist[266]).

2. *Die Mejora innerhalb der „Reserva" der art 972 und 811*

Zum Abschluß unserer dogmatischen Übersicht müssen wir uns noch mit einer Einrichtung befassen, die von Rom über die Foralgebiete in den CC gelangt ist. Die sog. Matrimonialreserve, um die es sich handelt, ist nicht leicht einzuordnen. Sie ist weder Nach- oder Ersatzerbfolge, Rückfallsrecht noch Pflichtteilsrecht oder Geschäft unter Lebenden. Diese Sondernachfolge hat folgenden Sachverhalt zum Gegenstand: Jemand hat zu Lebzeiten seines Ehegatten oder durch Verfügung von Todes wegen Grundbesitz und andere Gegenstände zugewendet und die gemeinsamen Kinder auf den Pflichtteil verwiesen. Diese erhalten das „Familiengut" erst, wenn der bedachte Ehegatte stirbt. Der normale Verlauf kann aber durch zwei Ereignisse gestört werden. Der überlebende Ehegatte kann ein natürliches Kind bekommen oder eine neue Ehe eingehen, aus der Kinder hervorgehen. In beiden Fällen teilen nun die ersten Kinder den Nachlaß mit den neu hinzukommenden. Für das ursprüngliche Vermögen des Überlebenden ist das selbstverständlich, aber bezüglich der unentgeltlichen Zuwendungen seitens des Vorverstorbenen kann es unbillig sein. Im Interesse der gemeinsamen Kinder wird daher aus diesen Gegenständen ein Sondervermögen gebildet, das die Kinder mit dem Tod des überlebenden Elternteils für sich beanspruchen können. Art 968 verpflichtet den Witwer, der eine neue Ehe eingeht, den Abkömmlingen aus der ersten das Eigentum der Gegenstände zu reservieren, die er von dem Vorverstorbenen kraft Erbfolge, Schenkung oder irgendeines anderen lukrativen Titels erhalten hat[267]).

Über dieses Sondervermögen hat der überlebende Ehegatte das Recht zu mejorieren:

---

[266]) Zur Kritik des Adoptivrechts der Reform vgl. Mezquita, S. 4 ff.

[267]) Gemäß art 969 gilt die Reserva auch für Gegenstände, die von einem Kind zugewendet wurden.

art 972: Trotz der Verpflichtung zur Reserva kann der Vater oder die neu verheiratete Mutter über die zu veservierenden Gegenstände zugunsten der Kinder und Abkömmlinge der ersten Ehe gemäß dem in art 823 Bestimmten mejorieren.

Die Rechtsfigur der Matrimonialreserva hat vor allem folgende Fragen aufgeworfen: Beerben die Kinder den vorverstorbenen Aszendenten mit der Folge, daß sie seinen Erbfall erlebt haben müssen und ihm gegenüber erbwürdig sein müssen, oder den überlebenden Ehegatten, so daß die Enterbung durch den Vorverstorbenen den Anfall der Gegenstände nicht hindert? Bedeutet die Bezugnahme des art 823 die Übernahme der dort genannten Quoten, so daß sich die Mejora auch nur über ein Drittel der Reserva erstreckt?

Es erübrigt sich, hier auf die Vielzahl der Meinungen über die Rechtsstellung des überlebenden Ehegatten bezüglich des Sondervermögens einzugehen. Die herrschende Meinung sieht in der Reserva eine Vermögensmasse, die den gemeinsamen Kindern unter zwei Voraussetzungen zusteht: a) Der überlebende Ehegatte hat ein natürliches Kind oder geht eine neue Ehe ein; b) die Kinder überleben seinen Tod. Bis dahin haben sie lediglich eine Anwartschaft, während der Überlebende Eigentümer ist und auch noch nach Eingehung einer neuen Ehe über die Gegenstände verfügen kann, wenngleich den Kindern dann das Surrogat zusteht, art 97 ff. Mit dessen Tod erwerben sie die genannten Vermögensteile, und zwar rückwirkend unmittelbar von dem Vorverstorbenen[268]). Daraus folgt, daß der Abkömmling, der von ihm enterbt worden ist oder ihm gegenüber erbunwürdig ist, kein Recht auf das genannte Vermögen hat[269]).

Über den Umfang der Mejorierung finden sich alle nur denkbaren Vorschläge. Nach Wort und ratio soll das Maß des art 823 die absolute Grenze sein und jede andere Lösung eine ungerechtfertigte Ausnahme von den Vorschriften der gesetzlichen Erbfolge darstellen[270]). Demgegenüber läßt sich einwenden, daß es bei dieser Masse keinen Freiteil gibt, weil sie ganz den Abkömmlingen zufallen muß, und die Mejora-Quote deshalb die Hälfte ausmachen müßte. Für andere ist es allein entscheidend, daß das Vermögen innerhalb der Familie bleibt. In der Tat dürfte die Erwähnung des art 823 eine globale sinngemäße Übernahme der Mejora-Regeln ohne Festlegung auf irgendwelche Quoten bedeuten. Letztgenannte Meinung bestätigt art 937:

Hat der Vater oder die Mutter g a n z oder teilweise das ihnen im vorangegangenen Artikel gewährte Recht nicht ausgenutzt ...

---

270) vgl. Lezon, RDP 1919, S. 228.

268) vgl. TS vom 18. 4. 1942.

269) vgl. Manresa VII, S. 299 ff. Bestätigt wird diese Lehre durch die Erbschaftssteuerverordnung vom 7. 11. 1947.

Diese Lösung ist nicht unbillig: denn das Sondervermögen ist identisch mit dem Freiteil, über den der Vorverstorbene zugunsten seiner Abkömmlinge verfügen konnte, den er aber seinem Ehegatten in der Erwartung vermacht hat, daß er nach dessen Tod den gemeinsamen Kindern zufällt. Der Vorverstorbene hätte also auch selbst die Möglichkeit gehabt, ausschließlich seine Abkömmlinge zu bedenken. Daß er dies nicht getan hat, muß nicht für seinen Wunsch sprechen, seine Kinder endgültig auszuschließen, sondern besagt, daß er diesen Wert vor ihnen seinem Ehegatten verschaffen wollte.
Sehr verwandt mit der Matrimonialreserva ist die Linear oder Familiar-Reserva, die in dem wohlgeordneten System der Pflichtteile und der Testierfreiheit eine weitere Sonderregelung darstellt.

art 811: Der Aszendent, der von seinem Nachkommen Gegenstände erhalten hat, die dieser unentgeltlich von einem anderen Aszendenten oder von einem Bruder erworben haben, ist verpflichtet, diese zugunsten von Verwandten dritten Grades, die sich innerhalb der Herkunftslinie der Gegenstände befinden, zu reservieren.

Die ratio dieses wohl umstrittensten Artikel des CC ist in noch stärkerem Maße als bei der Reserva des art 986 der Schutz des Vermögens einer bestimmten Herkunftslinie vor den Zufällen der Erbfolge. Angesichts der Ähnlichkeit beider Reservas fällt es auf, daß den Aszendenten der linearen Reserva die Fähigkeit zu mejorieren nicht ausdrücklich zusteht. Unter Berufung auf einen häufig zitierten Satz, wonach die gleiche Sachlage denselben Normen unterliegt[271]), wird in der Lehre die Mejorierung in analoger Anwendung des art 972 für zulässig befunden[272]).
Die Rechtsprechung hat diese Analogie stets abgelehnt:

„Artikel 811 verbietet dem Reservierenden von Todes wegen über bestimmte Gegenstände zu verfügen, sofern Verwandte innerhalb des 3. Grades im Zeitpunkt des Todes vorhanden sind, und der Gesetzgeber hat sich das Recht vorbehalten, den Weg vorzuschreiben, den bestimmte Güter nehmen müssen. Für eine Verfügungsfreiheit des Erblassers ist hier kein Raum mehr[273]).“

Die Berechtigten haben also zu gleichen Teilen Anspruch auf die Reserva, und jede testamentarische Verfügung — sei es in Ausübung der vermeintlichen Fähigkeit zu mejorieren, sei es in mißbräuchlicher Ausübung des Rechts aus art 1056 — ist unwirksam.

---

[271]) vgl. TS vom 3. 2. 1911 und 5. 11. 1925.
[272]) vgl. Fuenmayor in RDP 1946, S. 350.
[273]) TS vom 8. 6. 1954.

Dritter Teil

DIE MEJORA IM SPANISCHEN REGIONALRECHT

1. Kapitel

Gemeinsame Merkmale des Foralrechts und seine Anwendung über das interlokale Kollisionsrecht

Die Unterscheidung zwischen gemeinsamem und foralem Recht ist auf der Halbinsel seit Jahrhunderten geläufig. Viele Herrscher, von Alfons X. über Philipp V. bis Franco haben sich um die Beseitigung der ungezählten städtischen Sonder- und regionalen Gewohnheitsrechte bemüht. Aber entweder ist ihr Vorhaben an denjenigen Juristen gescheitert, die fortfuhren, nach dem ihnen mehr zusagendem römischen Recht zu richten, oder an dem Widerstand der Foralisten, obwohl zuweilen Katalanen und Aragonen entschieden für eine einheitliche Gesetzgebung eingetreten sind. Die Verzögerung, die die Rechtseinheit bis heute erleidet, ist auf die unglückliche Identifizierung von staatlichem Zentralismus und Rechtseinheit zurückzuführen. Autonomisten, Separatisten und Föderalisten bangen um ihre Ziele, wenn in ganz Spanien ein einheitliches Zivilrecht gilt. Es scheint, als wirkten in dieser komplexen politischen Einstellung die gleichen Ideen, die zur Unabhängigkeit der spanischen Kolonien geführt haben, sowie auch ein Moment nationaler Auflehnung gegen den starken Einfluß des französischen Rechtes[274]). Die Argumente der Foralisten stammen hauptsächlich aus Savignys „System des römischen Rechts", mit dessen Übersetzung die Lehre der historischen Rechtsschule in Spanien eingeführt wurde. Danach ist das Recht Ausdruck der Seele eines Volkes und ein wichtiges Unterscheidungsmerkmal, das zur Rechtfertigung der Autonomie gepflegt werden muß. Viele Foralpolitiker tragen daher mit dem Eifer von Anthropologen ein buntes Gemisch von archaischen, dem Volks längst unbekannten Gebräuchen zusammen und verstehen es, Reaktionären wie Revolutionären glaubhaft zu machen, daß justinianisches und kanonisches Recht wie Feudalvorschriften dem heutigen Zivilrecht erhalten werden müssen. In ironischer Anspielung auf die mittelalterliche Vielrechtelei hat Ganivet einen köstlichen Ausspruch getan, der immer noch aktuell ist: „Damals war unser Land kurz davor, sein

[274]) vgl. Castro, S. 243.

juristisches Ideal zu verwirklichen: alle Spanier tragen einen Foralbrief in der Tasche mit einem einzigen Artikel, der kurz, klar und überzeugend besagt: dieser Spanier ist berechtigt zu tun und zu lassen was er will"[275]). So hat es anachronistischer Kantönligeist bis heute vermocht, den Wert und praktischen Vorteil einer gemeinsamen Kodifizierung zu unterdrücken[276]).

Den Foralisten ist es gelungen, ihr Programm in Art. 12 Eingang zu verschaffen, nachdem sie erreicht hatten, daß der Comisión General de Codificación „Experten" von Katalonien, Aragonien, Navarra, Vizcaya und Mallorka und Galizien beigeordnet worden waren:

„Die Vorschriften dieses Titels sind, sofern sie die Wirkung der Gesetze und der Verordnungen und die allgemeinen Regeln für ihre Anwendung bestimmen, in allen Provinzen des Reiches verbindlich. Das gleiche gilt für die Vorschriften des Titels IV, Buch I.

Im übrigen bleibt das Foralrecht in den Provinzen und Gebieten, in denen es fortbesteht, vorerst in vollem Umfang erhalten, ohne daß ihre geschriebene oder gewohnheitsmäßige Rechtsordnung eine Änderung durch den Erlaß dieses Códigos erfährt, der nur als ergänzendes Recht bei Unvollständigkeit des in jedem dieser Gebiete kraft ihrer besonderen Gesetze geltenden Rechts gilt."

Dank der etwas konzilianteren Vertreter von zwei Provinzen bestimmt art 13:

„Ungeachtet des im vorangehenden Artikel Geregelten, tritt der CC in Aragonien und den Balearischen Inseln zur gleichen Zeit wie in den Provinzen ohne Foralrecht in Kraft, insoweit er nicht deren foralen und gewohnheitsmäßigen Vorschriften, die gegenwärtig in Geltung sind, entgegengesetzt ist."

Damit war das Ideal eines einheitlichen nationalen Rechts vorerst wieder zunichte gemacht worden. Über diese rechtswissenschaftliche Niederlage kann nicht hinwegtrösten, daß das Foralrecht eines Tages als Anhang eine äußerliche Einheit mit dem CC bilden wird:

„Nach Anhörung der Comisión de Códigos wird die Regierung den Cortes in einem oder verschiedenen Gesetzesentwürfen die Anhänge zum CC vorlegen, in denen die zweckmäßigerweise zu erhaltenden, heute noch bestehenden Foraleinrichtungen der jeweiligen Provinzen oder Gebiete enthalten sind." (art 6 der Ley de Bases.)

So kann man heute genau genommen nicht von einem, sondern nur von mehreren Foralrechten sprechen. Jedes einzelne ist die Ge-

---

275) Ganivet, Idearium Español, S. 55.

276) Denkt man an die Karlistenkriege und den sozialen und politischen Zündstoff, der seither in der Halbinsel lagert, dann versteht man, daß der Preis einer von der Zentralgewalt erzwungenen Rechtseinheit der Abfall des wirtschaftlich starken Kataloniens und der Baskenländer sein könnte.

samtheit von heterogenen lokalen Rechtsprivilegien, die sich als nicht derogiertes Sonderrecht in den Gebieten erhalten, die früher Fueros und besondere Gewohnheiten gekannt haben[277]). Die Lehre hat als Foralgebiete Aragonien, Katalonien, Mallorka, Navarra und Vizcaya einmütig und Galizien mit Bedenken anerkannt. Die Rangfolge der geltenden Normen ist dort[278]) die folgende: 1. die allgemeinen, nach Veröffentlichung des CC erlassenen Gesetze; 2. die allgemeinen, vor seiner Veröffentlichung erlassenen Gesetze; 3. die Vorschriften des CC, die alle Provinzen binden, art 12; 4. das geschriebene oder gewohnheitsmäßige Foralrecht mit seinen entsprechenden subsidiären Normen; 5. der CC als subsidiäres Recht letzten Grades.

Gegenstand des Foralrecht ist in erster Linie die besondere Regelung der testamentarischen Erbfolge[279]). Alle diese Sonderrechte kennzeichnet ein hohes Maß Testierfreiheit. Hierfür ist weniger römisch-rechtlicher Einfluß bestimmend gewesen als politische Gründe zur Zeit der Reconquista wie agrarpolitische Erwägungen zum Schutz des bäuerlichen Kleinbesitzes. Kein einziger Fuero erwähnt die Mejora. Doch diese Feststellung trügt, weil in einigen der Pflichtteil in Wahrheit der Mejora sehr ähnlich ist.

Der Untersuchung der foralen Erbrechte auf Spuren von Mejora-Merkmalen sollen die Vorschriften des Interregionalen Privatrechts vorangestellt werden. Der Grundsatz ist die analoge Anwendung der Vorschriften des spanischen Internationalen Privatrechts.

art 14: Das in den art 9, 10 und 11 über die Personen, die Rechtsgeschäfte und die Güter der Spanier im Ausland und der Ausländer in Spanien Bestimmte ist angesichts des im art 12 Angeordneten auf die Personen, die Rechtsgeschäfte und Güter der Spanier in den Gebieten und Provinzen mit verschiedener Zivilgesetzgebung anwendbar.

art 10: Die beweglichen Güter sind den Gesetzen der Nation des Eigentümers unterworfen; die unbeweglichen Güter den Gesetzen des Landes, in denen sie belegen sind.

Indessen bestimmen sich die gesetzliche und testamentarische Erbfolge ebensowohl im Hinblick auf die Erbfolgeordnung wie auf die Höhe der Erbteile und die inhaltliche Gültigkeit der Verfügungen nach dem Heimatrecht der Personen, um deren Beerbung es sich handelt, welcher Art auch die Güter und welches auch das Land, in dem sie sich befinden, sein mögen. Abs 3 ...

art 11: Die Form und Feierlichkeiten der Verträge, Testamente und übrigen öffentlichen Urkunden richten sich nach den Gesetzen des Landes, in denen sie errichtet werden.

art 15: Die familienrechtlichen, die auf Personalstand, Rechtsstellung, Rechtsfähigkeit der Personen bezüglichen sowie die aus testamentarischer

---

[277]) vgl. Castro, S. 270.

[278]) Mit Ausnahme von Aragonien und den Balearen, art 13.

[279]) Die Intestaterbfolge regelt sich nach dem CC, der als allgemeine Norm alle Fueros insoweit derogiert; vgl. TS vom 19. 12. 1942.

oder gesetzlicher Erbfolge sich ergebenden Rechte und Pflichten, die in diesem CC aufgestellt werden, sind anwendbar 1. auf die Personen, die in den Provinzen oder Gebieten des gemeinen Rechts geboren worden sind, deren dem Foralrecht unterworfenen Eltern, solange ihre Kinder noch minderjährig sind, — oder die Letztgenannten innerhalb eines Jahres nach Erlangung der Volljährigkeit — ihren Willen erklären, sich dem CC zu unterwerfen; 2. auf die Kinder von Vätern, — falls sie nicht mehr leben oder unbekannt sind, von Müttern —, die Provinzen oder Gebieten gemeinen Rechts angehören, auch wenn sie in Provinzen und Gebieten geboren sind, in denen Foralrecht besteht; 3. auf diejenigen, die aus Provinzen und Foralgebieten hervorgegangen sind, aber in anderen, dem gemeinen Recht unterworfenen Gebieten Bürgerrechte erworben haben.

Im Sinne dieses Artikels wird das Bürgerrecht erworben: durch einen 10jährigen Aufenthalt in Provinzen oder Gebieten des gemeinen Rechts, sofern nicht der Betreffende vor Ablauf dieses Zeitraums einen entgegengesetzten Willen kundtut; oder durch einen 2jährigen Aufenthalt, sofern der Betreffende seinen entsprechenden Willen zum Ausdruck bringt. Die eine oder andere Kundmachung hat vor dem Amtsrichter zum Zwecke einer entsprechenden Eintragung in das Zivilregister zu erfolgen.

In jedem Fall folgt die Ehefrau der Rechtsstellung ihres Ehemannes und die minderjährigen Kinder der ihres Vaters und in Ermangelung seiner der ihrer Mutter.

Die Vorschriften dieses Artikels sind wechselseitig anwendbar in den spanischen Provinzen und Gebieten mit verschiedenem Zivilrecht.

2. Kapitel

Der nominelle Pflichtteil Aragoniens

Bis zu Beginn des 14. Jhdts. herrscht im Königreich von Aragonien der liber judiciorum, der für die Testierfreiheit nur wenig Raum läßt. Dies ändert sich im Jahre 1307, als der Adel von Jaime II. das Privileg erwirkt, das Vermögen, insbesondere den Grundbesitz ausschließlich einem Kind vermachen zu dürfen. Er führt an, daß die gleichmäßige Verteilung der Erbschaft zur Zerstückelung der alten Besitzungen führe. Da der König einen mächtigen Adel für den Kampf gegen die Mauren braucht, gewährt er die für die Erhaltung des Macht und des Glanzes des Adels notwendigen Vorrechte. Schon kurze Zeit später, im Jahre 1311, wird die Testierfreiheit der gesamten Bevölkerung zugänglich gemacht, wodurch die Mejora nach jahrhundertelanger Übung aufhört zu existieren[280]). Eine feste Pflichtteilsquote gibt es nicht mehr und das einzige, was von der allumfassenden germanischen Reserve übrigbleibt, ist ein rein nomineller Pflichtteil von „cinco sueldos" für Immobilien und Mobilien[281]). Die

[280]) vgl. Brun, S. 143.

[281]) Das sind fünf Pfennig. Aller Geldentwertung zum Trotz war dieser Betrag niemals mehr als eine symbolische Zuwendung.

militärische ratio der Testierfreiheit bedingt, daß der Erblasser nur seine Kinder bedenken darf. Es steht ihm frei, ihnen den symbolischen Pflichtteil zu hinterlassen, sofern nur ein Kind das gesamte übrige Vermögen erbt[282]). Die Vereinigung von Aragonien und Kastilien durch die Heirat von Fernando und Isabel im Jahre 1479 ändert an diesen Besonderheiten nichts. Nur Gesetze allgemeinen Inhalts haben nach der Vereinigung der Krone Vorrang vor dem eigentlichen Zivilrecht Aragoniens. Dieses besteht aus einer Vielzahl von Rekopilationen, einzelnen Fueros und Observanzen, die alle gemäß einer hierarchischen Ordnung nach dem Subsidiaritätsprinzip anwendbar sind. In zwei Urteilen des 19. Jhdts. wird bestätigt, daß der Erblasser irgendeines seiner Kinder zum Erben einsetzen kann und den übrigen einen beliebigen Betrag hinterlassen kann, ohne an irgendeine Quote gebunden zu sein[283]).

Aragonien hat am 7. 12. 1925 als erstes Foralgebiet sein neu geordnetes Sonderrecht dem CC einverleiben können. Dieser sog. Anhang ist eine Zusammenfassung des alten schriftlichen und gewohnheitsmäßig gebräuchlichen Familien- und Erbrechts: art 17—29 Testamente und ihre Formen, art 30—33 Erbeinsetzung, Pflichtteil und Enterbung, art 34—42 gesetzliche Erbfolge, art 46—62 eheliches Güterrecht.

Für uns ist die wichtigste Vorschrift der art 30:

Die Aragonesen, die sterben, ohne legitime Nachkommen zu hinterlassen, können testamentarisch frei über ihr gesamtes Vermögen verfügen. Die freie Verfügung beschränkt sich auf 1/3 des Nachlasses, wenn solche erbfähigen Abkömmlinge, gleich in welcher Zahl, vorhanden sind. Sind zwei oder mehrere Abkömmlinge vorhanden, dann kann der Testator nach Belieben und u n g l e i c h m ä ß i g die 2/3 des Nachlasses, die als Pflichtteil der Nachkommenschaft gebühren, unter sie verteilen.

Der Zwangserbe, der als Folge der Verteilung in die Lage kommt, Unterhalt zu fordern, kann dieses Recht gem. art 1042 des CC gegen die Nachfolger des Aszendenten im Verhältnis ihrer entsprechenden Beteiligung an der Zwangserbschaft geltend machen.

Der eheliche erbfähige Abkömmling schließt von dieser Zwangserbschaft die durch seine Vermittlung vom Testator Abstammenden aus, und dieser kann frei die Menge oder Portion des Vermögens für einen jeden der Nächstberechtigten festsetzen, wie auch für diejenigen, die einer späteren Generation angehören, aber die Vorverstorbenen oder Erbunfähigen näheren Grades vertreten.

Hier gibt es also nur eine globale Pflichtteilsquote ohne individuelle Portionen der einzelnen Abkömmlinge[284]). Dennoch wird bei Übergehung und ungerechtfertigter Enterbung eines Pflichtteilsberechtig-

---

282) vgl. Otto y Crespo, S. 287.

283) vgl. TS vom 15. 12. 1858 und 17. 3. 1864.

284) vgl. TS vom 28. 10. 1935.

ten die gesetzliche Erbfolge eröffnet, art 32. Ein Erblasser kann seine Kinder aber praktisch dadurch „enterben", daß er sie in seinem Testament mit einem winzigen Betrag bedenkt. Durch diesen symbolischen Pflichtteil wird die gesetzliche Erbfolge abgewendet, sofern im übrigen das Vermögen einem Pflichtteilsberechtigten zufällt. Der Pflichtteil kann zugunsten anderer Abkömmlinge belastet werden und zwar auch zugunsten solcher, deren Aszendenten vermittelnden Grades noch leben, art 31 Ziff. 3.

Obwohl sich an keiner Stelle des Anhangs der Begriff der Mejora findet, sind die Befugnisse des Erblassers in Aragonien denen eines Mejoranten tatsächlich sehr ähnlich[285]).

Im übrigen berührt es die Gültigkeit einer letztwilligen Verfügung nicht, wenn ein Aragonese sich der Figur der Mejora bedient. Der geringe Sinn eines solchen Verfahrens könnte darin liegen, die im CC entwickelte Lehre über die Mejora global zu beziehen, soweit sie dem Testamentsrecht von Aragonien nicht widerspricht[286]).

3. Kapitel

Keine Mejora auf den Balearischen Inseln

In art 13 werden die Balearischen Inseln ausdrücklich dadurch gekennzeichnet, daß hier der CC insoweit sofort in Kraft tritt, als seine Vorschriften nicht im Widerspruch zu dem bestehenden Gesetzes- und Gewohnheitsrecht stehen.

Das eigene Recht Mallorkas besteht aus den Pragmatiken und Privilegien, die Philipp V. nicht außer Kraft gesetzt hat. Hiervon ist merkwürdigerweise nie eine offizielle Rekopilation angefertigt worden, so daß dieses Recht nur in einer Vielzahl privater Aufzeichnungen erhalten ist[287]). Dieser Umstand hat zu dem Streit geführt, ob die Usatges und Constituciones von Katalonien, das kanonische, römische oder das aragonesische Recht subsidiär anzuwenden sind. Der Streit hat mit der Veröffentlichung des CC an Bedeutung verloren, weil das gemeinsame Recht hier wie in Aragonien auf allen Gebietes direkt und nicht subsidiär anwendbares Recht ist, d. h. es absorbiert auch die Vorschriften, die im Foralrecht ähnlich geregelt sind. Bestehen bleiben nur die in Form und Wesen entgegengesetzten Einrichtungen. Eine wichtige Folge dieser Regelung ist, daß die ganze Kette von subsidiären Rechten ausgeschaltet ist, und

---

285) In diesem Sinne auch Garcia Granero, S. 828; Roca Sastre in La necesidad de diferenciar lo rural de lo urbano, S. 356.

286) Unzulässig wäre die Mejorierung eines Nachkommen zu Lebzeiten des die Verwandtschaft vermittelnden Elternteils.

287) Eine Liste der wichtigsten Sammlungen bei Castro, S. 291.

der CC nicht nur die Funktion eines letzten ergänzendem Rechts hat[288]).

Das Erbrecht der Balearen ist reines römisches Recht, so wie es durch die Gewohnheit und die privaten Aufzeichnungen bis heute überliefert worden ist. Seine Quellen sind die Novellen 18, 115, 118 der Digesten des Corpus Iuris[289]). Danach besteht der Pflichtteil in einer Quote dessen, was der Abkömmling als Intestaterbe erhalten würde, nämlich $^1/_3$, wenn der Intestatanteil $^1/_4$ oder mehr beträgt (also bei 4 oder weniger Kindern) und die Hälfte, falls er geringer ist. Irgendeine Beschwerung des Pflichtteils ist nichtig[290]). Für eine Mejora ist in diesem testamentsfreundlichen System kein Raum und solange keine Notwendigkeit, als die Kinder durch den Testator nicht vernachlässigt werden.

Es heißt, daß bei den ärmeren Fischern im allgemeinen keine Erbteilung stattfindet, sondern der älteste Sohn, der gewöhnlich zuerst in der Seefahrt unterwiesen wird, das Schiff übernimmt[291]).

4. Kapitel

Römisches Recht in Katalonien

Während langer Zeit war in Katalonien wie in der restlichen Halbinsel der liber iudiciorum das gemeinsame Recht, weshalb dort die Mejora in der Fassung des Erwigius bekannt gewesen sein muß. Dieser Zustand ändert sich erst mit dem Aufkommen der städtischen Fueros. Die Mejora verschwindet, und die Höhe des Pflichtteils bestimmt sich örtlich verschieden teils nach gotischem, teils nach klassisch-römischem Recht und nach dem in Novelle 18 Justinians niedergelegten byzantinischen Recht[292]). Durchgesetzt hat sich schließlich die „Quarta Falcidia". Während diese Einrichtung in Rom zum Schutz der Nachkommen entstanden war, bekundet Philipp II. in den katalanischen Cortes von Monzon (1585) als Motiv: „In dem Bestreben, die fürstlichen Häuser zu erhalten, bestimmen und befehlen wir mit Zustimmung der anwesenden Ständeversammlung, daß der Pflichtteil für alle Söhne und Töchter, auch wenn sie vier an der Zahl übersteigen, nur in dem vierten Teil der Güter des Verstorbenen be-

---

288) vgl. Castro, S. 288.

289) Das Vorherrschen römischen Rechts wird sich daraus erklären, daß die Balearen zur Zeit der Veröffentlichung des Corpus Iuris ein Teil des byzantinischen Reiches gewesen sind.

290) vgl. Pascual, S. 205.

291) vgl. Brun, S. 148.

292) vgl. Falcon, S. 329.

steht[293])." Die Stärkung des Feudalwesens war also auch hier der Grund für die Regelung, die sich bis heute erhalten hat.

Inzwischen ist das Projekt eines Foralrechts von Katalonien veröffentlicht worden, aber noch fehlt das Gesetz, wodurch es als Anhang dem CC eingegliedert wird. Es hat deshalb noch keinen normativen Rang, stellt aber eine autorisierte legislative Orientierung dar, die es verdient, bei der Anwendung der Vorschriften des geltenden Foralrechts berücksichtigt zu werden[294]). „Es ist schon jetzt eine bedeutungsvolle Quelle, um das zu ermitteln, was im Grunde genommen eine communis opinio ist und ohne Einschränkung durch das höchste Gericht anerkannt wird[295])." Aus diesem Grunde sollen die einschlägigen Vorschriften dieses Entwurfs, der ja nichts weiter als eine Sammlung alten Rechtes ist, erwähnt werden.

art 273: Kraft Gesetz verleiht der Pflichtteil das Recht, über den Nachlaß des Verstorbenen einen Vermögenswert in Höhe des in art 283 Bestimmten zu Eigentum zu fordern. Diesen muß der Erblasser dem Pflichtteilsberechtigten durch Erbeinsetzung, mittels Vermächtnis, Schenkung oder auf andere Weise hinterlassen.

art 275: Der Erblasser kann den Pflichtteilsberechtigten nicht ausschließen, es sei denn wegen gerechtfertigter Enterbung, noch Bedingungen, Fristen, Auflagen, einen Nießbrauch, eine Nacherbeinsetzung und andere Beschränkungen oder Beschwerungen auferlegen. Dem entgegengesetzte Anordnungen gelten als nicht vorgenommen. Unberührt bleibt das in art 289 Bestimmte.

art 276: Pflichtteilsberechtigte sind die Kinder und legitimen Abkömmlinge bezüglich ihrer Eltern und legitimen Aszendenten.

art 283: Der Pflichtteil entspricht einem Viertel der Grundmasse, die sich gemäß den folgenden Regeln errechnet.

Dieser Rechtszustand gilt grundsätzlich in dem Gebiet der „audiencia territorial de Barcelona", art 1. Einzelne Gemeinden behalten darüber hinaus ihre zivilrechtlichen Privilegien bei[296]), was die Schwierigkeit, eine treffende Aussage über das anzuwendende Recht zu machen, ebenso erhöht wie die Regelung der Rechtsergänzung. Die Normen dieser Rekopilation werden nämlich durch folgende Texte ausgelegt und ergänzt: 1. die Constituciones y altres de Cataluña in der Fassung von 1701; 2. Corpus Iuris Canonici und die nachfolgenden kanonischen Gesetze; 3. Corpus Iuris Civilis; 4. die allgemeine und konstante Lehre der Rechtsgelehrten des katalanischen, kanonischen und römischen Rechts; 5. die Meinung derjenigen Rechtsgelehrten, die in den Urteilen der Antigua Real Audiencia de Cataluña oder des Tribunal Supremo Aufnahme gefunden hat, art 5.

---

293) zitiert bei Rossmann, S. 659.

294) vgl. TS vom 23. 11. 1955.

295) so TS vom 25. 3. 1957.

296) so Tortosa, Gerona, Valle de Aran.

Bleiben trotz Heranziehung dieser archaischen Quellen noch Zweifel, dann ist die lokale oder regionale Gewohnheit zu konsultieren. Durch diese umfassende Bezugnahme aller katalanischen Rechtsquellen wird der Entwurf seine größte Chance, zu einer Rechtsvereinfachung beizutragen, verpassen, dafür die Zahl der Rekopilationen vergrößern und die Rechtsunsicherheit mehren[297]). Darüber hinaus wirft die Tatsache, daß im Jahre 1960 der CC die letzte subsidiäre Rechtsquelle ist, ein bezeichnendes Licht auf die Bereitschaft der Katalanen, die Rechtseinheit in Spanien zu fördern.

5. Kapitel

Die relative Testierfreiheit in Navarra

Die frühzeitige Entstehung eines Königreichs Navarra, die geographische Nähe Frankreichs und die besonderen Erfordernisse der Kriegführung gegen die maurischen Eindringlinge haben in diesem Gebiet schon frühzeitig zu einem bunten Partikularrecht geführt. Das heute noch gültige Pflichtteilsrecht geht zurück auf eine alte Gewohnheit, die der Adel 1688 durch die Cortes von Pamplona zum geschriebenen Recht erheben ließ. Danach können diejenigen, die nicht Bauern und Plebejer sind, mit absoluter Freiheit auch zugunsten Fremder testieren. Der Pflichtteil ist ähnlich wie in Aragonien mehr oder wenig ideell und besteht in „cinco sueldos febles" für die Mobilien und „una robada de tierra" für die Immobilien[298]). Diese Regelung galt anfangs nur für den Adel, während die übrigen Stände einem Gesetz gehorchten, nach dem alle Kinder zu gleichen Teilen berechtigt waren[299]). Diese Unterscheidung verlor sich im Lauf der Zeit, weil sich das Privileg einer Klasse zum Recht aller erweiterte[300]). Von diesem Zeitpunkt an war der Pflichtteil der Kinder nicht viel mehr als eine Formel, da ja der Testator über sein ganzes Vermögen verfügen konnte.

---

297) Das Projekt als Sammelbecken jahrtausendealter Ordnungsvorstellungen ist eine einzigartige Ausstellung rechtlicher Institutionen. So verzeichnet es allein 21 Möglichkeiten der Kundbarmachung des letzten Willens. Sehr gebräuchlich ist die sog. „clausula de confianza", wodurch der Erblasser sein Vermögen seinem Ehegatten mit der Verpflichtung der Verteilung auf die gemeinsamen Abkömmlinge hinterläßt. Diese in der Rechtsprechung anerkannte Klausel (TS vom 12. 11. 1897) entspricht etwa der gegenseitigen Ermächtigung i. S. d. art 831 CC; vgl. Alpañez, S. 287.

298) Eine Robada ist ein für Navarra typisches Flächenmaß und entspricht 8 areas (1 area = 143 varias) = etwa 95 qm.

299) vgl. Falcon, S. 339.

300) vgl. Falcon, S. 339.

Das Erbrecht Navarras ist heute insbesondere in der Novisima Recopilación de las leyes del Reino de Navarra (1735) und acht nachfolgenden Sammlungen überliefert. Subsidiäres Recht ist der CC vor dem römischen Recht[301]). Mit seinem symbolischen Pflichtteil und der Fähigkeit des Erblassers, sein Vermögen von Todes wegen an Fremde zu vergeben, steht Navarra mit an der Spitze der Erbrechte, die dem Prinzip der Testierfreiheit huldigen. Dem mag auch entsprechen, daß es hier allgemein zulässig ist, die Testierfähigkeit zu übertragen, und zwar nicht nur auf den Ehegatten, sondern auch gemeinschaftlich auf 2 Personen, von denen eine der väterlichen und die andere der mütterlichen Linie angehören. Treten Streitigkeiten auf, dann kann in letzter Instanz ein Dritter entscheiden, der kein Verwandter zu sein braucht[302]). Der nominelle Pflichtteil hat seine Rechtfertigung nur in einer ärmlichen ländlichen Zone, wo der Nachlaß meist nur aus einem uralten Haus, altem Hausrat und etwas kargem Ackerland besteht. Bei Anwendung des gemeinen Pflichtteilsrechts würde für das einzelne der meist zahlreichen Kinder kaum etwas herauskommen, sicher aber das bäuerliche Anwesen als Erwerbsquelle zerschlagen werden. Setzt der Erblasser tatsächlich ein Kind zum alleinigen Hoferben ein[303]), also ohne seine Testierfreiheit zum Nachteil seiner Kinder zu gebrauchen, dann ist die Mejora überflüssig.

6. Kapitel

Mejoraähnliches Recht in Vizcaya

Von den drei baskischen Provinzen Guipúzcoa, Alava und Vizcaya haben nur die beiden letzten noch ein eigenes Erbrecht. Das von Vizcaya gründet sich auf den Fuero del Senorio de Vizcaya, der im Jahre 1527 von Carlos I. verliehen wurde. Der Fuero galt seit jeher nur für das flache Land und nicht für die Städte, und da die Abgrenzung zwischen Stadt und Land auf dem damaligen Stand beharrte, die tatsächliche und verwaltungsmäßige Ausweitung der Städte also nichts an der bestehenden Foralverfassung änderte, gab

---

[301]) vgl. Castro, S. 297.

[302]) vgl. Alpañez, S. 287.

[303]) Daß die Klöster, Miliz und Polizei in Spanien keine Nachwuchssorgen kennen, ist nicht zuletzt auf solche foralen erbrechtlichen Gegebenheiten zurückzuführen. Wer nämlich voraussieht, daß er eines Tages der Familie des ältesten Bruders weichen muß und keine Mittel für den Aufbau einer eigenen Existenz zu erwarten hat, meint oft, keine andere Wahl als den Dienst für König oder Kirche zu haben.

[304]) vgl. Castro, S. 297.

es z. B. in Bilbao Straßen, in denen teilweise kastillianisches und teilweise Foralrecht galt[304]).

Das kürzlich als Anhang zum CC in Kraft getretene Foralrecht[305]) hat für die Abgrenzungsfrage ein neues Kriterium geschaffen. Das Sonderrecht gilt nunmehr grundsätzlich in der gesamten Provinz mit Ausnahme von 12 Städten[306]), die ausschließlich dem CC unterstehen, art 12. Das vom Foralrecht ausgenommene Stadtgebiet entspricht dem jetzigen oder zukünftigen Umkreis der Stadtkerne, der regelmäßig hinter dem Verwaltungsgebiet zurückstehen dürfte. Durch eine Änderung der Verwaltungsgrenzen einer Stadt allein wird deshalb das Foralgebiet als solches nicht berührt, art 4. Auch die unmittelbaren Örtlichkeiten wie größere Siedlungen und Industrieprojekte gelten als zum Stadtkern zugehörend. In dem Grenzgebiet zwischen bebautem Stadtkern und Verwaltungsperipherie gelten alle Gehöfte als dem Foralgebiet unterworfen. Aus der Herausnahme der Städte läßt sich bereits der rechtspolitische Sinn der Foralgesetzgebung ersehen. Sie ist eine Art Agrarstatut, eine Vorwegnahme jüngster Tendenzen zur Ordnung des spanischen Landwesens. Ihre Institutionen dienen vornehmlich der Erhaltung des Gehöfts im Sinne des einheitlichen Familienvermögens[307]). Dem entsprechen die Vorschriften über die testamentarische Erbfolge, die dem Bauer die einheitliche Übertragung des Gehöfts auf ein Kind ermöglichen[308]).

art 21: Den Pflichtteil, oder die Zwangserbschaft, bilden $^4/_5$ aller Gegenstände des Testators. Das restliche $^1/_5$ ist zur freien Verfügung.

art 23: Der Testator kann die Zwangserbschaft frei unter die Erben verteilen, die in jeder der im vorangehenden Artikel genannten Linien enthalten sind, oder aber einen von ihnen unter Abtrennung der übrigen wählen.

Abs. 2 . . .

art 27: Die Kinder, Deszendenten oder ehelichen Aszendenten können mit einer Substitution oder Auflage, die $^1/_5$ des Nachlaß übersteigt, nicht belegt werden, es sei denn, sie erfolgt zugunsten der anderen Zwangserben.

---

305) Durch Ges vom 30. 7. 1959, veröffentlicht im B. O. E. vom 31. 7. 1959.

306) Bermeo, Durango, Ermuá, Guernica y Luno, Lanestosa, Lequeito, Marquina, Ochandiano, Ondárroa, Portugalete, Plencia, Valmaseda, Orduña und Bilbao.

307) vgl. Einführung des Ges in B. O. E., Nr. 182, S. 1359.

308) Als zentraler Gedanke erscheint die Erhaltung des Familienvermögens, dem Rückfallsrechte und andere Bestimmungen der Sondernachfolge, wie das Tronkalitätsprinzip, dienen. Durch sie wird sichergestellt, daß insbesondere Immobilien nicht der familiären Herkunftslinie verlorengehen. Damit der jeweilige Eigentümer seine Verwandten nicht hintergeht, haben sie ein Vorkaufsrecht. Der Eigentümer des Tronkalgegenstandes muß den Verkauf durch ein Edikt anzeigen, daß er sonntags zur Zeit des Hochamts an der Pfarrkirche anheftet; vgl. art 52.

Die „Abtrennung" bzw. Enterbung eines Zwangserben bedarf keiner besonderen Formel, sofern nur der entsprechende Wille des Erblassers klar zutage tritt, vgl. art 23, II. Die Höhe des Freiteils und seine Bezeichnung als Legat des Fünftels für die Seele, art 29, läßt erkennen, daß hier der Fuero Juzgo Vorbild gewesen ist[309]).

Auch hier bietet sich wieder folgendes Bild: 1. eine Erbschaftsquote, die in erster Linie den Abkömmlingen in ihrer Gesamtheit vorbehalten ist; 2. die Fähigkeit des Testators, frei über diese $^4/_5$ innerhalb dieses Personenkreises zu verfügen; 3. die Befugnis des Vaters, nach Belieben einen oder einige seiner Kinder ohne Angabe von Gründen zu enterben, ohne auch nur einen nominellen Pflichtteil respektieren zu müssen[310]); 4. Die Möglichkeit, die Quote zugunsten anderer Zwangserben zu beschweren.

Wenngleich nirgendwo das Wort Mejora erscheint, sind dem Pflichtteil in Vizcaya alle für eine Mejora typischen Merkmale eigen. Eine weitere Übereinstimmung liegt schließlich noch darin, daß die Mejora in einem Ehe-, Schenkungs- und Aussteuervertrag angeordnet werden kann.

7. Kapitel

Absolute Testierfreiheit in Ayala

Im Jahre 1487 verzichteten die Bewohner von Ayala auf ihren alten Fuero und ihre Gewohnheiten und unterwarfen sich den Gesetzen Kastiliens. Sie machten allerdings drei Ausnahmen: sie wollten die Schuldhaft, das Recht auf Wahl des Bürgermeisters und die Testierfreiheit beibehalten[311]). Nur dieser letzte Vorbehalt hat sich in dem Sonderrecht erhalten, das gleichzeitig mit dem Foralrecht von Vizcaya veröffentlicht worden ist[312]). Es besteht nur aus drei Artikeln, die sich im Anschluß an die Normen Vizcayas finden.

Gemäß art 62 können die Ayalesen kraft des Fuero de Ayala mit absoluter Freiheit über ihr gesamtes Vermögen oder einen Teil da-

---

[309]) Dies wird sich geschichtlich daraus erklären, daß das Gebiet von Vizcaya seit dem Beginn des 13. Jhdt. zum Königreich Kastilien gehörte.

[310]) Der alte symbolische Pflichtteil bestand in „un poco de tierra", also etwas Land, vgl. Lacoste, S. 317.

[311]) vgl. Castro, S. 298.

[312]) Das Gebiet von Ayala umfaßt die Gemarkungen Amurrio, Lezama y Oquendo und die Dörfer Mendieta, Retes de Tudela, Santa Coloma y Sojoguti, art 61. Ayala gehört zur Provinz Avala, in der grundsätzlich der CC gilt.

von mittels Testament, Vermächtnis oder Schenkung im Wege der Gesamt- oder Einzelnachfolge verfügen, sofern sie nur ihre gesetzlichen Erben „mit etwas oder viel, wie sie wollen oder für gut befinden“ absondern.

Gesetzliche Erben sind diejenigen, die nach dem CC Zwangserben sind. Dieses System absoluter Testierfreiheit mit seiner symbolischen Abfindung für die enterbten Abkömmlinge hat keine Berührungspunkte mit der Mejora, weil hier auch Fremde unbegrenzt testamentarisch bedacht werden können.

8. Kapitel

Galizien und die gewohnheitsrechtlichen Besonderheiten seiner Mejora

Als der CC kodifiziert wurde, wollte man nur das Foralrecht der Gebiete mit ehemaliger legislativer Selbständigkeit anerkennen[313]). Wenn sich dieser Vorschlag durchgesetzt hätte, dann gäbe es heute in Vizcaya, den Balearen und in Galizien kein Sonderrecht mehr. Dieses vernünftige Kriterium ist aber einem politischen Kompromiß geopfert worden. Während die Taktiker des Regionalismus die lokalen Besonderheiten als „Töchter des Volksgeistes“ verteidigten, spielten sie fortwährend auf Galizien an, um die einflußreichen Politiker dieser Provinz für ihre foralistische Bewegung zu gewinnen. Aus ihrem Erfolg erklärt sich die umfassende Formel des art 12, II, wonach in den Gebieten, in denen Foralrecht fortbesteht, dieses vorerst in seiner Gesamtheit erhalten bleibt. Mit Unbehagen anerkennt die Lehre deshalb den Fortbestand von Gewohnheitsrecht in Galizien[314]).

Die Besonderheiten dieses Rechts bestehen vornehmlich in den Foros, einer sog. Familiengesellschaft, die stillschweigend durch das Zusammenleben von Personen unter einem Dach entsteht. Weniger bekannt sind die gewohnheitsrechtlichen Besonderheiten der Mejora. Sie verdanken ihre Entstehung denselben Gründen wie die Testierfreiheit in den bereits besprochenen Foralgebieten, weshalb diese Mejora eine rein ländliche Erscheinung ist[315]). Sie dient dem Schutz des Familieneigentums, indem sie die Übertragung des Gehöfts auf einen einzigen Abkömmling ermöglicht.

---

[313]) vgl. Castán, Derecho Civil, Notarios, S. 199—201.

[314]) vgl. Castro, S. 274.

[315]) vgl. Fuenmayor, La Mejora de labrar y poseer, S. 879. In den Städten gilt also nur der CC.

Das Problematische dieser Mejora liegt weniger in den mannigfachen Formeln, die auf ihren unterschiedlichen Umfang hinweisen[316]), als vielmehr in den Auflagen und Bedingungen, die mit der Anordnung verbunden werden. Die häufigsten sind die folgenden: a) der Mejorierte hat im Haus des Testators und dessen Frau zu leben und ihnen im Krankheitsfall bis zu ihrem Tod beizustehen, „wie es der Gewohnheit des Landes entspricht"; b) seine ledigen oder kinderlos verwitweten Geschwister in das Haus aufzunehmen[317]); c) zu heiraten, dem Gehöft vorzustehen und dort bis zu seinem Tode zu leben[318]); d) die Begleichung aller Unkosten, die die Liquidierung der Erbschaft mit sich bringt; e) den Geschwistern, wenn sie heiraten oder das Haus verlassen, einen Betrag zu gewähren, der ihrem strikten Pflichtteil entspricht. Zugunsten der nicht mejorierten Kinder wird eine Ersatzerbschaft für den Fall angeordnet, daß der Mejorierte die Bedingungen und Auflagen nicht erfüllt.

Tatsächlich ist der Erbe des ärmlichen Anwesens in den seltensten Fällen vermögend genug, seinen Geschwistern den Pflichtteil auszuzahlen. Hierzu müßte er Land verkaufen, wodurch aber gerade die unerwünschte Zersplitterung bewirkt würde. Daher hat sich an vielen Stellen die Gewohnheit entwickelt, den Pflichtteil in eine Art Reallast zu verwandeln. Der Mejorierte verpflichtet sich, seinen Geschwistern aus den laufenden Ernten Deputate zu gewähren[319]), er kann aber die Rentenforderungen jederzeit durch eine Geldzahlung ablösen, vgl. art 1658, 1662. Da diese Umwandlung des Pflichtteils in einen dinglich gesicherten schuldrechtlichen Anspruch mit dem Pflichtteilsrecht des CC unvereinbar ist, kann sie nur im Schutz des art 12 bestehen[320]).

Das gleiche gilt für gewisse testamentarische Anordnungen. Normalerweise errichtet ein Bauer sein Testament erst sehr spät, weil er die Arbeitsfähigkeit, die moralische Verfassung und das gesamte Verhalten seiner Kinder beobachtet, um den geeigneten Erben zu ermitteln. Stirbt er nun ohne Hinterlassung eines Testaments, dann bedeutet die Intestaterbfolge das Ende für die Einheit des Gehöfts.

---

[316]) z. B. Mejora por la vieja, Mejora por la nueva, Mejora del tercio y quinto, Mejora del todo, vgl. Fuenmayor, a. a. O., S. 881.

[317]) Verständlicherweise hat diese Klausel oft zu Streit geführt, weshalb sie heute nur noch sehr wenig und dann nur zugunsten von Schwestern angewendet wird.

[318]) Die entsprechenden Formeln heißen: „casarse para la casa" oder „casarse en la casa".

[319]) Die Zahlungsweise nennt sich „la renta en sacos de trigo", also eine Rente, bestehend aus Säcken Weizen.

[320]) vgl. Fuenmayor, a. a. O., S. 902.

Um diesem Übel vorzubeugen, delegieren sich die Ehegatten häufig die Fähigkeit, über das Vermögen des Vorverstorbenen zu mejorieren. Da aber in den ländlichen Gebieten der Ehevertrag praktisch unbekannt ist, erfolgt die gegenseitige Ermächtigung im Sinne des art 831 in einem notariellen Testament.

Gewöhnlich werden hierbei zwei Formeln benutzt: a) derjenige soll mejoriert sein, den der überlebende Ehegatte seinerseits mejoriert. Eine Variante hierzu ist, daß der Erblasser selbst einen bestimmten Abkömmling unter dem Vorbehalt mejoriert, daß ihm auch der überlebende Ehegatte den größten Teil seines Vermögens hinterläßt. In beiden Fällen hängt die Wirksamkeit der Zuwendung ausschließlich von dem Verhalten des anderen Elternteils ab; b) derjenige wird mejoriert, der zuerst heiratet und zusammen mit dem überlebenden Elternteil das Haus bewohnt, wobei dieser der Ehe zugestimmt haben muß.

Diese letzte Formel hat das Tribunal Supremo gebilligt[321]), dagegen die erste als Verstoß gegen das Gebot der höchstpersönlichen Anordnung letztwilliger Verfügungen verworfen[322]). Der Einwand, daß es sich um eine galizische Gewohnheit handelt, wurde unter Hinweis auf art 5 zurückgewiesen, wonach Gewohnheitsrecht kein geschriebenes Recht verdrängt. Im Grunde genommen liegt aber beide Male der gleiche Sachverhalt vor, nämlich die Bestimmung des Mejorierten durch eine andere Person als den Erblasser; in einem Fall über die Zustimmung zur Heirat des Abkömmlings und im anderen Fall dadurch, daß der überlebende Ehegatte auch den entsprechenden Abkömmling mejoriert. Wenn das TS diese Formel in einem Fall mit dem CC — allerdings in weitester Auslegung der art 830, 831 — für vereinbar befunden hat, dann hätte das in dem anderen Fall auch geschehen müssen. Unabhängig davon ist aber die Ablehnung unter Berufung auf art 5 nicht gerechtfertigt, denn es handelt sich hier eben um formales Gewohnheitsrecht, das art 12 untersteht und von vornherein nicht dem gemeinen Recht unterworfen werden darf[323]). Im übrigen können die Galizier mit Recht darauf verweisen, daß kraft Gewohnheit die gegenseitige testamentarische Ermächtigung in Navarra, Vizcaya und Aragonien gebilligt wird[324]), so daß nur folgerichtig ist, dies auch für Galizien anzuerkennen.

In Galizien gilt also grundsätzlich die Mejora des CC. Die gewohnheitsrechtliche Abweichungen sind dagegen a) die endgültige Bestimmung des Mejorierten kann kraft testamentarischer Ermächti-

---

321) vgl. TS vom 31. 7. 1899.

322) vgl. TS vom 16. 3. 1933.

323) vgl. Fuenmoyor, a. a. O., S. 912.

324) vgl. TS vom 10. 12. 1931.

gung von dem Verhalten des überlebenden Ehegatten abhängig gemacht werden; b) übersteigt die Zuwendung die zulässige Quote, dann kann der Mejorierte die Pflichtteilsansprüche seiner Geschwister durch Geldzahlung oder Sachwertleistung befriedigen[325]).

---

[325]) Diese Variante der Mejora, ihr rechtspolitischer Zweck, die Behandlung der anderen Pflichtteilsberechtigten ist im deutschen Anerbenrecht sehr ähnlich. Auch dies ist landwirtschaftliches Sonderrecht, auf Grund dessen eine landwirtschaftliche Besitzung abweichend vom allgemeinen Erbrecht geschlossen dem sog. Anerben zufällt, während der sog. weichende Erbe nur Versorgungsansprüche gegen den Anerben hat. Die verschiedenen Höfeordnungen dienen also auch der eigentumsmäßigen Zusammenhaltung landwirtschaftlicher Betriebe durch die Verhinderung der Erbteilung vgl. Pikalo, S. 1609.

Vierter Teil

DIE MEJORA IM SÜDAMERIKANISCHEN RECHT

1. Kapitel

Der Einfluß des spanischen Rechts auf die Rechtsordnung der südamerikanischen Staaten

Als Columbus und seine Nachfolger in den Jahren nach 1492 den südamerikanischen Kontinent für ihre Königin Isabel de Castilla in Besitz nehmen, treffen sie die Eingeborenen in einem Urzustand an, der in Spanien schon seit Jahrhunderten überwunden war. Die ursprüngliche Absicht der spanischen Monarchen auf die neuen Gebiete die Normen Kastilliens auszudehnen, läßt sich deshalb nicht voll verwirklichen[326]). Die sozialen, wirtschaftlichen, rassischen und geographischen Gegebenheiten dieser Welt mit ihren unglaublichen Ausmaßen enthalten ganz anders geartete Interessenkonflikte, auf die die starren Normen des alten spanischen Rechts nicht zugeschnitten sind.

Die Entdeckung Amerikas wird damit zu einer „challenge" der Rechtsgestaltungsfähigkeit der spanischen Nation. Über ihre Antwort vollzieht sich die Wiedererweckung spanischen Naturrechts und Vitoria (1480—1546), Soto (1491—1560), Molina (1536—1600) und Suarez (1548—1616) entfalten sich in dieser Zeit zu den großen Völkerrechtlern. Am 18. 5. 1618 werden die Leyes de las Indias veröffentlicht, ein Werk, dessen neun Bücher alle Vorschriften enthalten, die sich auf Amerika beziehen. Die Mehrzahl der leyes enthalten öffentliches Recht. Da das wenige Privatrecht infolge der kasuistischen Kodifizierung überaus lückenhaft ist, heißt es: „In all den Fällen und Prozessen, in denen weder entschieden noch erklärt ist, daß nach den Gesetzen dieser Rekopilation oder nach königlichen Beschlüssen und Verordnungen vorzugehen ist, wird nach den Ge-

---

[326]) Der Consejo de Indias, das damalige Kolonialministerium, verordnet 1571: „Da das Recht von Kastilien und der indischen Gebiete ein und derselben Krone angehört, sollen die Gesetze und die Art und Weise der Regierung des einen und des anderen so ähnlich und übereinstimmend wie möglich sein." Zitiert bei Ots Capdequi, S. 330. In dieser Forderung drückt sich die aus christlicher und naturrechtlicher Lehre abgeleitete Gleichstellung der Indios aus.

setzen unseres Königsreichs, also nach denen von Toro entschieden"[327]).

Das goldene Zeitalter spanischer Kultur fällt somit auch mit der Blütezeit der Mejora zusammen, sofern man auf ihre räumliche Verbreitung abstellt; denn über das subsidiär geltende spanische Zivilrecht gelangt sie in der Gestaltung der Leyes de Toro auf dem südamerikanischen Kontinent zur Anwendung[328]). An diesem Zustand ändert sich praktisch im Verlauf von 300 Jahren nichts; denn wie wir gesehen haben, haben die unter Philipp II. veröffentlichte Nueva Recopilación (1567) und die Novisima Recopilación (1805) die Lehre unverändert übernommen.

Eine Reihe schwacher Könige[329]), die schon durch innenpolitische Sorgen überfordert sind, vernachlässigen die Kolonien, und habsüchtige Gouverneure tragen ungewollt das ihrige dazu bei, den Kontinent für eine Auflehnung vorzubereiten. Für den 1810 beginnenden Ausbruch aus der spanischen Beherrschung liefert die Französische Revolution das Beispiel und der französische Rationalismus die Rechtfertigung. Die 15 Jahre andauernden Unabhängigkeitskriege ruinieren den Kontinent und nähren die Gewohnheit, Streitigkeiten mittels Gewalt statt durch Anrufung der Gerichte zu lösen. In dem Chaos, das sich in dem weiten Raum mit seinen langen, unüberwindbaren Bergketten ausbreitet, versuchen ungezählte eigensüchtige Caudillos sich des zerfallenen Kontinents zu bemächtigen, und was seit mehr als 300 Jahren ein zentral gelenktes politisches Gebilde gewesen war, zerfällt nun in mehr als 20 Einzelstaaten[330]). Die dauernde spanische Vormundschaft, oftmals repräsentiert durch selbstherrliche Feudalherren, hat überall einen tiefsitzenden Haß gegen alles Spanische erzeugt, wie überhaupt die Furcht vor einer neuen ausländischen Beherrschung die Staaten zur Abschirmung von der fremdländischen Umwelt treibt.

---

327) vgl. Ges 2, Tit I, Buch 2; Ots Capdequi, S. 79.

328) Zur Zeit der Entdeckung bestand in Spanien noch keine echte nationale Einheit. Trotz der Heirat von Isabel de Castilla und Fernando de Aragon lebte Kastilien weiterhin sein eigenes politisches und rechtliches Leben. Das gleiche gilt für die Staaten, die der Krone Aragoniens angehörten (Navarra bildete zu dieser Zeit noch eine unabhängige Nation). Dieser Umstand und die Tatsache, das Isabel de Castilla und nicht Fernando die Entdeckung protegierte, erklären, weshalb die neu entdeckten Gebiete politisch Kastilien unterstanden und sein Recht daher vom ersten Augenblick an dort herrschte, vgl. Moore, S. 261—263.

329) Beispielhaft für die ungünstige Beurteilung der Bourbonenkönige durch die spanischen Historiker ist die Würdigung des 18. Jahrhunderts durch Menéndez Pelayo, S. 227.

330) vgl. Moore, S. 262.

Als Reaktion gegen die jahrhundertelange Hispanisierung und die systematische Isolierung vom übrigen Ausland ist eine Ablehnung spanischer Institutionen unausbleiblich. Die Rechtsordnung bleibt hiervon nicht ausgeschlossen. Die absolute Herrschaft der spanischen Gesetze hört auf, und der Code Napoléon, italienischer Positivismus, deutsche Rechtsphilosophie und englisches Rechtsdenken tragen nun dazu bei, daß sich nach der politischen Unabhängigkeit auch die rechtliche Eigenständigkeit verwirklicht. Tatsächlich bleibt aber das spanische Recht in den meisten Staaten noch mehrere Jahrzehnte in Kraft[331]; denn ein brauchbarer Código ist nicht in Monaten oder wenigen Jahren zu verfassen. Im Laufe dieser Zeit schwinden die blinden Ressentiments gegen das ehemalige Mutterland, und es wird möglich, nüchtern zu untersuchen, was sich seither im spanischen Recht als brauchbar erwiesen hat. Jetzt, wo sich die Verwirklichung spanischen Rechts nicht mehr auf einen Befehl stützt, kann es allerdings nur durch eine überlegene Doktrin den Wettbewerb mit ausländischen Rechtssystemen bestehen. Deshalb sind es nicht nur politische, sondern auch rechtswissenschaftliche Gründe, die in jeweils unterschiedlichem Maße die Nichtaufnahme der Mejora in einigen Zivilrechten begünstigen.

Der Código von Venezuela ist eine fast wörtliche Übersetzung des italienischen Zivilgesetzbuchs, weshalb es die Mejora dort ebensowenig gibt wie im CC von Argentinien von 1860. In diesem wird dem Testator zwar gestattet, innerhalb des Freiteils zu mejorieren, aber tatsächlich ist eine Zuwendung aus dem Freiteil niemals Mejora im technischen Sinne des Wortes[332]). Die Schöpfer des CC von Uruguay folgen argentinischem und französischem Vorbild und schreiben zu ihrem Entwurf: „Nach diesem Projekt wird der Freiteil erhöht, und der Pflichtteil fortan durch keine Mejora mehr geschmälert"[333]). Da-

---

331) In Uruguay gelten noch 70 Jahre nach der Unabhängigkeit spanische Gesetze. 1851 gibt es mehr als 50 000 Normen verschiedener Herkunft ohne daß irgend jemand die herrschenden Kopilationen und ihre Rangfolge hätte benennen können. Man streitet sich vor Gericht, ob der Fuero Juzgo noch Geltung besitzt, ob der Nachweis des Gebrauchs des Fuero Real erforderlich ist, um seine Anwendung zu bewirken, und ob die königlichen Beschlüsse durch den Rat gegangen und der Audiencia zwecks Anwendung in den Kolonien mitgeteilt worden sind; vgl. Nin y Silva, S. 5.

332) vgl. art 3605 des CC von Argentinien: Der Testator kann innerhalb des Freiteils die Vermächtnisse vornehmen, die er für notwendig erachtet oder seine legitimen Erben mejorieren. Keine andere Portion der Erbschaft darf zur Mejorierung der legitimen Erben verwendet werden. Das gleiche gilt für art 3516 des CC von Mexico von 1871.

333) vgl. den Bericht der Gesetzgebungskommission vom 21. 12. 1867, zitiert bei Nin y Silva, S. 5.

gegen bewahrt sie Chile in seinem CC von 1857, und diesem Beispiel folgen Nicaragua, Kolumbien und Ekuador, die sich in Plan und Methode eng an das chilenische Muster anlehnen. Auch Peru trennt sich nicht von der Mejora, folgt aber dem spanischen Projekt von 1851. In Kuba, Puerto Rico[334]), Costa Rica und den Philippinen besteht sie vorerst in unveränderter Form fort, weil die politischen Umwälzungen dort erst viel später eintreten.

Die Reformen, die seit den Veröffentlichungen der ersten Zivilrechte erfolgt sind, haben eine zunehmende legislative Eigenständigkeit der Staaten erkennen lassen. Es gibt heute kaum mehr Länder mit identischem Erbrecht, und oft ist die Mejora wesentlich verändert und in Nikaragua sogar abgeschafft worden. Man kann unschwer voraussagen, daß die Rechtswissenschaft beim nüchternen Abwägen mit erbrechtlichen Einrichtungen anderer Länder noch oft die Frage nach ihrer Daseinsberechtigung stellen wird.

2. Kapitel

Chiles exakter Mejora-Begriff

Noch viele Jahre nach der Unabhängigkeitserklärung vom 1. 1. 1818 gilt in Chile spanisches Erbrecht, wenngleich schon bald nach diesem Zeitpunkt mit der Schaffung eines eigenen Gesetzbuches begonnen wird. Die Rechtsphilosophen dieser Zeit stehen unter dem Einfluß des französischen Rationalismus, und Bernardo O'Higgins schlägt 1822 vor, die spanischen Gesetze einfach durch den Code Napoléon zu ersetzen. Nachdem dieser Vorschlag keine Mehrheit findet, legen verschiedene Kommissionen, in denen Andres Bello die treibende Kraft ist, neue Projekte vor. Er hat die für einen Gesetzgeber seltene Chance, ein neues Recht entwerfen zu können, ohne einer jahrhundertelangen nationalen Rechtstradition gegenüber verpflichtet zu sein. Mit pragmatischem Sinn untersucht er das spanische Recht auf seine Vorzüge und orientiert sich eingehend am Code Napoléon. Manche Grundlagen des überlieferten Erbrechts werden aufgegeben. In seinem Entwurf gibt es keine Mejora mehr. Die Hälfte des Nachlasses bildet den Pflichtteil, und über die andere Hälfte soll der Testator frei verfügen können. Die Comisió revisora del Proyecto de 1853 führt die Mejora wieder ein, indem sie den Freiteil halbiert und bestimmt, daß der Erblasser über eine Hälfte mit relativer Freiheit zugunsten seiner Abkömmlinge, seien sie pflichtteilsberechtigt

[334]) Der CC von 1830 enthält in art 2391—2400 noch heute fast wörtlich das spanische Mejora-Recht, und spanische Rechtsprechung und Lehre haben die Autorität, die ihnen wegen ihrer Überzeugungskraft von den Gerichten zugemessen wird; vgl. Leyes de Puerto Rico, S. 33.

oder nicht, verfügen kann. Durch diesen Eingriff gewinnt die Mejora eine Einfachheit und Verständlichkeit wie in keinem anderen Recht. Das ist um so erstaunlicher, als die Kommission wenig Zeit hatte und sicher der Versuchung ausgesetzt war, dem wirren spanischen Projekt von 1851 zu folgen.

Der 1855 veröffentlichte erste nationale CC tritt am 1. 1. 1857 in Kraft. Unser Gebiet — kaum berührt von der ersten Reform vom 14. 10. 1918 und einer geringfügigen Änderung im Jahre 1943 — findet sich im 4. Buch, 3. Kapitel, das überschrieben ist:

Über den Pflichtteil und die Mejoras

art 1181 (1239)[335]: Der Pflichtteil ist jene Quote des Vermögens eines Verstorbenen, die kraft Gesetzes gewissen Personen, genannt Pflichtteilsberechtigte, zuerkannt wird.

Die Pflichtteilsberechtigten sind deshalb Erben.

art 1182 (1240): Pflichtteilsberechtigt sind: 1. Die legitimen Kinder persönlich, oder vertreten durch ihre legitime Abkommenschaft. 2. Die legitimen Aszendenten. 3. Die natürlichen Kinder persönlich, oder vertreten durch ihre legitime Abkommenschaft. 4. Die natürlichen Eltern.

art 1183 (1241): Das Verhältnis der Pflichtteilsberechtigten, ihr Ausschluß und ihre Vertretung folgt aus den Vorschriften über die gesetzliche Erbfolge.

art 1184 (1242): Nach den im art 958 (1016) und im folgenden erwähnten Abzügen und Ergänzungen wird die Hälfte des Vermögens nach Köpfen oder Stämmen auf die entsprechenden Pflichtteilsberechtigten gemäß den Vorschriften über die gesetzliche Erbfolge verteilt. Was einem jeden nach dieser Teilung zufällt, entspricht seinem rigorosen Pflichtteil.

Sind keine erbberechtigten legitimen Abkömmlinge vorhanden, dann ist die verbleibende Hälfte der Teil des Vermögens, über den der Verstorbene beliebig verfügen konnte.

Sind Abkömmlinge vorhanden, so wird der Nachlaß nach den genannten Abzügen und Ergänzungen in vier Teile geteilt: 2, also die Hälfte des Nachlasses, für die rigorosen Pflichtteile, 1/4 für die Mejoras, mit denen der Verstorbene beliebte, einen oder mehrere seiner legitimen Nachkommen oder einen oder mehrere seiner natürlichen Kinder oder deren legitime Nachkommen, gleichgültig ob pflichtteilsberechtigt oder nicht, zu begünstigen; und ein anderes Viertel, über das er frei verfügen konnte.

art 1185 (1243): Zur Berechnung der im vorhergehenden Artikel genannten Viertel werden dem liquiden Vermögen alle in Anrechnung auf die Pflichtteile oder Mejoras gemachten widerruflichen oder unwiderruflichen Schenkungen hinzugedacht, — und zwar zu dem Wert, den die Sachen zur Zeit ihrer Übertragung hatten — und der Wert, der gemäß art 1176 vorzunehmenden Kürzung des ehelichen Anteils. Die vorgenannten Viertel beziehen sich auf diesen gedachten Nachlaß.

art 1186 (1244): Wer zu der Zeit, als schon Pflichtteilsberechtigte vorhanden waren, Schenkungen zugunsten Fremder vorgenommen hat, deren

[335]) Die im Klammern angegebenen Artikel sind solche des kolumbianischen Rechts. Vgl. S. 163 d. A.

Gesamthöhe um 1/4 die aus deren Wert + gedachten Nachlaß gebildete Summe übersteigt, begründet für die Pflichtteilsberechtigten das Recht, auch diesen Überschuß zwecks Berechnung der Pflichtteile und Mejoras gedanklich dem Nachlaß hinzuzurechnen.

art 1187 (1245): Erschöpft der Überschuß nicht nur den Freiteil, sondern beeinträchtigt auch die rigorosen Pflichtteile oder das Mejora-Viertel, dann haben die Pflichtteilsberechtigten einen Anspruch auf Rückübertragung des im Übermaß Geschenkten. Dabei haben sie gegen die Beschenkten in umgekehrter Reihenfolge der Schenkungen vorzugehen, das heißt zuerst gegen die jüngst Beschenkten.

Die Zahlungsunfähigkeit eines Beschenkten berührt die anderen nicht.

art 1188 (1246): Als Schenkung wird nur der Betrag angesehen, der nach Abzug einer geldmäßigen Belastung verbleibt.

Unbeachtet bleiben die an gewissen Tagen und aus gewissen Anlässen durch eine Sitte gerechtfertigten kleinen Geschenke, sowie Handschenkungen von geringem Wert.

art 1189 (1247): Entspricht das als Pflichtteil Geschenkte nicht der Hälfte des gedachten Nachlasses, so wird der Rest vor jeder anderen Zuteilung aus der Masse befriedigt.

art 1190 (1248): Erhält ein Pflichtteilsberechtigter infolge von Erbunfähigkeit, Unwürdigkeit oder Enterbung, oder weil er die Erbschaft ausgeschlagen hat, ohne eintrittsfähige Nachkommenschaft zu haben, nicht den ganzen oder nicht einen Teil seines Pflichtteils, so fällt dieses Ganze oder der Teil der Pflichtteilshälfte zu und dient zur Bildung der rigorosen Pflichtteile der anderen sowie des ehelichen Anteils im Fall des art 1178, II (1236, II).

Auf gleiche Weise fallen der Pflichtteilshälfte die Abzüge zu, die im vorgenannten Fall gemäß art 1176 (1234) an dem ehelichen Anteil vorgenommen werden.

art 1191 (1249): Den rigorosen Pflichtteilen wächst der Teil des Vermögens zu, über den der Testator als Mejoras oder Freiteil verfügen konnte, dies aber unterlassen hat oder aber seine Verfügung ohne Wirkung geblieben ist.

Die auf diese Weise erhöhten Pflichtteile werden effektive Pflichtteile genannt.

Diese Anwachsung kommt dem überlebenden Ehegatten im Fall des art 1178, II (1236, II) nicht zugute.

art 1192 (1250): Der rigorose Pflichtteil kann weder einer Bedingung, einer Frist, einer Auflage oder einer Beschwerung unterworfen werden.

Was im übrigen dem Pflichtteilsberechtigten zugewendet worden ist oder zugewendet werden wird, mit Ausnahme des in der Form einer Schenkung unter Lebenden, kann der Testator beliebig beschweren. Unberührt bleibt das in art 1195 Bestimmte.

art 1193 (1251): Übersteigt das als Pflichtteil Geschenkte die Hälfte des gedachten Nachlasses, so wird es auf das Mejora-Viertel angerechnet. Unberührt bleibt die gleichmäßige Verteilung dieses Viertels auf die Pflichtteilsberechtigten. In dem in art 1178, II (1236, II) genannten Fall bleibt der überlebende Ehegatte ausgeschlossen.

art 1194 (1252): Können die Mejoras (die sich aus dem im vorhergehenden Artikel erwähnten Überschuß ergeben) nicht aus dem Viertel des gedachten Nachlasses gedeckt werden, so wird der Überschuß vor jeder anderen Zuwendung auf das verbleibende Viertel zugeordnet.

art 1195 (1253): Über das Mejora-Viertel kann der Schenker oder Testator beliebige Verfügungen zugunsten seiner legitimen und natürlichen Abkömmlinge und deren legitimen Abkömmlinge oder der einen oder anderen, vornehmen. Er kann also einen oder mehreren von ihnen das ganze Viertel unter Ausschluß der anderen zuwenden.

Bezüglich des Mejora-Viertels Begünstigte können nur mit solchen Beschwerungen belegt werden, die sich zugunsten eines oder mehrerer der legitimen oder natürlichen Kinder des Testators oder der legitimen Abkömmlinge dieser Kinder auswirken.

art 1196 (1254): Ist es nicht möglich, die gemäß der vorangehenden Artikel berechneten Pflichtteile und Mejoras zu vervollständigen, so werden sie im Verhältnis gekürzt.

art 1197 (1255): Wer einen Pflichtteil schuldet, kann in jedem Fall die Art und Weise der Befriedigung anordnen. Er kann diese Fähigkeit aber weder übertragen noch den Wert der erwähnten Arten bestimmen.

art 1198 (1256): Alle Vermächtnisse und alle Schenkungen, ob widerruflich oder nicht, werden dem Pflichtteil angerechnet, wenn die betreffende Person zur Zeit der Schenkung schon die Eigenschaft eines Pflichtteilsberechtigten besaß. Dies gilt nur dann nicht, wenn in dem Testament oder einer entsprechenden Urkunde, oder aus einer späteren notariellen Niederschrift erkenntlich wird, daß das Vermächtnis oder die Schenkung als Mejora gelten soll. Die für die Erziehung eines Abkömmlings aufgebrachten Kosten werden jedoch für die Berechnung der Pflichtteile und des Mejora-Viertels und des Freiteils nicht berücksichtigt, auch wenn dies vorgesehen gewesen sein sollte.

Für diese Berechnung werden auch solche Geschenke nicht berücksichtigt, die einem Abkömmling aus Anlaß seiner Heirat gemacht wurden, noch andere gewohnheitsbedingte Geschenke.

art 1199 (1257): Die für die in art 1184 ff. (1242) erwähnte Berechnung vorgenommene Zusammenrechnung des als Pflichtteils oder Mejora unwiderruflich Geschenkten kommt weder den Nachlaßgläubigern noch den sonstwie Berechtigten, die es nicht kraft eines Anspruchs auf Pflichtteil oder Mejora sind, zugute, wohl aber dem überlebenden Ehegatten im Fall des art 1178, II (1236, II).

art 1200 (1258): Eine widerrufliche oder unwiderrufliche Schenkung, die als Pflichtteil einer Person gemacht wurde, die zur Zeit nicht Pflichtteilsberechtigter des Schenkers war und diese Eigenschaft auch nicht später erwirbt, wird ungültig.

Das gleiche gilt für eine als Pflichtteil gedachte Schenkung gegenüber jemand, der zwar damals Pflichtteilsberechtigter war, aber später infolge Erbunfähigkeit, Unwürdigkeit oder Enterbung oder Ausschlagung oder des Erscheinens eines bevorrechtigten Pflichtteilsberechtigten diese Eigenschaft verloren hat.

Hat der Beschenkte und legitime Abkömmling aus einem der genannten Gründe sein Recht verloren, so werden die seinem Pflichtteil anzurechnenden Schenkungen auf die Pflichtteile seiner Abkömmlinge angerechnet.

art 1201 (1259): Eine als Mejora gedachte widerrufliche oder unwiderrufliche Schenkung gegenüber einer Person, die sich für einen legitimen Abkömmling des Schenkers ansah, ohne dies zu sein, wird aufgehoben.

Dasselbe gilt, wenn der Beschenkte und legitime Abkömmling infolge von Erbunfähigkeit, Unwürdigkeit, Enterbung oder Ausschlagung ausgefallen ist.

art 1202 (1260): Auf den Pflichtteil einer Person werden nicht die Schenkungen und testamentarischen Zuwendungen angerechnet, die der Verstorbene einer anderen gemacht hat. Dies gilt nicht für den in art 1200, III (1258, III) geregelten Fall.

art 1203 (1261): Zahlungen, die der Befriedigung von Schulden eines Pflichtteilsberechtigten tatsächlich gedient haben, werden auf seinen Pflichtteil angerechnet.

Hat der Verstorbene ausdrücklich durch Rechtsgeschäft unter Lebenden oder testamentarisch erklärt, daß diese Zahlungen nicht auf den Pflichtteil angerechnet werden sollen, dann gelten sie als Mejora.

Hat der Verstorbene in dem im vorangehenden Absatz geregelten Fall dem gleichen Pflichtteilsberechtigten als Mejora eine Quote oder einen Geldbetrag aus der Erbschaft zugewendet, so werden die Zahlungen auf diese Quote oder diesen Betrag angerechnet. Verbleibt dann noch etwas, so behalten insoweit die vorhandenen Mejoras oder die Anordnungen des Verstorbenen ihre Gültigkeit.

art 1204 (1262): Hat sich der Verstorbene in einer notariellen Urkunde gegenüber einem legitimen oder natürlichen Abkömmling, oder einem legitimen Abkömmling von diesen, der zu dieser Zeit Pflichtteilsberechtigter war, verpflichtet, keine Schenkung oder testamentarische Zuwendung aus dem Mejora-Viertel vorzunehmen und hält dann sein Versprechen nicht, so hat der betreffende legitime Abkömmling einen Anspruch gegenüber den so Bedachten auf Herausgabe in Höhe des Betrages, der der Erfüllung des Versprechens entspricht. Die Bedachten sind in dem Verhältnis verpflichtet, in dem sie durch den Bruch des Versprechens begünstigt wurden.

Alle anderen Vereinbarungen über die zukünftige Erbschaft, die zwischen dem Schuldner und Gläubiger eines Pflichtteils getroffen werden, sind nichtig und ohne jeden Wert.

art 1205 (1263): Die Früchte der als Pflichtteil oder Mejora zu Lebzeiten des Schenkers widerruflich oder unwiderruflich geschenkten Sachen gebühren den Beschenkten seit der Übertragung und gehören nicht zum Nachlaß. Sind die Sachen dem Beschenkten nicht übergeben worden, so gebühren ihm die Früchte erst mit dem Tod des Schenkers, falls es sich nicht um eine unwiderrufliche und authentische Schenkung sowohl des Eigentums wie die des Nießbrauchs an den geschenkten Sachen handelt.

art 1206 (1264): Steht jemand, auf dessen Pflichtteil oder Mejora Sachen anzurechnen sind, schließlich ein Betrag zu, der nicht geringer ist als der Wert der Sachen, so hat er das Recht, diese zu behalten und die Differenz zu fordern. Von den übrigen Bedachten kann er nicht den Umtausch der Sachen oder die Auszahlung ihres Wertes in Geld fordern.

Ergibt sich, daß ihm ein geringerer Betrag als der Wert der Sachen zusteht, und er die Differenz herausgeben muß, so kann er nach seinem Belieben die Differenz in Geld oder durch Übertragung einer oder mehrerer der erwähnten Sachen begleichen. Er hat einen Anspruch auf Ausgleich in Geld in der Höhe, in der die zurückübertragene Sache die geschuldete Differenz übersteigt.

Die Besonderheiten des chilenischen Mejora-Rechts liegen in folgendem: Das Mejora-Viertel ist eine völlig selbständige Quote. die auch terminologisch sauber von dem rigorosen Pflichtteil getrennt ist[336]). Dank der richtigen Erkenntnis der Natur der Mejora ist es hier nicht zweifelhaft, daß die allgemeinen Grundsätze des Eintritts-[337]) und Anwachsungsrechts, der Haftung und Unwirksamkeit usw. Anwendung finden. Soweit der Testator nicht über das Mejora-Viertel und den Freiteil verfügt, wachsen sie dem Pflichtteil zu, wodurch er sich vom „rigorosen" zum „effektiven" Pflichtteil erhöht. Der Pflichtteil vergrößert sich damit in dem Maße wie sich der Testator letztwilliger Verfügungen enthält. Es fragt sich, ob es gesetzestechnisch nicht ratsamer gewesen wäre, insoweit auch terminologisch die gesetzliche Erbfolge eintreten zu lassen, als den überflüssigen Begriff des effektiven im Unterschied zum rigorosen Pflichtteil einzuführen.

Die einzig zulässige erbvertragliche Vereinbarung ist das notariell beurkundete negative Mejora-Versprechen, durch das der Erblasser gegenüber einem Abkömmling auf seine Befugnis zu mejorieren verzichtet. Hält er sich nicht daran, dann hat das Kind Anspruch, so gestellt zu werden wie bei Eintritt der gesetzlichen Erbfolge.

Beispiel: 4 Kinder, Mejora = 80 000. Vertrag mit K 1. Daraufhin wendet der Erblasser K 2 und K 3 je 40 000 zu. Dann muß jeder an K 1 10 000 zahlen, damit er so steht wie bei Erfüllung des Versprechens. K 4 hat keine Ansprüche, weil er an dem Vertrag nicht beteiligt ist[338]).

Mejorierbar sind nicht nur die legitimen Abkömmlinge, sondern auch die natürlichen Kinder, und zwar persönlich oder vertreten durch ihre legitime Nachkommenschaft. Durch diese Erweiterung[339]) erhalten die natürlichen Kinder einen Ausgleich dafür, daß sie erst nach den legitimen Aszendenten an dritter Stelle pflichtteilsberechtigt sind, also beim Zusammentreffen mit ehelichen Abkömmlingen aus dem rigorosen Pflichtteil nichts bekommen[340]).

Nicht ganz einfach ist die Berechnung des Nachlasses, der zum Zweck der Erbteilung zu bilden ist. Die Methode ist folgende: Nach Regelung der Nachlaßverbindlichkeiten wird dem Nachlaß der Wert der Schenkung hinzugedacht, die ein Abkömmling unter Vorweg-

---

336) Wieviel unproblematischer wäre die Mejora in Spanien, wenn sie nicht als Teil des Pflichtteils bezeichnet würde.

337) Innerhalb des Mejora-Viertels unzulässig, vgl. Meza, S. 308.

338) vgl. Abelink Manasevich, S. 277.

339) durch Gesetz Nr. 10 271.

340) Sind keine legitimen Kinder vorhanden, dann haben sie jetzt neben dem Pflichtteil Anspruch auf das Mejora-Viertel, art 1167, Ziff. 4.

nahme seines Pflichtteils oder einer Mejora empfangen hat. Weiter wird der Wert der Schenkungen, die im Übermaß an Fremde vorgenommen worden sind, hinzugerechnet[341]). Dieser so erstellte fiktive Nachlaß bildet die Grundlage für die Ermittlung der einzelnen Quoten.

Die Hälfte = rigoroser Pflichtteil, 1/4 = Mejora-Viertel. Der Rest ist der Freiteil, auf den der Überschuß angerechnet werden kann, der durch Schenkung an Fremde aufgetreten ist.

B e i s p i e l I: Nach Abzug der Schulden usw. beträgt der

Wert des Nachlasses	= 200	Nachlaß	= 200
Schenkung an K als M	= 40	Schenkung an Fremde	= 120
Übermaß	= 30 ←	Schenkung an Kinder	= 40
fiktive Erbmasse	= 270		360
		360 : 4 = 90	120
			— 90
		Übermaß	= 30

270 : 2 = rigoroser Pflichtteil = 135
: 4 = Mejora-Viertel = 67,5
: 4 = Freiteil = 67,5

Die übermäßigen 30 werden auf den Freiteil angerechnet, so daß der Testator für Vermächtnisse nur noch einen Wert von 37,5 hatte.

B e i s p i e l II: Beim Erbfall sind nur noch 40 Pesos da, während die Schenkung unter Lebenden = 200 beträgt.

Wert des Nachlasses	= 40	Nachlaß	= 40
Übermaß	= 140 ←	Schenkung an Fremde	= 200
fiktiver Nachlaß	= 180		240
		240 : 4 = 60	200
			— 60
		Übermaß	= 140

180 : 2 = rigoroser Pflichtteil = 90
: 4 = Mejora-Viertel = 45
effektiver Pflichtteil = 135

135 — 40 = 95, von den Beschenkten herauszugeben.

Da hier die Schenkung an Fremde das Mejora-Viertel völlig verschlingt, haben die Erben gemäß art 1187 einen Anspruch auf Rückübertragung von 50 + 45 Pesos gegen die Beschenkten.

[341]) Um das Übermaß zu ermitteln, werden dem Nachlaß alle Schenkungen hinzugerechnet. Der Wert der Schenkungen, der den vierten Teil dieser Summe übersteigt, ist das Übermaß.

Ob diese komplizierten Rechenoperationen nicht auch diejenigen in ihrem Eifer bestärken, die in jüngster Zeit die Existenzberechtigung der Mejora bestreiten[342])?

3. Kapitel

Kolumbien folgt dem Recht Chiles

In Kolumbien gilt das spanische Recht noch bis zum Ende des 19. Jhdt. Dem dünn besiedelten, rückständigen Land fehlen rechtswissenschaftlich geschulte Männer, die in der Lage sind, einen neuen CC zu schaffen. Das Gesetzbuch, das am 15. 4. 1887 in Kraft tritt, ist daher zu seinem größten Teil eine Kopie des chilenischen CC. Einige Materien, die unser Gebiet aber nicht berühren, werden etwas ausführlicher geregelt, so daß die Numerierung nicht mit der der chilenischen Artikel übereinstimmt.

Das Erbrecht ist im 3. Buch geregelt, wo sich das Pflichtteil- und Mejora-Recht in den art 1239 bis 1264 findet. Mit Rücksicht auf die Übereinstimmung mit dem chilenischen CC kann auf eine Wiedergabe des Gesetzestextes verzichtet werden und auf das in dem Kapitel über Chile Gesagte verwiesen werden. Unter den Ziffern des CC von Chile sind jeweils in Klammern die art. des kolumbianischen Rechts zitiert. Auch Kolumbien hat durch eine Reform die natürlichen Kinder für mejorierbar erklärt[343]). Wenn also im chilenischen Recht von „natürlichen Kindern und deren legitimen Abkömmlingen" gesprochen wird, dann gilt das ebenfalls für Kolumbien.

4. Kapitel

Ekuador macht die Mejora den unehelichen Kindern zugänglich

Auch Ekuador hat darauf verzichtet, ein eigenes Zivilrecht zu entwickeln, und hat statt dessen am 1. 1. 1861 den CC von Chile in Kraft gesetzt. Mannigfache Änderungen haben ihm inzwischen eine eigene Note verliehen. Die Reform, die die stärkste Auswirkung auf den Gegenstand unserer Untersuchung gehabt hat, betrifft die Stellung

---

[342]) „Die Institution der Mejora ist durch nichts gerechtfertigt. Die französische Lösung ist vorzuziehen, wo der Pflichtteil je nach Zahl der Kinder variiert. Sie bedeutet auch einen übertriebenen Nachteil für den überlebenden Ehegatten, wenn er mit natürlichen Kindern zusammentrifft, die dann $^3/_4$ und er nur $^1/_4$ des Nachlaß erhalten." So Abelink Manasevich, S. 273.

[343]) Ges 45 von 1936 reformierte art 1242 und 1253, vgl. Ortega Torres, S. 496.

der unehelichen Kinder. Sie sind gleichrangig neben den ehelichen Kindern pflichtteilsberechtigt und auch mejorierbar, art 1240, III:

Sind solche (legitime und illegitime) Abkömmlinge vorhanden, dann wird der Nachlaß nach den genannten Abzügen und Zurechnungen in vier Teile geteilt; $^1/_2$, also die Hälfte des Nachlasses, für die rigorosen Pflichtteile, $^1/_4$ für die Mejoras, mit denen der Verstorbene beliebte, einen oder mehrere seiner legitimen oder illegitimen Abkömmlinge, seien sie pflichtteilsberechtigt oder nicht, zu begünstigen; und in $^1/_4$, über das er nach Belieben verfügen konnte.

Nach Chile, das als erstes Land den Kreis der mejorierbaren Personen durch die Einbeziehung der natürlichen Kinder erweitert hat, ist Ekuador noch einen Schritt weitergegangen, indem es die Mejorierung auch der unehelichen Kinder ermöglicht hat. Da ein uneheliches Kind neben der Aussicht auf eine Mejora auch Anspruch auf einen Pflichtteil hat, ist sogar eine Besserstellung gegenüber einem ehelichen Abkömmling denkbar. In keinem anderen der behandelten südamerikanischen Rechte wäre dies möglich, — es sei denn dem Unehelichen wird der Freiteil zugewendet.

Im übrigen stimmt das Mejora-Recht, abgesehen von einigen stilistischen Abweichungen, mit dem chilenischen überein. Wo es dort zur Bezeichnung der mejorierbaren Personen heißt: „Zugunsten seiner legitimen und natürlichen Abkömmlinge und deren legitimen Abkömmlinge“, heißt es hier regelmäßig: „Zugunsten der in art 1047 genannten Personen“. Dies sind die legitimen und illegitimen Abkömmlinge. Unsere Materie ist im CC in seiner Fassung von 1948 im 3. Buch, III. Kapitel, in den art 1237—1262 geregelt.

5. Kapitel

Bolivien besitzt das älteste Mejora-Recht

Auf die Konstituierung der Republik im Jahre 1825 folgt schon am 2. 4. 1831 ein CC. Damit befindet sich Bolivien unter den ersten südamerikanischen Staaten, die den Kolonialrechtszustand abschaffen und sich eigene Gesetze geben. Soweit es unser Gebiet angeht, ist diese Eigenständigkeit eine rein formale; denn der Gesetzgeber hat unter Vornahme einiger unglücklicher Änderungen lediglich das bestehende Erbrecht rezipiert. Dies ist das Recht der Novisima Recopilación, in der die Mejora wie in den Leyes de Toro von 1505 geregelt ist. So kommt es, daß in einem heute geltenden Recht noch Vorschriften in Kraft sind, die im wesentlichen schon vor 400 Jahren angewendet worden sind. Der CC wurde zuerst 1882 und dann 1903 reformiert. Er setzt sich aus zwei Teilen zusammen, dem Familien- und Sachenrecht und dem Schuldrecht. Das Mejora-Recht ist im

16. Kapitel des 2. Buches geregelt. Es ist in seiner jetzigen Fassung sowohl in rechtswissenschaftlicher wie rechtspolitischer Hinsicht veraltet.

art 570: Die Eltern und Aszendenten können über $1/5$ ihres Vermögens frei zugunsten ihrer Kinder, Verwandten oder Fremden verfügen, vorausgesetzt, daß dieses Fünftel nicht für Alimente illegitimer Kinder vorbehalten ist.

art 571: In gleicher Weise können sie über $1/3$ zugunsten ihrer Kinder verfügen. Im Sinne dieses Artikels sind Kinder alle Abkömmlinge in gerader Linie, gleichgültig, ob die vermittelnden Personen leben oder nicht.

art 572: Hat der Testator nur Aszendenten, dann kann er zu Lebzeiten oder von Todes wegen über $1/3$ seines Vermögens frei verfügen.

art 573: Die Eltern können diese Verfügungen mittels Testament oder Anordnung unter Lebenden vornehmen. Die testamentarischen können bis zum Tod abgeändert oder widerrufen werden. Das gleiche gilt für die vertraglichen mit den folgenden Ausnahmen: 1. wenn der Vertrag oneroser oder belohnender causa und mit einem Dritten abgeschlossen worden ist; 2. dem Mejorierten der Besitz der verfügten Gegenstände übertragen ist; 3. ihm vor einem Notar das die Mejora enthaltende Dokument übergeben worden ist.

art 574: In den von dem vorangehenden Artikel genannten drei Fällen können die Zuwendungen nur dann widerrufen werden, wenn das Dokument einen entsprechenden Vorbehalt enthält, oder wenn die in art 678 aufgezählten Gründe gegeben sind.

art 575: Das in einer notariellen Urkunde enthaltene Versprechen der Eltern, einen ihrer Abkömmlinge aus Anlaß der Verheiratung oder einem anderen onerosen Anlaß zu mejorieren, oder niemanden zu mejorieren, bindet, es sei denn, der Abkömmling entbinde sie in einer anderen Urkunde von dieser Verpflichtung.

art 576: Die Mejoras sind klar und bestimmt zu erklären.

Jede Schenkung und jede unentgeltliche Zuwendung der Eltern zugunsten ihrer Kinder gilt ohne die vertragliche oder testamentarische Erklärung, daß sie Mejora ist, als vorweggenommener Pflichtteil.

art 577: Ist über beide Mejoras verfügt worden, so wird zuerst die des Fünftels befriedigt, sofern der Testator nicht das Gegenteil bestimmt hat oder vorher unwiderruflich über das Drittel verfügt hat.

art 578: Konkurrieren mehrere Mejorierte bezüglich des Drittels und Fünftels, dann haben alle den gleichen Anteil.

art 579: Die Mejora kann in Grundstücken oder bestimmten Gegenständen bestehen, die zu Lebzeiten des Vaters oder nach seinem Tod übertragen werden, wie dem Mejorierten auch die Fähigkeit erteilt werden kann, die Gegenstände zu bezeichnen. Sind die Gegenstände ohne Zuweisung auf das Drittel oder Fünftel spezifiziert worden, so hat der Bedachte nur Anspruch auf die genannten Gegenstände, auch wenn diese weder das Drittel noch das Fünftel erschöpfen. Besteht die Verfügung aber über das ganze Drittel oder Fünftel, so hat er Anspruch auf Ergänzung bis zur Höhe der bezeichneten Forderung.

art 580: Gleichgültig, ob die Gegenstände der Mejora im Zeitpunkt des Todes des Testators zu- oder abgenommen haben, werden sie zu dem Wert ihres gegenwärtigen Zustandes übertragen, vorausgesetzt, daß dieser nicht den bezeichneten Anteil übersteigt. In diesem Fall werden sie gekürzt.

art 581: Verkauft der Vater zu Lebzeiten die entsprechenden Gegenstände, so gilt die Anordnung als widerrufen. Erlangt er sie aber wieder zurück, so kann die alleinige Tatsache der Veräußerung den Widerruf nicht begründen.

art 582: Die Mejora ist als widerrufen anzusehen, wenn der Vater Grundstücke, die Gegenstand der Mejora sind, zur Sicherung dinglicher oder persönlicher Schulden mit einer Hypothek belastet. Die Mejora bleibt jedoch bestehen, wenn es sich um die Sicherung fremder Schulden handelt. In diesem Fall ist der Bedachte berechtigt, gegen den fremden Schuldner Ansprüche geltend zu machen. Er bleibt verpflichtet, einen evtl. Überschuß dem Nachlaß zuzuführen.

art 583: Die Eltern können ihren Töchtern weder als Aussteuer noch aus Anlaß der Heirat $^1/_3$ oder $^1/_5$ ihres Vermögens schenken oder versprechen. Die Töchter können durch keinerlei Vertrag unter Lebenden, wohl aber in einem Testament mejoriert werden.

art 584: Der Wert der Mejoras bemißt sich nicht nach dem Zeitpunkt ihrer Einsetzung, sondern nach dem des Todes nach Abzug der Schulden. Sie werden nicht aus der Aussteuer noch aus den übrigen Schenkungen befriedigt, die die Kinder bei der Erbteilung zum Ausgleich bringen.

art 585: Kraft Gesetz können die über $^1/_3$ oder $^1/_5$ Mejorierten nur insoweit beschwert werden, als sie die Kosten des Begräbnis zu tragen haben.

art 586: Der Mejorierte kann die Mejoras annehmen, obgleich er die Erbschaft ausschlägt. Er hat die Nachlaßschulden im Verhältnis zu tragen.

So begegnen wir in einem modernen Código wieder der Formel von der „Mejora del tercio y quinto". Wie ungenau sie ist, haben wir bereits erörtert[344]). Das Gesetz unterscheidet zwar zwischen beiden Quoten und stellt richtig fest, daß über das Drittel nur zugunsten der Abkömmlinge verfügt werden kann. Aber aus den anderen Vorschriften wird ersichtlich, daß die Mejora rein wirtschaftlich konzepiert ist als eine Zuwendung über den Pflichtteil eines Abkömmlings hinaus bis zu der Höhe der Verfügungsfreiheit des Testators[345]). Das beweist besonders deutlich art 577, wonach die Mejora zuerst auf das Fünftel angerechnet wird, das doch eigentlich Freiteil ist. War noch in den Leyes de Toro jede Schenkung zugunsten von Kindern eine vermutete Mejora, so ist hier jede Mejora eine vermutete Zuwendung über den Freiteil. Dennoch wird in fast pleonastischer Formulierung eine ausdrückliche Mejora-Einsetzung verlangt. Der Nachdruck, der auf die Erkennbarkeit des Willens gelegt wird, läßt

---

344) vgl. Seite 32 d. Arbeit.

345) so auch Sandoval, S. 396. Für den Verfasser bildet das gesamte Vermögen mit Ausnahme des Freiteils den Pflichtteil.

für eine Auslegung der Erklärung des Testators keinen großen Spielraum. Eine formelhafte Manifestierung dürfte trotzdem nicht geboten sein, denn dann wäre das Adverb „terminantemente" in art 576, I überflüssig. Das „expresamente" kann also hier nur den Sinn von „klar" haben, so daß der Artikel so zu lesen ist: „Die Mejoras sind klar und bestimmt zu erklären"[346]).

Bezüglich des Widerrufs gilt das gleiche wie im spanischen Recht. Hier wird allerdings ausdrücklich die Vorschrift über den Widerruf von Schenkungen wegen Undanks auf die unwiderruflichen Mejoras bezogen, art 574. Als Beispiel für den Widerruf erwähnt das Gesetz den Verkauf der zugedachten Sache und die Belastung einer Immobilie mit einer Hypothek zur Sicherung einer eigenen Schuld des Erblassers.

Mejorierbar sind nur legitime Abkömmlinge[347]), denn gemäß art 570 haben die illegitimen Kinder nur einen Unterhaltsanspruch. Aus rechtsgeschichtlicher Vorzeit stammt die Schlechterstellung der Töchter. Sie dürfen nicht durch Rechtsgeschäft unter Lebenden mejoriert werden[348]), sondern ebenfalls in einem Testament. Der Erblasser muß daher eine Zuwendung, die er einer Tochter zu Lebzeiten gemacht hat, in seinem Testament als Mejora bestätigen, weil sie sonst als Vorleistung auf den Pflichtteil behandelt wird[349]).

Gemäß art 578 erben mehrere Mejorierte zu gleichen Teilen. Diese Vorschrift scheint absurd, weil doch die Ungleichheit für die Mejora typisch ist. Der Artikel kann sinnvollerweise nur dahin verstanden werden, daß eine gleichmäßige Verteilung dann stattfinden soll, wenn der Erblasser einige von mehreren Abkömmlingen lediglich „mejoriert" hat, also ohne Angabe von unterschiedlichen Quoten und Gegenständen.

Ungewöhnlich ist, daß der Erblasser dem Bedachten das Recht einräumen kann, sich selbst einen wertmäßig begrenzten Gegenstand zur Anrechnung auf die Mejora auszusuchen. Radikal ist der Gesetzgeber bezüglich des Verbots der Beschwerungen: Nur die Kosten des Begräbnisses treffen den Mejorierten. Diese Regelung ist sonderbar; denn das sogenannte Mejora-Fünftel kann auch Fremden zugewendet werden und eine Beschwerung dieser Portion würde den Deszendenten nichts entziehen, worauf sie einen Anspruch haben. Hier wirkt sich die fatale Formel von der Mejora del tercio y quinto

---

[346]) vgl. G. J. Nr. 1014, 55, zitiert bei Sandoval, S. 402: „Die Schenkung ist nicht deshalb Mejora, weil das Kind den Erblasser gepflegt hat. Die Erfüllung dieser natürlichen Pflicht berechtigt nicht zu einem Entgelt. Da im übrigen die Bedingung der Ausdrücklichkeit nicht erfüllt ist, bleibt die Schenkung eine Vorwegnahme des Pflichtteils."

[347]) vgl. G. J. Nr. 959, 106, zitiert bei Sandoval, S. 397.

[348]) weil der Erblasser sich sonst unwiderruflich bindet.

[349]) vgl. G. J. Nr. 969, 12.

aus. Der Gesetzgeber weiß nicht begrifflich zu differenzieren zwischen dem Mejora-Drittel, an dem Fremde keinen mittelbaren Anteil haben dürfen, und dem Fünftel, das Freiteil ist aber infolge seiner unrichtigen Bezeichnung dennoch als Mejora behandelt wird.

Von der Anordnung des Erblassers hängt es ab, ob zuerst das Mejora-Drittel oder Fünftel befriedigt wird und entsprechend bemißt sich die Höhe der Quote.

Beispiel: Zieht man von einem Nachlaß von 3000 Bolivar zuerst das Drittel = 1000 ab, dann ist das Mejora-Fünftel = 400. Zieht man beim gleichen Nachlaß zuerst das Fünftel = 600 ab, dann ist das Mejora-Drittel 800. In jedem Fall bleibt der Pflichtteil = 1600.

6. Kapitel

Peru und seine unglückliche Formel von der Mejora del duplo

Die Rechtsentwicklung Perus ist typisch für die vieler Länder des Kontinents. Während der Kolonialzeit wird das positive Recht ausschließlich „importiert"; die technische Mitarbeit ist so unbedeutend, das dem Rechtsstudium jeder Anreiz fehlt. Da eine eigene Rechtstradition fehlt, kann man nach der Unabhängigkeit nur ein fremdes Recht übernehmen. Die führenden Männer dieser Zeit, Manuel Lorenzo, Vidaurre und Santa Cruz sind Anhänger des liberalen Frankreich von 1780 und befürworten den kulturellen und damit den rechtlichen Anschluß an dieses Land.

Der CC, der 1852 in Kraft tritt, lehnt sich eng an ausländische Vorbilder an, ohne aber das spanische Recht völlig zu verbannen. Er ist mehr oder weniger eine Zusammenstellung und Harmonisierung spanischen und französischen Rechts[350]). Die Mejora ist in ihm in teilweiser Übernahme der Lehre der Leyes de Toro und in Anlehnung an das spanische Projekt von 1851 enthalten. Da der CC von 1852 nicht mehr in Kraft ist, erwähnen wir nur die Merkmale der Mejora, die das geltende Recht nicht rezipiert hat. Sie entsprach einem Drittel von $^4/_5$ des Nachlasses, und zwar des liquiden Nachlasses, also unter Nichtberücksichtigung ausgleichspflichtiger Schenkungen. Der Erblasser konnte nicht über das Fünftel verfügen, wenn er mejoriert, — dies ist eine Nachwirkung aus dem Fuero Real. Illegitime Kinder könnten nur mangels ehelicher mejoriert werden.

Im ganzen gesehen war dieser CC für das damalige Peru verfrüht. Seine Herkunft wies ihn als das Recht einer zivilisierten Weltmacht aus, das nicht den vielschichtigen Problemen gerecht wurde, die sich aus dem Zusammenleben einer enormen einheimischen Bevölkerung

350) vgl. Nuñez, S. 34.

mit einer anderen Mischbevölkerung ergaben. Dennoch tritt ein neuer CC erst 1936 in Kraft. Hierin findet man nun oft eine Bezugnahme auf die Kodifizierungen Deutschlands[351]), Brasiliens und Argentiniens. Der römische Einfluß überlebt indirekt im Personen- und Erbrecht. Die französische und spanische Tradition erhält sich, weil die soziologischen Momente fortbestehen, denen mehr eine romanische Lebensweise und eine entsprechende Rechtsordnung entsprechen[352]).

Die Comisió reformadora hat sich für die Beibehaltung der Mejora ausgesprochen, „weil sie in der Lage ist, familiäre Schwierigkeiten zu beseitigen, die sich aus der übermäßigen wirtschaftlichen Überlegenheit einiger im Vergleich zu anderen ergeben“[353]). Inzwischen ist die Daseinsberechtigung der Mejora aber aus einem bisher nie dagewesenen Grund in Frage gestellt worden. Peru hat nämlich die Ehescheidung eingeführt[354]) und nach dem Urteil eines einheimischen Beobachters ist dadurch der familiäre Zusammenhalt stark bedroht[355]). Die Sorge ist, daß ein mehrmals verheirateter Erblasser, vielleicht beeinflußt durch seinen letzten Ehegatten oder aus Abneigung gegen einen vorherigen, die Mejora ausschließlich zugunsten der letzten Kinder verwendet, — die Kinder aus einer früheren Ehe also praktisch immer die Benachteiligten sind. Vorerst existieren über dieses Thema noch keine Daten, so daß die Behauptung, die Ehescheidung bedeute das Ende der Mejora, noch verfrüht ist. Ohne Zweifel wird aber die Auswirkung der Ehescheidung auf die Praxis der Mejorierung alle zukünftigen Reformer des Erbrechts beschäftigen.

Immerhin hat schon das gegenwärtige Recht wie kein anderes Vorsorge getroffen, daß die Erbschaft den Kindern in nicht zu ungleichen Verhältnissen anfällt. Es scheint, als habe den Gesetzgeber der Wunsch beherrscht, die Institution zu vereinfachen, Zahl und Umfang der Artikel zu beschränken und soweit wie möglich Definitionen zu vermeiden. Jedenfalls bleibt die ratio mancher Einrichtungen im

---

351) Sein Einfluß zeigt sich im Schuld- und Sachenrecht.

352) vgl. Nuñez, S. 34.

353) vgl. Actas de la Comisión reformadora del Código civil, Bd. III, S. 120.

354) während es in allen anderen behandelten Rechten allenfalls eine Aufhebung der ehelichen Gemeinschaft gibt.

355) „Es gibt nicht wenige Eltern, die aufhören, ihr Leben ihren Kindern zu widmen, so wie es früher der Fall war, um — so wie sie es nennen — ihrem eigenen Leben nachzugehen. In vielen Fällen ist die Ehe und die Familie nicht mehr den strengen Regeln der Pflicht unterstellt, sondern dem einzigen Antrieb einer falsch verstandenen Leidenschaft“, so Echecopar, S. 152.

Dunkeln und der kurze Abschnitt über die Mejora muß als dringend reformbedürftig bezeichnet werden[356]).

art 707: Der Testator kann über eines der zwei Pflichtteilsdrittel verfügen, um damit seine Abkömmlinge zu mejorieren.

art 708: Die Fähigkeit zu mejorieren ist in der Weise auszuüben, daß der Erbteil eines mejorierten Kindes nicht das Doppelte des Erbteils eines nicht mejorierten Kindes gleicher Klasse übersteigt. Gegenüber einem unehelichen Mejorierten sind die Verhältnisse des art 762 zu wahren.

art 762: Sind legitime und illegitime Kinder vorhanden, dann erhält jedes der letzten die Hälfte dessen, was jeder eheliche Abkömmling empfängt.

art 709: Infolge der den Kindern und Abkömmlingen zugewendeten Mejoras darf in der Linie eines Kindes als Pflichtteil und Mejora nicht mehr als das Doppelte des Pflichtteils eines anderen mejorierten Kindes erlangt werden.

art 712: Der Testator, der anerkannte uneheliche Kinder hat, verliert die Fähigkeit, über seinen Freiteil zu verfügen, wenn er Abkömmlinge mejoriert.

Im Prinzip bekennt sich das Recht Perus also noch zu der Mejora. Aber so wenig umfangreich das Mejora-Recht ist, so gering ist auch das darin enthaltene Bekenntnis zur klassischen Mejora. Mit der in art 708 eingeführten quantitativen Beschränkung ist sie nämlich stark in Frage gestellt. Sie mag der sicher nicht unvernünftigen Überlegung entspringen, eine zu krasse Bevorzugung eines Abkömmlings im Vergleich zu den anderen zu vermeiden. Vom rechtswissenschaftlichen Standpunkt her ist diese Lösung nicht zu begrüßen; denn das Mejora-Drittel wurde immer dadurch gekennzeichnet, daß der Testator darüber zugunsten seiner Abkömmlinge frei verfügen konnte, und diese keinen Anspruch auf Mejorierung hatten. Das gilt jetzt nicht mehr; denn es ist kein Fall denkbar, in dem ein Abkömmling davon ausgeschlossen werden könnte, indirekt an dieser Quote beteiligt zu werden. Nehmen wir ein einfaches Beispiel: Pflichtteil und Mejora = 300 bei drei Abkömmlingen. Wie immer man das Mejora-Drittel zugunsten von zwei verteilt, der Nichtmejorierte wird immer weniger als die Hälfte eines Mejorierten erhalten.

Um dieses unzulässige Ergebnis zu vermeiden, muß er also praktisch irgendwie mejoriert werden. Das läßt sich konstruktiv nur dadurch erreichen, daß man die übermäßige Mejorierung als unwirksam ansieht, und der auf diese Weise frei gewordene Mejora-Teil dem Pflichtteil zuwächst, wodurch sich der Anteil eines jeden erhöht. Es geht dagegen nicht an, eine Mejorierung zugunsten eines Nichtbedachten zu unterstellen oder dem Testator den Willen zu mejorieren zu unterschieben. Das führte zu dem absurden Ergebnis, daß es

356) vgl. Echecopar, S. 323.

Zwangsmejorierte, einen einklagbaren Anspruch auf eine Mejorierung und feste Quoten gibt, also Dinge, die für die Mejora absolut wesensfremd sind. Der in anderen Códigos selbstverständliche Satz „... mit dem er einen oder einige seiner Abkömmlinge mejorieren kann..." gilt hier also tatsächlich nicht uneingeschränkt. Will der Testator über die ganze Quote verfügen, dann muß er alle Abkömmlinge bedenken. Will er aber nur einen oder einige, aber nicht alle mejorieren, dann führt das zwangsläufig dazu, daß er die Mejora-Quote nicht in vollem Umfang ausschöpfen kann. Da er heute im Gegensatz zum CC von 1852 den Freiteil einem Mejorierten zuwenden darf, kann er das mühselig gewahrte Verhältnis zwischen den beiden ersten Erbschaftsdritteln leicht zunichte machen[357]).

Neben den legitimen Kindern sind auch uneheliche Kinder mejorierbar. Offensichtlich hat der Gesetzgeber damit für diese eine Vergünstigung schaffen wollen; aber an der Auswirkung des mißglückten art 708 erkennt man, wie sich seine wohlgemeinte Absicht in ihr Gegenteil verkehrt. Wird nämlich ein Illegitimer mejoriert, so führt das automatisch zur Erhöhung der Quote des legitimen Kindes, weil das die einzige Möglichkeit ist, das Verhältnis des einen gegenüber dem anderen zu wahren. Dies führt zu einer der beiden Folgen: Entweder die Anordnung ist nicht realisierbar, oder sie hört auf, Mejora zu sein. Die zweite Folge tritt ein, wenn ein uneheliches Kind mit mehreren ehelichen konkurriert; denn das einzige uneheliche erhält dann die Hälfte von dem seiner Halbgeschwister, was genau dem entspricht, was es auch ohne Mejorierung erhalten hätte.

Beispiel: Der Erblasser hinterläßt ein Vermögen von 900 und neben den ehelichen Kindern A, B den unehelichen E. Der Pflichtteil von 600 (gemäß art 712 hat der Erblasser seine Fähigkeit, über den Freiteil zu verfügen, verloren) und die Mejora von 300 werden z. B. wie folgt verteilt:

	Pflichtteil	Mejora	Total
A	240	100	340
B	240	—	240
E	120	200	320
	600	300	900

357) Viel praktischer und unkomplizierter wäre es, wenn eine unvermeidliche Reform die Hälfte zum Freiteil bestimmte, oder aber unter Abschaffung des Verhältnissystems so klar definierte wie in den Códigos chilenischer Abstammung.

Bei E ist also ein Überschuß von 200 zu kürzen, damit er auf die Hälfte des Betrages von B kommt. Die Rechnung ist folgende:

	Pflichtteil	Mejora	Total
A	320 (240 + 80)	100	420
B	320 (240 + 80)	—	320
E	160 (120 + 40)	—	160
	800	100	900

Die Mejorierung zugunsten eines illegitimen Kindes ohne Mejorierung aller anderen ist also utopisch. Damit die ehelichen Kinder doppelt soviel erhalten als das uneheliche, muß die Mejora beseitigt werden[358]).

Ein Mejora-Versprechen sowie jede Art Erbvertrag ist nach dem geltenden Recht nicht mehr zulässig.

7. Kapitel

Kuba vor der Reform des spanischen Mejora-Rechts

Auf das spanische Kolonialbesitztum Kuba hat das revolutionäre Feuer vielleicht wegen der geographischen Isolierung noch nicht zu Beginn des 19. Jhdt. übergegriffen, und die Unabhängigkeitserklärung erfolgt dort erst im Jahre 1899, 10 Jahre, nachdem die Königsregentin Maria Christine im Namen ihres Sohnes Alfons XIII. bestimmt hatte: „Das auf der Halbinsel in Kraft befindliche Zivilgesetzbuch wird auf die Insel Kuba, Puerto Rico und die Philippinen ausgedehnt". Trotz der Lösung von Spanien bleibt sowohl spanisches Zivil- wie Strafrecht ausdrücklich in Kraft[359]), und an diesem Zustand haben die verschiedenen politischen Szenenwechsel praktisch nichts geändert.

Lehre und Rechtsprechung halten sich noch heute an die spanischen Erkenntnisse und auch Verkennungen der Mejora[360]). Das wird an der einzigen höchstrichterlichen Entscheidung deutlich, die sich bisher mit ihr befaßt hat[361]). Das Urteil betrifft die Klage eines natürlichen Kindes auf seinen Pflichtteil, der halb so hoch ist wie der

---

358) vgl. Echecopar, S. 172.

359) vgl. Brun, S. 257.

360) Machado stützt sich in seinem Kommentar von 1950 fast ausschließlich auf spanische Autoren, wie Castán, Manresa usw.

361) Hier wird u. a. ausgeführt, daß die Mejora ein integrierender Bestandteil des Pflichtteils der Zwangserben ist, vgl. Sentencia 4 vom 4. 1. 1942.

eines nichtmejorierten Kindes, art 840. Der Erblasser hatte alle ehelichen Kinder zu gleichen Teilen bedacht, weshalb der Kläger vortrug, daß hier in Wahrheit keine Mejora vorliegt, weil alle das erhalten, was sie auch bei gesetzlicher Erbfolge empfangen haben würden. Da niemand mejoriert sei, müsse sich der Pflichtteil des natürlichen Kindes erhöhen.

Der Tribunal Supremo hat der Klage nicht stattgegeben und behauptet, eine ungleiche Verteilung sei ebensowenig erforderlich wie die Begrenzung der Zahl der Bedachten. Wenn aber eine ungleiche Verteilung nicht wesensnotwendig ist, dann könne der rein zufällige Umstand, daß die Bedachten mit gleichen Quoten mejoriert worden sind, nicht zur Ungültigkeit der Anordnung führen. Im übrigen sei zu bedenken, daß ja auch nicht pflichtteilsberechtigte Erben mejoriert werden können und diese in concreto nicht bedacht worden seien.

In einer abweichenden Meinung haben drei der mitwirkenden Richter mit Recht darauf hingewiesen, daß das Kriterium des TS, nach dem ausschließlich auf den Willen des Erblassers abzustellen ist, zur Zulassung der Mejora bei Vorhandensein eines einzigen Abkömmlings führt. Für sie entscheidet allein, ob die Mejorierten durch diese Zuwendung mehr bekommen als bei gesetzlicher Erbfolge[632]). Allein diese Wirkung ist dafür maßgeblich, ob die Anordnung einer Mejora wirksam ist oder nicht. Wie der Erblasser eine geringfügige Einzelzuwendung nicht als Erbeinsetzung bezeichnen kann, so kann er auch nicht die Verweisung auf den Pflichtteil bzw. die Zuwendung des gesetzlichen Erbteils als Mejora deklarieren.

Wir können uns eine eingehendere Kritik der hier vorgetragenen Ansichten ersparen. Einmal, weil wir im Verlauf der Arbeit zu den hier berührten Problemen Stellung genommen haben[363]), und zum anderen, weil die Veröffentlichung eines neuen Erbrechts bevorsteht. Schon vor der Revolution Fidel Castros verkündete die Verfassung von 1940, daß der Kubaner innerhalb der Grenzen des CC die Freiheit hat, über die Hälfte seines Vermögens zu verfügen[364]). Diese Forderung ist natürlich unvereinbar mit dem Fortbestehen der bisher gebräuchlichen Erbschaftsdrittel. Vorerst hat die Mejora aber noch eine Gnadenfrist; denn der TS hat entschieden, daß dieser Verfassungsartikel bis zum Erlaß entsprechender Ergänzungsgesetze keine Anwendung findet[365]).

---

362) vgl. Martinez Escobar, S. 320.

363) vgl. Seite 81 dieser Arbeit.

364) art 46: „Dentro de las restricciones señaladas en este Código el cubano tendrá la libertad de testar sobre la mitad de la herencia".

365) Sentencia Nr. 58 vom 22. 6. 1944.

Aus amtlichen Verlautbarungen scheint man zudem zu schließen, daß die Mejora beibehalten werden soll, „weil sie unserer Rechtstradition angehört und sich mit ihr gerechte Ergebnisse erzielen lassen“[366]).

[366]) Drei Professoren haben daher schon einen Entwurf eines neuen art 823 vorgelegt: „Der Vater oder die Mutter können zugunsten eines oder einiger ihrer gemeinsamen ehelichen Kinder oder Abkömmlinge über die Hälfte dessen verfügen, was diesen als Pflichtteil gebührt, es sei denn, die genannte Portion wäre anderen Pflichtteilen verhaftet. / Diese Portion heißt Mejora“; vgl. Sanchez Roca, S. 474—480.

NACHWORT

Kritik und Zukunft der Mejora

Die Entfaltung der alten kastilianischen Mejora in Südamerika beweist, daß sich der einfache Wunsch eines Erblassers, einen oder einige seiner Abkömmlinge zu bevorzugen, auf die mannigfachste Weise normieren läßt. Da sie ein weltanschaulich neutrales Institut ist, wird sie von den Regimewechseln neuerdings kaum berührt. Deshalb bietet sich hier die einzigartige Chance, ihre Ausgestaltung allein der Rechtswissenschaft zu überlassen. Leider wird der Mejora selten die Gunst zuteil, daß sich der Gesetzgeber ihrer außerhalb einer neuen Kodifizierung annimmt. Dabei sind eine Reihe gesetzestechnischer Mängel schon lange unverkennbar.

Die Abgrenzung zum Pflichtteil ist unzulänglich. Die eigene Rechtsnatur der Mejora-Quote verlangt nach einer folgerichtigen Trennung beider Quoten ähnlich dem chilenischen Muster. Die unwiderruflichen Mejoras, die aus ehevertraglichen Anordnungen hervorgehen, sollten abgeschafft werden. Die Besserstellung eines Abkömmlings noch vor der Geburt des Bedachten ist ein Widersinn, da der Mejora-Anordnung eine nach vernünftigen Gesichtspunkten vorgenommene Wahl zwischen mehreren denkbaren Anwärtern vorausgeht. Die Unwiderrufbarkeit einer letztwilligen Anordnung ist ein Fremdkörper im spanischen Erbrecht und sachlich nicht gerechtfertigt, da die Umstände, die eine Bevorzugung eines Abkömmlings empfehlen, bis zum Tod des Erblassers veränderlich sind. Darüber hinaus bestehen gegen die vertragliche Mejorierung angesichts der Unzulässigkeit von Erbeinsetzungsverträgen erhebliche Bedenken. Sie werden noch dadurch verstärkt, daß bestimmte vertragliche Zuwendungen nicht an die Formen letztwilliger Verfügungen gebunden sind. Schließlich sollte das peruanische Beispiel abschrecken, weil die Bindung an bestimmte unter den Abkömmlingen zu wahrende Proportionen neben ihrer rechnerischen Kompliziertheit unvereinbar ist mit dem Wesen der Mejora. Sie ist seit je eine familiäre Erbschaftsquote, über die der Erblasser nach seinem alleinigen Ermessen in beliebiger Höhe letztwillig verfügen kann. Vor allem ist die bolivianische Regelung abzulehnen; denn die „Mejora del quinto" ist in Wahrheit Freiteil, da sie auch Fremden zufallen kann.

Verlohnt es der Mejora angesichts der genannten und nicht genannten Unzulänglichkeiten eine Zukunft zu wünschen? Es fehlen nicht die Stimmen, die sie nicht nur wegen formaler Mängel, sondern wegen ihrer Funktion ablehnen. Sie verstoße gegen die Gleichheit und führe praktisch zu einer Enterbung ohne Rücksicht auf evtl. Verfehlungen der Nichtbedachten. Sie erzeuge Neid und Streit unter den Kindern, und das um so mehr, als der Erblasser über die Zuwendung des Freiteils an den Mejorierten eine außerordentliche Verschiedenheit der Erbteile bewirken könne. Es sei deshalb zu verlangen, daß die Gründe für die Bevorzugung eines Abkömmlings angegeben werden und neben der Mejora keine Zuwendung aus dem Freiteil erfolge[367]).

Wir halten es demgegenüber gerade für einen großen Vorzug, über die Mejora die rechtliche Gleichheit dort zu durchbrechen, wo bei unterschiedlichen tatsächlichen Gegebenheiten die gleichmäßige Verteilung des Nachlasses eine Ungerechtigkeit bedeuten müßte; und ihre relativ einfache Handhabung rührt gerade daher, daß der Erblasser sein eigener Richter über die Zweckmäßigkeit ihrer Anordnung ist. Verlangte man von ihm die Angabe von Gründen, dann wäre das mit Sicherheit der Anfang einer Serie von Prozessen, in denen das Vorliegen und die Berechtigung dieser Gründe bestritten würden. Im übrigen kann von einer Enterbung keine Rede sein, weil einem Nichtbedachten nichts vorenthalten wird, worauf er einen Anspruch hätte. Sicher ist die Gefahr nicht auszuschließen, daß den Erblasser unsachliche Erwägungen leiten. Insofern ist die Mejora eine Einrichtung von relativer Güte, weil ihr Wert von einer vernünftigen Ausübung abhängt. Aber grundsätzlich ist die Möglichkeit eines Mißbrauchs kein Argument gegen ihren institutionellen Wert.

Dennoch zeigt sich ihr Vorzug gerade bei einem willkürlichen Erblasser. Als Korrektiv eines Systems völliger Testierfreiheit erhält sie das Vermögen jedenfalls der Familie. Andererseits mildert sie die Starrheit eines ausgedehnten Pflichtteilsrechts. In ihrer Verbundenheit mit der Idee der Testierfreiheit entspricht sie einer Einstellung, die dem Menschen das Recht und die Fähigkeit auf die freie Gestaltung seines Lebensbereichs zugesteht.

Neben ihrem unbestreitbaren Wert als Regulierungsmittel spricht ein rechtspolitisch bedeutsamer Grund für ihre Erhaltung in Spanien. So wie Kindaswint vor vielen Jahrhunderten die Mejora schuf, um den Rechtsdualismus zwischen Goten und Hispanoromanen abzubauen, so könnte sie in diesem Jahrhundert dazu berufen sein, die aus der Zeit der Reconquista stammende erbrechtliche Zersplitterung aufzuheben. Außer der absoluten Testierfreiheit von Vizcaya und Ayala sind nämlich die Unterschiede zwischen dem Foralrecht und dem gemeinen Erbrecht mehr formaler als sachlicher Natur. Einer der wenigen rationalen Erklärungen für den anachronistischen Fort-

---

367) vgl. Schaevola, S. 432.

bestand des Foralrechts ist der Wunsch nach Erhaltung des landwirtschaftlichen Kleinbesitzes. Da mit der Mejora sowohl dem Übel der Landzersplitterung als auch den familiären Bedürfnissen einer städtischen Bevölkerung begegnet werden kann, bietet sie sich als ideale Kompromißformel eines zukünftigen Erbrechts an.

Im Hinblick auf diese Funktion ist auch der Vorschlag zu verstehen, die Mejoraquote zu erhöhen, um dem Erblasser ein größeres Maß an Freiheit zur gerechten und wirtschaftlich vernünftigen Übertragung seines Vermögens auf seine Nachkommen zu gewähren[368]. Denkbar ist z. B. den Nachlaß in vier Quoten zu unterteilen, von denen zwei der Mejora und je eine als Pflichtteil und Freiteil vorbehalten sind. Eine Reform des spanischen Erbrechts hätte der eigenen Rechtsnatur der Mejora stärker Ausdruck zu verleihen und sie mit anderen Institutionen des 3. Buches des CC in Einklang zu bringen. Damit wäre die Voraussetzung dafür geschaffen das Foralrecht abzubauen und die Anwendung der Mejora in einem künftigen gemeinen Erbrecht zu vereinfachen.

---

368) vgl. auch die Vorschläge von Garcia Granero, S. 830.

La Coruña
Santiago de Comp.
Lugo
GALICIEN
Vigo
Orense
Gijón
Santander
Oviedo
BASK. PROVINZ
León
Burgos
Valladolid
Salamanca
Segovia
Madrid
PORTUGAL
S P A N
Toledo
Cáceres
Cludad
Badajoz
Córdoba
Sevilla
Jerez de la Fr.
Cádiz

ANDORRA
RA
KATALONIEN
Zaragoza
Barcelona
ARAGONIEN
MENORCA
MALLORCA
N
Valencia
IBIZA
Albacete
Alicante
Elche
Murcia
Lorca
Cartagena
meria
N

ANLAGE I:

Geographische Darstellung des räumlichen Geltungsbereiches der Mejora des spanischen Código civil

In den schraffierten Foralgebieten gibt es die Mejora im allgemeinen nicht.

In Galicien gilt das kastillanische Erbrecht in den Städten. In den ländlichen Gebieten ist die Mejora dagegen stark abgewandelt.

Zu den Baskischen Provinzen zählen die Provinzen Vizcaya, Alava und Guipuzcoa.

In Vizcaya gilt die Mejora aber in den folgenden Städten:

> Bermeo, Durango, Ermua, Guernica y Luno, Lanestoso, Lequeitio, Marquina, Ochandiano, Ondarroa, Portugalete, Plencia, Valmasede, Orduña und Bilbao.

In Alava gilt das Foralrecht Vizcayas nur in den Orten Llodio und Aramayona.

Alaya ist ein Kreis in der Provinz Alava mit eigenem Foralrecht ohne Mejora. Im übrigen gilt in der Provinz Alava (Hauptstadt Vitoria) das Erbrecht des Código civil und damit die Mejora.

ANLAGE II:

Tabelle über die Höhe der Erbschaftsquoten in den Zivilrechten der behandelten Staaten

	Wert des Nachlasses: 2400			Zahl der Kinder: 3	
Land	Höhe des Pflichtteils wenn keine M angeordnet	Freiteil	Mejora	Mindestzuwendung an 1 Kind, = Pflichtteil	Höchstsatz
Bolivien	$^{12}/_{15}$ = 1280	$^{3}/_{15}$ = 480 $^{2}/_{15}$ = 320	$^{4}/_{15}$ = 640 $^{5}/_{15}$ = 800	213,3	1333,3
Chile	$^{3}/_{4}$ = 1800	$^{1}/_{4}$ = 600	$^{1}/_{4}$ = 600	400	1600
Cuba	$^{2}/_{3}$ = 1600	$^{1}/_{3}$ = 800	$^{1}/_{3}$ = 800	266,6	1866,6
Ekuador	$^{3}/_{4}$ = 1800	$^{1}/_{4}$ = 600	$^{1}/_{4}$ = 600	400	1600
Kolumbien	$^{3}/_{4}$ = 1800	$^{1}/_{4}$ = 600	$^{1}/_{4}$ = 600	400	1600
Peru	$^{2}/_{3}$ = 1600	$^{1}/_{3}$ = 800	$^{1}/_{3}$ = 800	400 (!)	1600
Spanien	$^{2}/_{3}$ = 1600	$^{1}/_{3}$ = 800	$^{1}/_{3}$ = 800	266,6	1866,6

ANLAGE III:

Urtext der Lex Visigothorum Dum Inlicita lib IV, tit V, Ges 1

„Dum inlicita queque perpetrari cognoscimus, legem ponere secuturis oportune compellimur. Plerique enim, indiscrete viventes suasque facultates interdum vel causa luxurie vel cuiusdam male voluntatis in personas extraneas transferentes, ita inoffensos filios vel nepotes aut non gravi culpa forsitan obnoxios inanes relinquent, ut utilitatibus publicis nihil possint omnino prodesse, quos oportuerat cum virtute parentum iniunctum sibi laborem inexcusabiliter expedire. Sed ne sub ad occasione aut utilitati publice quandoque depereat, quod pereri non debet, aut naturalis pietas suspendatur a filiis vel nepotibus, quam circa eos exerceri competenter oportet: ideo abrogata legis illius sententia, qua pater vel mater aut avus sive avia in extraneam personam facultatem suam conferre, si voluissent, potestam haberent, vel etiam de dote sua facere mulier quod eligesset in arbitrio suo consisteret, ita magis servetur a cunctis moderata censura, qua nec parentibus vel aviis adimatur iudicandi de rebus suis ex toto lecentia, nec filios aut nepotes a successione avorum vel genitorum ex omnibus repellat indiscreta voluntas. Igitur pater vel mater, avus aut avia, quibus quempiam filiorum vel nepotum MELIORANDI voluntas est, hanc servent omnino censuram, ut deciman partem rerum suarum MELIORATIS filiis aut filiabus vel nepotibus atque neptis ex omnibus rebus suis amplius nihil inpendant neque faculatem suam ex omnibus in extraneam personam transducant, nisi fortasse provenerit, eos legimos filios sive nepotes non habere suprestes. Sane si filios sive nepotes habentes ecclesiis vel libertis aut quibus elegerint de facultate sua largiendi voluntatem habuerint, de quintam tantum partem indicandi potestas illis indubitata manebit.“

ANLAGE IV:

Aufstellung der wichtigsten, häufig zitierten Artikel des spanischen CC in der Übersetzung

art 620: Die Schenkungen, die mit dem Tod des Schenkers wirksam werden sollen, entsprechen der Natur letztwilliger Anordnungen und bestimmen sich nach den Regeln der testamentarischen Erbfolge.

art 636: Ungeachtet des in art 634 Bestimmten, kann keiner im Wege der Schenkung mehr vergeben oder erhalten, als er kraft Testament vergeben oder empfangen kann.

Die Schenkung ist ungültig, soweit sie dieses Maß überschreitet.

art 657: Die Rechte auf die Nachfolge einer Person übertragen sich im Augenblick ihres Todes.

art 661: Die Erben treten kraft des alleinigen Grundes des Todes des Verstorbenen in alle seine Rechte und Verpflichtungen ein.

art 668: Der Testator kann über alle seine Güter im Wege der Erb- oder Vermächtniseinsetzung verfügen. Im Zweifel, auch wenn der Testator das Wort Erbe nicht wörtlich gebraucht hat, gilt die Anordnung als universale oder Erbeinsetzung, sofern sein Wille bezüglich dieses Begriffes klar ist.

art 670: Das Testament ist ein höchstpersönlicher Akt; seine Anfertigung kann nicht ganz oder teilweise einem anderen überlassen werden, noch über einen Kommissar noch Bevollmächtigten errichtet werden.

Auch kann einem Dritten nicht die Berufung von Erben oder Vermächtnisnehmern überlassen werden, noch die Bestimmung der ihnen nach der nominellen Einsetzung zufallenden Portionen.

art 675: Jede testamentarische Anordnung ist wörtlich zu verstehen, es sei denn, ein anderer Wille des Testators sei klar erkennbar. Im Zweifelsfall ist das zu befolgen, was gemäß dem Tenor des Testaments am besten den Absichten des Testators zu entsprechen scheint.

Der Testator kann die Anfechtung des Testamentes nicht für die Fälle verbieten, in denen kraft Gesetz Nichtigkeit eintritt.

art 744: Die testamentarische oder gesetzliche Erbfolge können diejenigen antreten, die hierzu nicht kraft Gesetz unfähig sind.

art 766: Der gewillkürte Erbe, der vor dem Testator stirbt; der Erbunfähige und derjenige, der auf die Erbschaft verzichtet hat, übertragen auf ihre Erben keine Rechte mit Ausnahme des in den art 761 und 857 Bestimmten.

art 768: Der zu einer bestimmten Sache eingesetzte Erbe wird als Vermächtnisnehmer angesehen.

art 782: Die Nacherbeinsetzungen dürfen nicht auf den Pflichtteil entfallen. Erstrecken sie sich auf das Mejora-Drittel, dann können sie nur zugunsten der Nachkommen angeordnet werden.

art 806: Der Pflichtteil ist der Vermögensteil, über den der Erblasser nicht verfügen kann, weil das Gesetz ihn bestimmten Erben vorbehalten hat, die deshalb Zwangserben genannt werden.

art 807: Zwangserben sind:

1. Kinder und legitime Abkömmling gegenüber ihren Eltern und legitimen Vorfahren.
2. In Ermangelung der vorgenannten Personen die Eltern und Vorfahren gegenüber ihren Kindern und legitimen Abkömmlingen.
3. Der überlebende Ehegatte, die natürlichen gesetzlich anerkannten Kinder und deren Vater oder Mutter gemäß den in den art 834 bis 842 und 846 bestimmten Formen und Maßen.

art 808: Der Pflichtteil der Kinder und legitimen Abkömmlinge besteht aus $^2/_3$ des Nachlaß des Vaters und der Mutter.

Diese können jedoch über einen der beiden Teile, die den Pflichtteil bilden, verfügen, um ihn als Mejora ihren Kindern und legitimen Abkömmlingen zuzuwenden.

Der verbleibende dritte Teil ist zur freien Verfügung.

art 813: Der Erblasser kann den Erben ihren Pflichtteil nur in den vom Gesetz ausdrücklich genannten Fällen entziehen.

Er kann ihn auch weder mit einer Belastung oder einer Bedingung noch einer Substitution irgendeiner Art beschweren, mit Ausnahme des über den Nießbrauch des überlebenden Ehegatten Bestimmten.

art 814: Die Übergehung eines oder aller Zwangserben gerader Linie führt zur Unwirksamkeit der Erbeinsetzung. Sofern jedoch Vermächtnisse nicht übermäßig sind, bleiben sie wirksam.

Die Übergehung des überlebenden Ehegatten bewirkt nicht die Unwirksamkeit der Erbeinsetzung. Der Übergangene behält jedoch die Rechte aus den art 834—839 dieses Gesetzbuches.

Sterben die übergangenen Zwangserben vor dem Erblasser, dann bleibt die Einsetzung wirksam.

art 817: Die testamentarischen Anordnungen, die den Pflichtteil der Zwangserben beeinträchtigen, werden auf Verlangen dieser insoweit gekürzt, als sie ungültig oder überhöht sind.

art 818: Zur Berechnung des Pflichtteils wird der Wert des Nachlaß zur Zeit des Erbfalls zugrunde gelegt, abzüglich der Schulden und Lasten mit Ausnahme der im Testament angeordneten.

Dem liquiden Wert der Erbschaftsgegenstände werden alle ausgleichspflichtigen Schenkungen des Testators zum Wert des Zeitpunkts ihrer Vornahme hinzugerechnet.

art 819: Kindern gemachte Schenkungen, die nicht Mejoras sind, werden auf ihren Pflichtteil angerechnet.

Fremden gemachte Schenkungen werden dem Freiteil zugeordnet, über den der Testator letztwillig verfügen konnte.

Soweit sie ungültig sind, oder den Freiteil übersteigen, werden sie gemäß den Regeln der folgenden Artikel gekürzt.

art 823: Der Vater oder die Mutter können zugunsten eines oder einiger ihrer Kinder oder Abkömmlinge über eines der zwei als Pflichtteil bestimmten Drittel verfügen.

Diese Portion heißt Mejora.

art 824: Die Mejora kann nur mit Belastungen zugunsten der Pflichtteilsberechtigten oder deren Abkömmlinge beschwert werden.

art 825: Keine vertragliche Schenkung, sei sie einfach oder oneros, zugunsten pflichtteilsberechtigter Kinder oder Abkömmlinge ist Mejora, sofern nicht der Schenker ausdrücklich erklärt hat, mejorieren zu wollen.

art 826: Das in einem Ehevertrag enthaltene notarielle Versprechen zu mejorieren oder nicht zu mejorieren ist gültig. Eine dem Versprechen entgegenstehende Verfügung des Erblassers ist unwirksam.

art 827: Die Mejora ist widerruflich, auch wenn sie durch die Übertragung von Gegenständen bestätigt worden ist. Dies gilt dann nicht, wenn sie in einem Ehevertrag oder in einem mit einem Dritten abgeschlossenen onerosen Vertrag erklärt worden ist.

art 828: Das Vermächtnis, das der Testator einem seiner Kinder oder Abkömmlinge einsetzt, ist nur dann Mejora, wenn der Testator ausdrücklich erklärt hat, daß dies sein Wille ist oder wenn es nicht in den Freiteil paßt.

art 829: Die Mejora kann durch eine bestimmte Sache bezeichnet werden. Wenn deren Wert das als Mejora bestimmte Drittel und den dem Mejorierten zustehenden Pflichtteil übersteigt, dann hat jener den übrigen Berechtigten die Differenz durch Geldzahlung zu vergüten.

art 830: Die Fähigkeit zu mejorieren kann einem anderen nicht übertragen werden.

art 831: Ungeachtet des im vorangehenden Artikel Bestimmten kann in einem Ehevertrag folgendes gültig vereinbart werden: Stirbt einer der Ehegatten, ohne ein Testament zu hinterlassen, so kann der überlebende Ehegatte, der keine neue Ehe eingegangen ist, nach seinem billigen Ermessen die Gegenstände des Verstorbenen verteilen und damit die gemeinsamen Kinder mejorieren. Unberührt hiervon bleiben die Pflichtteile und die zu Lebzeiten des Verstorbenen angeordneten Mejoras.

art 832: Ist die Mejora nicht durch eine bestimmte Sache gekennzeichnet worden, so wird sie aus den Erbschaftsgegenständen befriedigt. Hierbei sind die in den art 1061 und 1062 enthaltenen Grundsätze zur Wahrung der Gleichheit der Erben bei der Teilung zu beachten.

art 833: Der mejorierte eheliche Abkömmling kann auf die Erbschaft verzichten und die Mejora annehmen.

art 834: Wer beim Tod seines Ehegatten nicht getrennt lebt, oder aber aus Verschulden des Verstorbenen getrennt lebt, hat Anspruch auf Nießbrauch in Höhe des Mejora-Drittels, wenn er an der Erbschaft mit Kindern oder Abkömmlingen teilnimmt.

art 835: Leben die Eheleute auf Grund einer anhängigen Klage getrennt, dann ist der Ausgang des Verfahrens abzuwarten.

Haben die getrennten Eheleute sich verziehen oder geeinigt, dann behält der Überlebende seine Rechte.

art 836: Sind Kinder des Erblassers aus einer vorherigen Ehe vorhanden, dann erstreckt sich der dem überlebenden Ehegatten zustehende Nießbrauch auf den Freiteil.

In diesem Fall haben die natürlichen Kinder als Pflichtteil Anspruch auf das bloße Eigentum. Während der Dauer des Nießbrauches können sie im Fall der Notwendigkeit von allen Pflichtteilsberechtigten im Verhältnis derer Erbteile Unterhalt fordern.

art 881: Der Vermächtnisnehmer hat auf die unbedingten und unbeschwerten Vermächtnisse mit dem Tode des Testators Anspruch und überträgt ihn seinen Erben.

art 891: Wird die gesamte Erbschaft in Vermächtnissen verteilt, dann haften die Vermächtnisnehmer im Verhältnis ihrer Quoten für die Schulden und Beschwerungen, es sei denn der Erblasser habe etwas anderes angeordnet.

art 912: Die gesetzliche Erbfolge findet statt:

1. Wenn jemand ohne Hinterlassung eines Testaments, oder eines nichtigen, oder eines, das später seine Wirksamkeit verliert, stirbt.
2. Wenn das Testament keine Erbeinsetzung über alle oder einen Teil der Güter enthält, oder nicht alle Güter des Testators erfaßt. In diesem Fall tritt die gesetzliche Erbfolge nur über die nicht verfügten Gegenstände ein.
3. Wenn die Bedingung der Erbeinsetzung nicht eintritt, oder der Erbe vor dem Testator stirbt, oder die Erbschaft ausschlägt, ohne daß eine eintrittsberechtigte Person vorhanden ist und auch keine Anwachsung stattfindet.
4. Wenn der eingesetzte Erbe erbunfähig ist.

art 924: Eintrittsrecht wird das Recht der Verwandten genannt, kraft dessen sie in alle Rechte eintreten, die eine Person hätte, oder geerbt hätte, wenn sie noch lebte.

art 925, I: Das Eintrittsrecht gibt es nur in gerader absteigender Linie, niemals in der aufsteigenden Linie.

art 968: Neben der in art 811 vorgeschriebenen Reserve ist der überlebende Ehegatte, der eine neue Ehe schließt, verpflichtet, seinen Kindern und Abkömmlingen aus erster Ehe das Eigentum aller Güter zu reservieren, die er von seinem vorverstorbenen Ehegatten kraft Testament, gesetzlicher Erbfolge, Schenkung oder auf irgendeine andere unentgeltliche Weise erlangt hat, aber nicht die Errungenschaftshälfte.

art 972: Trotz der Verpflichtung zur Reserve kann der neuverheiratete Elternteil irgendeins der Kinder oder Abkömmlinge erster Ehe gemäß dem in art 823 Bestimmten mejorieren.

art 1035: Der Zwangserbe, der mit anderen Zwangserben an einer Erbschaft teilnimmt, muß dem Nachlaß die Güter oder Werte zuführen, die er zu Lebzeiten des Erblassers als Aussteuer, Schenkung oder auf andere unentgeltliche Weise erhalten hat, damit sie bei der Feststellung der Pflichtteile und bei der Erbteilung verrechnet werden.

art 1036: Unter den Zwangserben erfolgt kein Ausgleich, wenn der Schenker dies ausdrücklich erklärt hat, oder der Beschenkte die Erbschaft ausschlägt; es sei denn die Schenkung wäre wegen Übermaß zu kürzen.

art 1271: Gegenstand von Verträgen können alle Angelegenheiten sein, die nicht außerhalb des Bereichs der Menschen sind, auch die zukünftigen.

Über die zukünftige Erbschaft können nur solche Verträge geschlossen werden, die gemäß art 1056 die Erbteilung unter Lebenden zum Gegenstand haben.

Kolibri 360 GmbH
Ferdinand-Jühlke-Straße 7
99095 Erfurt, Deutschland
produktsicherheit@kolibri360.de